Wolfgang Pohrt · Theorie des Gebrauchswerts

Zu diesem Buch: Diese Arbeit ist nicht die soundsovielte Nacherzählung des *Kapitals,* sondern eine Anstrengung in spekulativer Marx-Philologie, die allen braven Marxisten und fleißigen Marxologen den Spaß verderben sollte: sie zeigt — am vertrackten, schillernden und doch zentralen Begriff des Gebrauchswerts —, daß man Marx nicht gläubig oder akademisch zitieren kann, ohne ihn zu verdinglichen; daß die Geschichte seine Kritik des Kapitalismus in bestürzender Weise eingeholt, ja überholt hat: auch *ihr* (politischer) Gebrauchswert ist erledigt.

Der Autor: Wolfgang Pohrt, 1945 geboren, studierte in Berlin und Frankfurt und hatte das Glück, daß sein Studienbeginn mit dem Beginn der Protestbewegung ungefähr zusammenfiel. Er war längere Zeit als Hilfsschlosser tätig und hatte Jobs in den verschiedensten Bereichen der Produktion, der Distribution und Verwaltung. Zur Zeit ist er bei der Pädagogischen Hochschule in Lüneburg beschäftigt.

Wolfgang Pohrt
Theorie des Gebrauchswerts

oder über die Vergänglichkeit der historischen Voraussetzungen,
unter denen allein das Kapital Gebrauchswert setzt

Syndikat

Diese Arbeit hat dem Promotionsausschuß Dr. phil. der Universität Bremen als Dissertation vorgelegen. Gutachter waren die Professoren Helmut Reichelt und Peter Schafmeister.

Erste Auflage 1976
© Autoren- und Verlagsgesellschaft Syndikat, Frankfurt am Main 1976
Alle Rechte vorbehalten.
Umschlag nach Entwürfen von Rambow, Lienemeyer und van de Sand
Motiv: Postkarte Venedig
Produktion Greno GmbH, Heusenstamm
ISBN 3-8108-0005-8

Übersicht

Einleitung 9

I. Kapitel 29
(Konstitutive Bedeutung des Gebrauchswerts für die Kritik der politischen Ökonomie als *Revolutionstheorie,* nicht als Fortsetzung, Verbesserung und Vollendung der Ökonomie)

1. Wertlehre 30
2. Produktive Arbeit 40

II. Kapitel 54
(Interpretation der Gebrauchswertbestimmungen im Rohentwurf)

1. Einfache Zirkulation 54
(Gebrauchswert tritt erst im Tauschverkehr als unterscheidende Bestimmung hervor. Wo aber dieser noch zufällig und überflüssig ist, wie in vorkapitalistischen Gesellschaftsformationen, läßt sich auch über den Gebrauchswert nicht zwingend urteilen.)

2. Übergang zum Kapitalverhältnis 66
(Gebrauchswert ist Nicht-Kapital; Kapital sind alle materiellen Dinge; also ist Gebrauchswert etwas wesentlich Immaterielles: vom Kapital als reine Subjektivität gesetzte Arbeit.)

3. Ausbeutung 70
(Gebrauchswert ist im Kapitalverhältnis die lebendige Arbeit als historische Potenz. Insofern der Arbeiter gegen seine lebendige Arbeit nur Sachen eintauscht, wird er betrogen.)

4. Arbeit als reine Subjektivität 74
(Insofern die Arbeit als reine Subjektivität gesetzt ist, die arbeitenden Subjekte aber keineswegs nur reine Subjektivität sind, bricht die ursprüngliche Identität von Arbeit und Arbeiter auf, was für diesen mit Vor- und Nachteilen verbunden ist.)

5. Bedingungen, unter denen das Kapital Gebrauchswert setzt 78
(Das Kapital setzt nur dann die Subjektivität der Arbeit als Gebrauchswert in Gegensatz zu sich selbst, wenn es selbst gegensätzlich ist. In sich widersprüchlich sind die Formbestimmungen nur,

wenn sie mit den Gegenständen nicht identisch sind: als unvollständige, partikulare Bestimmungen. Der Widerspruch von Form und Inhalt impliziert die Alternativen seiner Lösung: Versöhnung oder Auflösung in Identität.)

Exkurs: Begriff und Sache   87

6. Natur und Gesellschaft I   103

(Der Gebrauchswert ist im Kapitalverhältnis zwar durch dieses bestimmt als reine Subjektivität, welche ihrerseits aber ein Stück Natur ist: lebendige Arbeit. Nur weil sie selbst ein Stück unabänderlicher Natur ist, kann sie unter veränderten Voraussetzungen in der Geschichte Verschiedenes leisten und für die Menschen, die sich vom Naturzusammenhang emanzipiert haben, überflüssig werden. Letzteres ist ihr eigentlicher Zweck, und dieser ist in der kapitalistischen Form des Reichtums antizipiert.)

7. Natur und Gesellschaft II   109

(Gebrauchswert ist ein Gegenstand, an dem die Geschichte als Prozeß erloschen und gegenständlich geworden ist: Natur im Sinne von unmittelbarer Voraussetzung. Diese unmittelbare Voraussetzung ist aber nur Gebrauchswert, wenn sie Moment der durchs Kapital gesetzten Arbeit ist, also fernere Geschichte vermittelt.)

8. Vernunft als Pleite   120

(Der Widerspruch von Produktion und Zirkulation ist die Voraussetzung dafür, daß das Kapital Gebrauchswerte erzeugt.)

9. Fortschritt und Regression   139

(Die als Gebrauchswert par excellence gesetzte Arbeit verlebendigt sich, insofern sie wesentlich Mehrarbeit ist. Gleichzeitig aber versachlicht sie sich zum Ding, von dem das Kapital Gebrauch macht.)

10. Bestimmungen des Gebrauchswerts par excellence, als dieser noch gar nicht existierte   145

(Gegenüber dem vom Kapital als Prinzip von Geschichte gesetzten Gebrauchswert erschien der vorkapitalistische als profanes Ding, als Sache. Gegenüber der realen Verdinglichung dieses Prinzips von Geschichte im Kapitalismus jedoch erscheint der vorkapitalistische Gebrauchswert als lebendige Vernunft.)

11. Unmittelbarkeit der gesellschaftlichen Bestimmungen, die bestimmte Natur als Gebrauchswert setzen, als Naturzwang   161

(Gebrauchswert ist in den vorkapitalistischen Gesellschaften zwar Natur, unter die Bestimmung der Emanzipation von derselben gesetzt. Als vom naturwüchsigen Gemeinwesen bestimmte ist aber diese Emanzipation selbst noch ein Stück Natur.)

12. Eigentum und Freiheit   166

(Der Gebrauchswert als Bestimmung des Verhältnisses von Mensch und Natur setzt die Menschen als von Natur verschiedene, mit freiem Willen begabte Subjekte voraus. Der freie Wille aber bleibt so lange Metaphysik, wie die Menschen die objektive Welt nicht wirklich als Bedingung ihrer subjektiven Tätigkeit setzen.)

III. Kapitel   183

(Die Zerstörung des Gebrauchswerts durch die Aufhebung der kapitalistischen Produktionsweise innerhalb der kapitalistischen Produktionsweise selbst.)

1. Zerstörung des Gebrauchswerts par excellence durch die Konstituierung des Kapitals zum reellen Gemeinwesen   183

(Weil das Kapital das reale Gemeinwesen nur formell, nicht wirklich überwunden hat, tritt ihm ein solches zur Seite: der Staat als moderne Archetype des vorkapitalistischen realen Gemeinwesens, welcher allgemeine Gebrauchswerte konkret setzt. Sowie das Kapital sich selbst als reelles Gemeinwesen konstituiert und seinerseits konkrete und allgemeine Gebrauchswerte setzt, ist sein spezifischer Gebrauchswert nicht mehr die lebendige Arbeit als geschichtsbildende Kraft.)

2. Zerstörung des Gebrauchswerts par excellence durch die Vergegenständlichung des Kapitalverhältnisses im capital fixe   200

(Gebrauchswert setzt das Kapital als prozedierendes Verhältnis. Es setzt ihn also nur so lange, wie es selbst noch nicht als gegenständliches Resultat des prozedierenden Verhältnisses vollendet ist.)

Anmerkungen   208

Dem akademischen Marxismus zur Erinnerung:
„Die letzte Form (der politischen Ökonomie) ist die *Professoralform*, die ‚historisch' zu Werke geht und mit weiser Mäßigung überall das ‚Beste' zusammensucht, wobei es auf Widersprüche nicht ankommt, sondern auf Vollständigkeit. Es ist die Entgleisung aller Systeme, denen überall die Pointe abgebrochen wird, und die sich friedlich im Kollektaneenheft zusammenfinden. Die Hitze der Apologetik wird hier gemäßigt durch die Gelehrsamkeit, die wohlwollend auf die Übertreibungen der ökonomischen Denker herabsieht und sie nur als Kuriosa in ihrem mittelmäßigen Brei herumschwimmen läßt. Da derartige Arbeiten erst auftreten, sobald der Kreis der politischen Ökonomie als Wissenschaft sein Ende erreicht hat, ist es zugleich die *Grabstätte* dieser Wissenschaft."

(Karl Marx, MEW 26.3/492)

Einleitung

1

Der Gebrauchswert der Arbeitsprodukte ist das, was den Begriffen der politischen Ökonomie entschlüpft, obgleich diese notwendig sind, um ihn denken zu können.[1] Ob solchen subversiven Charakters zwischen *präkapitalistisch* und *postrevolutionär* oszillierendes Moment im kapitalistischen Zusammenhang, antiquiertes Relikt und Wechsel auf eine bessere Zukunft in einem, ist der Gebrauchswert vom Kapitalverhältnis dennoch wesentlich bestimmt. Erst als die Arbeitsprodukte primär Träger von Mehrwert wurden, wurde der eigentlich triviale Sachverhalt lästig und damit bemerkenswert, denkwürdig und bewußtseinsfähig, daß sie auch den Bedürfnissen ihrer Produzenten — leibhaftiger Menschen also — genügen müssen.
Dies galt in allen vorkapitalistischen Epochen als selbstverständliche Voraussetzung der Produktion, die niemals Selbstzweck war, sondern stets der Erhaltung des Gemeinwesens diente, welches sich selbst freilich in strenger Abhängigkeit von naturverhafteten Produktionsverhältnissen befand.[2] Die geschichtliche Emanzipation von solchen Verhältnissen, worin die naturwüchsigen Dinge absolut unter menschliche Bestimmungen gesetzt waren und eben deshalb die unerkannte und unbearbeitete Natur dieser Dinge die Menschen beherrschte, führte indessen zu keinem glücklicheren Resultat. Die Befreiung der Dinge aus bornierten, selbst noch naturwüchsigen menschlichen Bestimmungen — Erhaltung des als göttlich gedachten Gemeinwesens als erklärter Zweck der Produktion und die diesen Produktionsverhältnissen entsprechenden Denkformen des Animismus und Totemismus — vollzog sich nur negativ; deren Auflösung hatte keine umfassenderen und richtigeren Bestimmungen zum Resultat, sondern die

Absenz von qualitativen Bestimmungen überhaupt. Die einzig übriggebliebene objektive gesellschaftliche Bestimmung der Dinge, der Wert, abstrahiert gerade von dem, was diese für die lebendigen Menschen bedeuten. So erscheint allmählich die abergläubische Logik des Wilden, der dem Regengott opfert, um ihn zu versöhnen, neben den sinnverlassenen Kalkulationen des Wirtschaftswissenschaftlers als erhabene Vernunft. Im Kapitalverhältnis erscheint der wirkliche Gebrauch, den die Menschen von den Dingen machen, an diesen nur noch als nicht näher bestimmbares materielles Substrat. In solcher Bestimmungslosigkeit reduziert sich das Verhältnis der Menschen zu den Dingen auf abstrakte, zur Naturkraft entqualifizierte Arbeit und auf kreatürliche Bedürftigkeit als deren Komplement – für den größten Teil der Weltbevölkerung bereits auf nackten, physiologischen Hunger. Die moderne Reduktion der Menschen auf Naturkraft und kreatürliche Bedürftigkeit, deren Erfolgschancen im KZ im kleinen Maßstab, sozusagen experimentell erwiesen wurden[3], bedeutet nicht einen Rückfall in vorkapitalistische, ‚primitive' Gesellschaftsformationen, wie manche Kulturkritiker meinen, an deren Pessimismus nichts anderes reaktionär ist als seine Halbherzigkeit. Geschichte ist irreversibel, und die vom Kapitalverhältnis modifizierte menschliche wie die Menschen umgebende Natur ist, zumal nach einem Krieg mit Nuklearwaffen, nicht dieselbe, die Ursprung der menschlichen Entwicklung war. Sondern diese Reduktion der Menschen auf Natur[4] – in den KZs wurden in einer Art von modernem Kannibalismus die Leichname der Gefangenen selbst zum Naturprodukt, zum Rohstoff, und noch ihre Asche düngte die Felder – ist ein Aspekt des Untergangs in die Barbarei, welchen Marx alternativ zur Revolution prognostizierte, die nun schon so lange überfällig ist.

Gebrauchwert waren die Gegenstände der elementaren Bedürfnisse in den präkapitalistischen Epochen gerade insofern, als sie hinreichten, diese naturbestimmten Bedürfnisse auch schon zu transzendieren.[5] In den Freudenfesten und kultischen Veranstaltungen aus Anlaß einer guten Ernte war die menschliche Emanzipation von bloß kreatürlicher Bedürftigkeit enthalten, deren reale materielle Basis erst das Kapital schuf. Die Dignität des Vorhabens, sich vorrangig um die Produktion von Gegenständen der elementarsten Bedürfnisse zu kümmern, seine historische Vernunft und materielle Berechtigung, umgab diese Gegenstände mit einer Aura, welche sie der Sphäre des bloß Physiologischen, bloß Natürlichen bereits entrückte. Durch die kultischen Veranstaltungen, die mit dem Brot vorgenommen wurden – etwas davon lebt in der Scheu nach, ungenießbar Gewordenes auf andere als ganz bestimmte Art und Weise zu vernichten –, befreiten sich die Menschen davon, die Nahrungsmittel nur wie die physiologisch bedürftige Kreatur, wie das Tier zu gebrauchen – als Brennstoff, als Kalorienpaket, wie die Weltraumfahrer und Schlankheitsfanatiker von heute.[6]

Unter der Herrschaft des Kapitals hingegen, angesichts der gewaltigen produktiven Potenzen, die zu entwickeln es die Menschen zwang, wurde die stete Sorge um die Sicherung der materiellen Existenz zu einer völlig absurden Daseinsweise, das bloße Überleben nicht länger lebenswert. Erst der kapitalistische Reichtum stellte die Not in ungekannter Nacktheit bloß und offenbarte all die Schrecken, die ihr zwar wesentlich eigen sind, die aber solche Epochen, worin sie wirklich herrschte, mit Sicherheit so schroff nicht kannten. Die aus vorkapitalistischen Epochen mit ihrem schauderhaft eintönigen, gleichförmigen, naturdeterminierten Leben überlieferte Fähigkeit der Menschen, Geschichten zu erzählen, zu singen, zu tanzen und zu spielen, dokumentiert, daß nie zuvor in der Geschichte das Leben so restlos reduziert war auf die elementarsten, nur rezeptiven, nicht aktiven Bedürfnisse wie heute, wo die Anschaffung von Gegenständen für Küche und Wohnung alle Gedanken okkupiert und die Menschen, weil sie nichts mehr tun, was der Rede wert wäre, allmählich selbst die Sprache verlieren. Daher die häufig anzutreffende latente Sehnsucht, es möchte doch eine Katastrophe die Bosselei im Garten, in der Wohnung und im Hobbykeller, überhaupt die trübe, dumpfe Sorge, wie man sich durchbringt – an deren Obsoletheit und Sinnlosigkeit insgeheim niemand zweifelt –, wieder als Gebrauchswert restituieren wie in Kriegs- und Nachkriegszeiten, wo das Eingemachte im Keller und das Holz im Schuppen wirklicher Grund zur Freude und erhabener Gesprächsgegenstand waren, und wo der kleine Mann bei seiner vertrauten Beschäftigung bleiben und in dieser doch einmal ausnahmsweise seinen Mann stehen konnte.[7] Die kapitalistische Entwicklung üppigen Reichtums als Emanzipation von elementarer Not einerseits, andererseits die Beschränkung der Produzenten auf ihre lebensnotwendigen Bedürfnisse war der zentrale Widerspruch, den Marx konstatierte; die revolutionäre Aneignung des gesellschaftlichen Reichtums, seiner produktiven historischen Potenzen durch die assoziierten Produzenten dessen Lösung; deren Voraussetzung aber das bestimmte emanzipatorische Bedürfnis, keinesfalls mit einer komfortableren Variante der auf die elementarsten Bedürfnisse reduzierten Existenz vorliebzunehmen. Diese günstige historische Konstellation ist vergangen. Die erzwungene Beschränkung auf die lebensnotwendigen Bedürfnisse hat sich im geschichtlichen Prozeß lange andauernder ungebrochner Kapitalherrschaft in erschreckende Bedürfnislosigkeit umgesetzt. So fallen, weil die Konzentration aller Energie auf Essen und Wohnen unsinnig geworden ist, selbst diese einzig übriggebliebenen Bedürfnisse der verdeckten Verwahrlosung, der Entqualifizierung und Rückbildung in abstrakte Natur, der Auflösung in Kalorien und Hygiene anheim. Diese Bedürfnislosigkeit korrespondiert freilich nur materiellen Produkten, die ihre Daseinsberechtigung, wenn sie überhaupt eine haben, allein aus komplett falsch gewordenen gesellschaftlichen Verhältnissen herleiten, die ganz in den Begriffen der politischen Ökonomie aufgehen (und damit eine tautologische Identität zwischen Begriff und Sache stiften, in welcher der Begriff seine analytische Kraft verliert)[8] und deren Gebrauchswert daher zu einer quantitée négligeable herabgesunken ist.[9] Im Prinzip war diese aktuelle Problematik freilich schon Marx sehr gut bekannt.

Teils hat er sie unter den faux frais abgehandelt, teils auch in die zentralen Analysen hineingenommen. So bleibt im Rohentwurf die Frage deutlich in der Schwebe, ob das Capital fixe Technologie gewordenes Kapital – wesentlich Gegenstand gewordenes falsches gesellschaftliches Verhältnis und also ebenfalls zu revolutionieren – oder ob es einfach Gebrauchswert, also ohne Modifikation von den befreiten Produzenten zu übernehmen sei. Marx hat sich hier durchaus schwerer getan als jene seiner Interpreten, die in der Perfektionierung der kapitalistischen Produktion die immer und unaufhaltsam besser und reifer werdende Basis der sozialistischen Revolution zu erkennen wähnten. War doch schon damals die Tendenz zur Produktion von Schund seit längerem bereits ein Grund zur Klage. In den zwischen 1837 und 1839 geschriebenen *Illusions perdues* bemerkt Balzac: „Wir gehen einer Zeit entgegen, wo alles dürftiger werden wird, da ja die Gleichmacherei auch den Besitz ergriffen hat. Man wird billige Wäsche und billige Bücher verlangen, wie man ja bereits kleine Bilder verlangt, da der Platz für die großen fehlt. Hemden und Bücher werden nicht mehr dauerhaft sein, das Solide verschwindet allmählich." Der Ärger über den Verfall der großzügigen feudalen Lebensformen wird hier zum Grund, mit der bürgerlichen Gesellschaft nicht minder scharf ins Gericht zu gehen, als Elendsgeschichten dies fordern würden. Verachtung traf damals schon den Nerv der Bourgeoisie fast genauer als die sozialdemokratische Bittstellerei, es möchten doch auch die Arbeiter, oder doch wenigstens die fleißigen, sparsamen, anständigen und bildungsbeflissenen Arbeiter, nicht ganz von den bürgerlichen Errungenschaften und Lebensformen ausgeschlossen sein.[10] Auch Marx war, darin seinem jüngeren Zeitgenossen Nietzsche verwandt, von diesem Motiv deutlich geprägt, wie beispielsweise aus seiner Charakterisierung von feudalem und bürgerlichem Luxus deutlich wird, wenn er zu Recht behauptet, daß „die Verschwendung des Kapitalisten nie den bona fide Charakter des flotten Feudalherrn besitzt, in ihrem Hintergrund vielmehr stets schmutzigster Geiz und ängstliche Berechnung lauern ..." (I/620).

Nicht nur, daß sie die Arbeiter unten halten, ist den modernen Ausbeutern vorzuwerfen, sondern ebensosehr, daß sie es, im Gegensatz zu den antiken, selber zu nichts bringen, was Bestand hätte. Die antiken „entschuldigen etwa die Sklaverei des einen als Mittel zur vollen menschlichen Entwicklung des anderen. Aber Sklaverei der Massen predigen, um einige rohe und halbgebildete Parvenüs zu ‚eminent spinners' (hervorragende Spinner), ‚extensive sausage makers' (große Wurstfabrikanten) und ‚influental shoe black dealers' (einflußreiche Schuhwichshändler) zu machen, dazu fehlte ihnen das spezifisch christliche Organ" (I/431). Erst als die Arbeiterbewegungen den Gedanken an eine Revolution allmählich abschrieben und den Arbeitern empfahlen, sich ihrerseits zu kleinen Bürgern zu mausern, wurden solche Überlegungen, die die kläglichen Errungenschaften der Bourgeoisie insgesamt mit Verachtung strafen, von den Linken kaum noch angestellt. So gingen politisch wichtige theoretische Positionen, die Marx bereits erarbeitet hatte, an die reaktionäre Kulturkritik verloren.[11]

Sie liegen jedoch in seinem Werk keineswegs so scharf und nachdrücklich herausgehoben vor, wie man sich dies heute wünschen möchte. Mit Sicherheit übertreffen die verstreuten, rudimentären und dunklen Bestimmungen an Gehalt bei weitem das Problembewußtsein, welches Marx diesbezüglich zu Gebote stand. Wenn Marx in einer seiner letzten Arbeiten die nach wie vor dringend der Interpretation harrende Bemerkung macht, daß bei ihm „der Gebrauchswert eine ganz anders wichtige Rolle spielt als in der bisherigen Ökonomie, daß er aber notabene immer nur in Betracht kommt, wo solche Betrachtung aus der Analyse gegebener ökonomischer Gestaltungen entspringt" (19/371), so sind darin verschiedene historische Tatbestände vorausgesetzt, auf deren ungebrochenes Fortbestehen bis in die Gegenwart hinein zu vertrauen nichts anderes als geschichtsblinde Gutgläubigkeit wäre. Zum einen ist die Zuversicht, die ökonomischen Gestaltungen seien noch immer so beschaffen, daß sie bei hinreichend weit getriebener Analyse den Gebrauchswert preisgeben, kaum zu begründen. Sämtliche Aktualisierungsversuche der Kritik der politischen Ökonomie – sie mögen den Imperialismus, die Währungskrise, die Inflation oder den Ausbildungssektor behandeln – bleiben entscheidend hinter dem Erkenntnisniveau zurück, zu welchem Marx durch die Analyse der ökonomischen Formbestimmungen gelangt.[12] Stets sind sie aus Marxscher Ökonomiekritik und rein affirmativ gebrauchten Versatzstücken moderner Volkswirtschaftslehre kompiliert, ohne daß diese beiden verschiedenen Ingredienzen sich beißen oder gar die eine die andere kritisiert und erklärt. Dies muß wohl daran liegen, daß mittlerweile die ökonomischen Gestaltungen und deren Theorie im Laufe ihrer geschichtlichen Entwicklung den Punkt erreicht haben, von dem an es unmöglich geworden ist, sie aufzunehmen und ihre Analyse bis dahin fortzutreiben, wo sich ihnen ihre eigene Nicht-Identität, nämlich der mit ihnen nicht identische Gebrauchswert, entgegenstellt: weil der Gebrauchswert gar nicht mehr, auch nicht widersprüchlich, deformiert oder verborgen, in ihnen existiert. Zum anderen konnte für Marx die Explikation des Gebrauchswertbegriffs im Hintergrund bleiben, weil diese Frage sich damals fürs Proletariat unmittelbar praktisch stellte: im erbitterten Klassenkampf um bessere Löhne und den Achtstundentag. Für die, welche im krassesten Elend lebten, war der Gebrauchswert, dessen sie bedurften, schlechthin evident und der theoretische Aspekt der Frage, was sie eigentlich wollen sollen – anders als damals schon für die Bourgeoisie – von bestenfalls akademischem Interesse. Marx konnte darauf vertrauen, daß das Proletariat im revolutionären Kampf um die Beseitigung der materiellen Not lernen würde, mit den Dingen umzugehen und die Produkte als Gebrauchswerte zu produzieren. Auch mögen sich bis dahin, tradiert durch die noch nicht ganz gebrochene Disziplinlosigkeit der Arbeiter, Reste der bereits erwähnten präkapitalistischen Lebensformen erhalten haben, angesichts derer die Frage, was die Arbeiter wohl mit sich und überhaupt anfangen sollten, wenn sie einmal genug zu essen und nicht mehr soviel zu arbeiten hätten, sich töricht und oberlehrerhaft ausgenommen hätte.[13] Noch gab es weder Radio noch Fernsehen, und bis in die 20er Jahre hinein wurde in proletarischen Vierteln häufig für den ganzen Häuserblock nur eine Zeitung gekauft, die dann vorgelesen und diskutiert wurde. Die seit diesen guten alten Zeiten mächtig vorangeschrittene Entwicklung, daß das Kapital dem Proletariat in den Metropolen die Beseitigung von Hunger und Elend als Almosen gewährt und die Kulturindustrie alle Lebensformen zerstört, in denen sich die reale Emanzipation von kreatürlicher Bedürftigkeit, nämlich die Fähigkeit der Menschen, aus freien Stücken zu produzieren und sich zu amüsieren, zumindest als Wunsch und Wille entwickeln konnte — diese historische Alternative durfte Marx, der zu Recht auf die Revolution setzte, getrost ignorieren. Inzwischen aber ist festzustellen, daß das Proletariat in den Metropolen für seine Komplizenschaft mit dem Kapital gegenüber den Ausgebeuteten in der Dritten Welt den hohen Preis zu entrichten hatte, daß die Probleme der Bourgeoisie allmählich seine eigenen wurden; den weiteren übrigens, daß es zum Zwecke seiner eigenen Emanzipation, soll diese nicht wieder in Klassenherrschaft enden, nun nicht mehr nur seine eigenen Interessen, sondern auch die Interessen derer in der Dritten Welt, auf deren Kosten es sich in der Heteronomie recht gemütlich eingerichtet hat, im Auge behalten muß — daß ihm also ein naiver, unpolitischer, vulgärmaterialistischer Begriff von seinen eigenen Bedürfnissen nicht mehr zusteht; daß die sozialistische Revolution nun auch beim Proletariat anderes als seine unmittelbaren materiellen Bedürfnisse voraussetzt, nämlich gesellschaftstheoretischen Verstand und politische Moral.[14] Aus einem Problem der Privilegierten ist so auch die Langeweile, als welche der Zerfall des Gebrauchswerts erfahren wird, zu einem Problem der Massen geworden. Das Versäumen der proletarischen Revolution gestattete der kapitalistischen Entwicklung, ihre zentrale Aporie: Produktion des Reichtums als Zerstörung des Gebrauchswerts, ganz auszubilden und dadurch zu sprengen. Übrig bleibt am Ende die widerspruchsfreie Produktion von einfachem Schund.

Tritt nun das Unwesen des Kapitals noch unmißverständlicher in Erscheinung, so verdankt sich diese Erkenntnismöglichkeit einem überaus beklagenswerten Gang der Weltgeschichte, für den es, um mit Horkheimer zu reden, kausale Erklärungsmöglichkeiten gibt, aber keinen rechtfertigenden Sinn, und verdient deshalb nicht, als Fortschritt gepriesen zu werden. Mit jedem weiteren naturwüchsigen Fortschreiten der Geschichte fällt ein düsterer Schatten auf die Vergangenheit. Erst aus der Perspektive des entwickelten Kapitalverhältnisses wurde die Produktion des materiellen Lebens in den präkapitalistischen Epochen zu dem geschichtslosen, dumpfen Dahinvegetieren, welches es damals bestimmt nicht ausschließlich war. Erst angesichts der naturwüchsigen Auflösung des Kapitalverhältnisses in eine derzeit kaum bekannte Gesellschaftsformation stellt es sich als Zerstörer des Gebrauchswerts dar, während es doch ebensogut als Produzent der materiellen Basis einer befreiten Menschheit in die Geschichte hätte eingehen können – hätte nur die proletarische Revolution rechtzeitig stattgefunden. Weil nicht, besteht das traurige Geschäft des Linken heute immer noch darin, Aspekte im Marxschen Werk auszugraben, an diese anzuknüpfen und sie weiter zu schärfen, denen ein besserer Geschichtsverlauf erlaubt hätte, in den Bibliotheken zu schlummern. Weil der Gebrauchswert praktisch vernichtet ist, bedarf es, um ihn überhaupt noch einmal zu fassen, des ausgetüftelten Begriffs und all der absurden theoretischen Anstrengung, die dessen Entwicklung kostet. In dieser verfahrenen historischen Situation stellt sich die Frage nach dem Verhältnis von Theorie und Praxis weit ungemütlicher als je zuvor.

2

Die Esoterik der Arbeit am Begriff folgt aus keiner methodologischen Vorentscheidung, sondern sie ist notwendiges Komplement von dessen Dahinschwinden in der Wirklichkeit.

Zwei Beispiele sollen davon eine Vorstellung vermitteln und den Horizont alltäglicher Erfahrungen beleuchten, welche ein zentrales Motiv für die Thematisierung des Gebrauchswerts waren.[15]

Unmittelbare Einheit von Überfluß und Elend

Damit ist nicht der bekannte Widerspruch gemeint, daß materieller Reichtum zwar existiert, nur eben nicht im Besitz von dessen Produzenten, sondern von deren Ausbeutern; nicht also, daß Elend und Überfluß in derselben Gesellschaft bestehen, nur auf verschiedene Klassen verteilt, also durchs Kapitalverhältnis vermittelt und aufeinander bezogen sind, sondern daß sie eine unmittelbare Einheit bilden, deren Verbreitung sich über die Klassengegensätze hinwegsetzt. Ist dieses Phänomen auch bei Angestellten, namentlich bei solchen in den allerbesten Positionen, besonders drastisch ausgeprägt, so sind doch selbst die Arbeiter nicht davon verschont geblieben. Wie wenig sie, gemessen an dem, was möglich und nötig wäre, auch privat für sich besitzen mögen – im Vergleich zu der Armut ihres Lebens erscheint es immer noch als Überfluß. Zum Leben, das sie führen müssen, brauchten sie eigentlich – wie die Angestellten, bei denen das Mißverhältnis zwischen größerem Einkommen und ebenso armseligem Leben noch absurder ist[16] – nur Bett, Kocher und Fernsehapparat. Wohnzimmergarnitur, Stereoanlage, Superherd stehen in den Wohnzimmern, Schlafzimmer und Küchen so unausgenutzt und eigentlich nutzlos herum wie vordem im Schaufenster. Die Produkte gehen offenbar selbst dann nicht mehr als Gebrauchswerte in die individuelle Konsumtion ein, wenn sie vom Endverbraucher erstanden wurden. Erst in der Müllverbrennungsanlage werden die Arbeitsprodukte im Wortsinn verbraucht. Dieses erstaunliche Phänomen ist kein Wahnsinn, sondern es macht nur mit dem Begriff der Ware endlich einmal Ernst. An dieser ist der Gebrauchswert das Naturale, das nicht näher bestimmbare materielle Substrat, der stoffliche Inhalt, der folglich auch in einem nicht näher bestimmbaren Naturprozeß, der chemischen oder physikalischen Vernichtung, erst seiner wahren Bestimmung zugeführt wird. Indem die Anschaffung und Pflege von Gegenständen, die nur für die Müllverbrennungsanlage Gebrauchswert haben, gleichwohl fast suchtartig alle psychische und materielle Energie okkupiert, erfüllt nun der Konsum eine Bestimmung, die Marx der Lohnarbeit vorbehalten hatte: „Bereicherung als Selbstverarmung" (26.3/255). Die Verelendung und Verödung des Lebens drückt sich in der Unfähigkeit aus, die Gegenstände wirklich zu benutzen. Rastlos und doch schleppend aus Angst, einmal damit fertig zu werden, werden Wohnzimmer und Küche für den Besuch hergerichtet, der nie kommt, und kommt er doch, dann gibt es nichts zu erzählen, und der Fernseher ist oft kein Störenfried, sondern als einzige Integrationsinstanz die letzte Rettung. Der Erfolg der Massenmedien beruht darauf, daß sie den realen Umgang mit den Dingen substituieren und daher die ihn verhindernde Unfähigkeit verschleiern. Diese Unfähigkeit ist freilich nicht als kulturelles Herhinken hinter den Fortschritten der materiellen Produktion zu verstehen, welches auf pädagogischem Wege zu beseitigen wäre. Sie ist als Unbrauchbarkeit in den Produkten selbst materialisiert und objektiviert. Die öffentlichen Diskussionen über Städtebau, die Architektur von Wohnungen und die Abschaffung des Autos waren ein Reflex darauf, sie haben das Thema aber zu pragmatisch und vordergründig behandelt, um zu praktischen Resultaten gelangen zu können – was übrigens wohl auch niemals ihr Zweck gewesen war. Wenn die Verödung der Menschen und die Destruktion des Gebrauchswerts ihre Dynamik aus dem Zentrum der gesellschaftlichen Entwicklung, aus der materiellen Produktion beziehen, dann werden Schönheitsreparaturen an der Peripherie gerade das Gegenteil des von ihnen Bezweckten erreichen – so wie sämtliche humaner und sozialer gemeinten Architekturen des 20. Jahrhunderts jeweils ihre Vorgängerinnen an Scheußlichkeit, Geschmacklosigkeit und Menschenfeindlichkeit immer noch überboten. Von Menschen, die darauf abgerichtet sind, sich während des ernsten

Teils des Tages komplett absurd gewordene Produktionsverhältnisse gefallen zu lassen, und dies zusätzlich als Produzenten von grobem Unfug, ist nicht zu erwarten, daß sie nach Feierabend plötzlich lebendig werden. Die reduzierte Kreatur, zu der die gegenwärtigen Produktionsverhältnisse die Menschen machen — ein Umstand, den die Dominanz des Rollenbegriffs in der Soziologie verrät, den Existenzialismus und Ontologie mit metaphysischer Würde ausstaffieren, gegen den das Schlagwort von der ‚neuen Subjektivität' eine hilflose reformistische Geste ist, und den wackere Kommunisten schlicht ignorieren, wenn sie mit kernigen Sprüchen vom Proletariat reden —, entbehrt der Kraft, welche die Voraussetzung für Phantasie und Spontaneität wie für die revolutionäre Aktion wäre. Weil von dieser objektiven geschichtlichen Tendenz alle betroffen sind, steht auch bei denen, die sich von Berufs wegen Gedanken über Gebrauchswerte machen sollen, immer der genügsame gute Wille für das Resultat. Die Gedankenfreiheit der sogenannten Creativen bleibt stets Narrenfreiheit — ist doch auch ihnen die Reflexion auf die gesellschaftliche Bestimmung ihrer Tätigkeit wie ihres Produkts verboten. Sonst würden sie kaum den sich allmählich zu Tode langweilenden Mittelstand mit Urbanität, Ästhetik, Kommunikation und anderen Spielarten der neuen Lebensqualität beglücken wollen, ihm auch keine Creativität und neue Sensibilität einreden, auf deren vermeintlichen Besitz er am Ende gar noch stolz ist, um sich desto behaglicher in seinem Alltag voller kleiner Schandtaten einzurichten, sondern sie würden ihm, wenn er weinerlich Isolation und mangelnde Kommunikation beklagt, Camus' Losung „Solitaire? Solidaire!" unter die Nase reiben und ihm erklären, daß dies heute heißt, sich für die eigene Schuld am Schicksal der Verhungernden, Abgeschlachteten und zu Tode Gefolterten in der Dritten Welt etwas mehr als nur zu interessieren. Weil Gebrauchswerte nicht von Experten ersonnen werden können, sondern nur aus der Umwälzung des sie zerstörenden gesellschaftlichen Verhältnisses entstehen würden, bleiben alle Soziologenkongresse und Architektenwettbewerbe fruchtlose Spielerei. Als Betroffener gerät man leicht in Gefahr, diese Verödung des Lebens zu bagatellisieren, weil man sich zwangsläufig in ihr einrichten muß. Eigentlich wird man ihrer nur noch in extremen Situationen gewahr: im Schrecken etwa, den das Bild ausgestorbener Straßen, in denen nur die Fenster bläulich flimmern, einflößen kann; im Grauen der verlassenen Treppenhäuser, Fahrstühle und Flure von Appartementhochhäusern, welches die Kriminalfilme eingefangen haben. Auf weniger kontemplative und schmerzhaftere Weise machen namentlich Arbeiterfamilien mit ihrer eigenen Verelendung Bekanntschaft: in den furchtbaren Familienstreitereien, in denen der ganze mühsam erworbene und sorgfältig gepflegte Schund zu Bruch geht. In der entsetzlichen Zerstörungswut, welche an den Gegenständen Rache übt für den Betrug um die Hoffnungen, um derentwillen man sie kaufte, blitzt eher die Wahrheit über die bestehenden Produktionsverhältnisse auf und mit dieser ein revolutionärer Schimmer als dort, wo Verbesserung, Verschönerung, Lebensqualität und neuerdings auch die Anreicherung des schlechten Ganzen mit ‚Gebrauchswertorientierungen‘[17] auf dem Programm stehen. Kein Wunder daher, daß alle sozialfürsorgerischen Bemühungen gegen solches Entsetzen stets guten Zuspruch oder ein Pflaster aus dem Erste-Hilfe-Köfferchen der Psychoanalyse parat haben.

Ineinander von Zivilisation und Verwahrlosung

Wenn die Menschen sich der materialistischen Lehre zufolge im praktischen Umgang mit den Dingen bilden, dann sind reich und vielfältig entwickelte Individuen nichts anderes als die reiche Mannigfaltigkeit und Brauchbarkeit der gegenständlichen Welt als Subjekt. Fehlt solcher Umgang mit den Dingen, und ist die gegenständliche Welt eintönig und unbrauchbar geworden, dann ist die Verkümmerung und Verwahrlosung der Individuen eine zwangsläufige Konsequenz. Am deutlichsten ist vielleicht der Verfall des Gesichts und der Mimik, obwohl man ihn seiner aufdringlichen Übermacht wegen fast nur noch dann bewußt wahrnehmen kann, wenn man in alten Filmen oder Ländern, in denen das Kapital noch nicht alle Lebensbereiche kassiert hat, gerade den Kontrast erfuhr. Im Alltag begegnet einem diese Erkenntnis nur noch im Ekel, wenn man zum Beispiel in Verkehrsmitteln gezwungen ist, die ausgelaugten, fleischig-unmenschlichen, babyhaften, brutalen, bösartigen, leeren Gesichter länger zu betrachten. Ähnlich auffällig ist gerade bei Kindern und Jugendlichen die Ungeschicklichkeit im Umgang mit alltäglichen Gegenständen und die Unbeholfenheit von Bewegungen und Gesten überhaupt. Die Entqualifizierung der Bedürfnisse macht selbst vor den elementarsten, vor Essen und Wohnen nicht halt. Die Regression der Bedürfnisstruktur war die Plattform, auf der sich der Kulturimperialismus von Coca-Cola, Dosenbier und Hamburgern etablieren konnte. Der Kult mit den technischen Werten von Stereoanlagen entspricht an Ausmaß der Unfähigkeit der Menschen, überhaupt auch nur noch richtig zu singen und zu hören. Eine besondere Rolle spielt der Verfall des Sprachvermögens, auf welchen die ‚Theorie‘ der kompensatorischen Spracherziehung ein Reflex war. Sie griff indessen auf doppelte Weise zu kurz: Einmal, indem sie den Mangel an Sprachvermögen schichtenspezifisch zuordnen wollte[18] und dabei den universellen gesellschaftlichen Charakter dieses Phänomens einfach übersah — verständigen sich doch die Spracherzieher selber durch Wortbrocken, Satzfetzen und Modewörter oder auf konventionellere Weise durch Leerformeln. Zum anderen irrte sie in dem Glauben, auf pädagogischem Wege den selbst nicht pädagogischen, sondern sehr realen Grund für die Regression des Sprachvermögens kompensieren zu können: die Armut und Nichtigkeit des Lebens verkrüppelter Menschen in einer unbrauchbar gewordenen gegenständlichen Welt, in dem nichts passiert, was erzählenswert oder auch nur erwähnenswert wäre. Insofern die Sprache tendenziell unbrauchbar und überflüssig geworden ist, können ihr pädagogische Maßnahmen kaum ein befristetes Scheinleben garantieren. Wenn die für progressiv geltenden Lehrplanreformen unter dem Vorwand, es mit den Unterprivilegierten zu halten, die Resultate des Sprachverfalls als pädagogische Maxime[19] in den Unterricht einführen, so räumen sie nur das Feld vor den diesen Verfall vorantreibenden gesellschaftlichen Enwicklungstendenzen. Die Sympathie für die Unterprivilegierten ist dabei nur ein billiger Vorwand, sich die Einsicht in das Ausmaß der Verwüstung zu ersparen, von der man zu allererst selbst betroffen ist. Ist auch der Sprachreichtum, der wohl zu Luthers Zeiten in der Bevölkerung geherrscht haben mag, unwiederbringlich dahin, so haben sich doch die Arbeiter – zumal dort, wo der Dialekt noch lebendig ist – viel eher die Fähigkeit zu spontanem und originellem Erzählen, zur Lust an der Sprache und damit eine Affinität zur Literatur bewahrt[20] als der fast nur noch Leerformeln sprechende Mittelstand, aus dem sich Bildungsreformer und Lehrer rekrutieren. Allein der öde und laxe Stil, in dem sie ihre Bücher schreiben, läßt vermuten, daß sie schwerwiegendere persönliche Gründe für die Abschaffung der Literatur haben als die altruistische Sorge, die Arbeiterkinder kämen dabei nicht mit. Was im Kopfe eines auf den ‚elaborated code' Eingeschworenen vorgeht, wenn er einmal nicht mit Seinesgleichen, sondern mit authentischer Literatur, beispielsweise Büchner, zu tun hat, kann man sich nicht mehr vorstellen.[21] Die postulierte funktionelle Betrachtung der Sprache ratifiziert deren Entsubstantiierung und damit ihren Zerfall. Selbst flach, eintönig, kunstlos, bloßes Symbolsystem geworden[22], zur bloßen Bezeichnung von Dingen verkümmert, die auch ohne auskommen, gibt es wenig Grund, sich ihrer überhaupt noch zu bedienen. Die lieblose Behandlung, die der Sprache widerfährt, ist konsequenter Ausdruck dessen, daß sie das Schicksal aller anderen Dinge im Kapitalismus teilt, als Gebrauchwert zerstört zu werden. Mit der daraus folgenden Aphasie steht die lebendige gesellige Beziehung der Menschen untereinander insgesamt auf dem Spiel, deren Voraussetzung wie Produkt die Sprache war. Daher die Dominanz qualvoller Anstrengung selbst in privater Geselligkeit, unter deren Zwang, reden zu müssen, die Unfähigkeit dazu schmerzhaft erfahren wird — zumindest dort, wo das allmählich die Verbreitung eines Sozialcharakters annehmende, fast klinisch zu nennende Stadium des Autismus noch nicht so weit fortgeschritten ist, daß das Fehlen jeglicher Verständigung schon gar nicht mehr als Mangel empfunden wird. Da die gesellige Existenz eine Naturbedingung menschlichen Lebens ist, ist dieser Autismus kein soziales Übel wie viele andere auch, sondern vermutlich von epochaler Bedeutung. Ist die Sprache „ebenso das Produkt eines Gemeinwesens, wie sie in andrer Hinsicht selbst das Dasein des Gemeinwesens, und das selbstredende Dasein desselben" ist (Ro/389-390), und ist weiter seine Zugehörigkeit zu einem naturwüchsigen Gemeinwesen eine „natürliche Produktionsbedingung für das lebendige Individuum" (Ro/391), so folgen aus dem Umstand, daß die Sprache für die kapitalistische Produktion entbehrlich geworden ist, das Kapital aber entbehrlich Gewordenes nicht gelten läßt, weitreichende Konsequenzen: entweder die Menschen schaffen das Kapital ab oder das Kapital die Gattung Mensch. Entweder die Menschen befreien sich, oder sie konstituieren in absehbarer Zeit die ganz neue Spezies technologisch versierter Termiten, die in den Science-fiction-Romanen euphemistisch als Wesen von fernen Welten beschrieben werden. Dann wäre die strenge Regelhaftigkeit des Lebens und auch des kollektiven Selbstmords in der Reinheit verwirklicht, von der die systemtheoretisch orientierten Sozialwissenschaftler voller Unschuld träumen. Dann endlich wäre die Regression der Sprache auf ein bloßes Zeichensystem, zu welchem die Abkürzungswut der Bürokraten und Faschisten sie schon gemacht hat, vollends realisierbar, da unter absolut totalitärer Herrschaft das durch Diskussion vermittelte Einverständnis sich erübrigt; für Befehle genügen einfache Zeichen. Dann würde auch der Sprachbegriff des symbolischen Interaktionismus triumphieren. Sind die Worte keine Begriffe mehr, und beinhalten sie auch nicht mehr die Spannung des Verhältnisses von Begriff und Sache — sind sie also nur Symbole, so sind sie auch beliebig und in dieser Beliebigkeit Objekt willkürlicher Setzung durch den Stärkeren.

So steht es dem Subjekt nicht mehr frei, einen anderen und vielleicht richtigeren Begriff von der Sache, die er begreifen soll, zu entwickeln.
Daß die Sprache heute schon kaum anderes mehr ist als Symbol und Zeichen, zeigt, welche Strecke die Menschen in den Metropolen auf dem Wege ihrer Entwicklung zu Insekten bereits zurückgelegt haben.

3

Nicht besser als in der Wirklichkeit erging es dem Gebrauchswert in der marxistischen Literatur und in der Folge der marxistischen Literatur als Gebrauchswert. Häufig genug kommt dieser Begriff nicht einmal in den Sachregistern vor, in denen selbst die speziellsten Formbestimmungen nicht vergessen werden. Wird er in Lehrbüchern erläutert, so meistens nur durch mehr oder minder holprige Umformulierungen der völlig unzureichenden Bestimmungen im Warenkapitel aus *Kapital I*. Schon Zitate aus dem Rohentwurf sind selten, die Erklärungen aber auch dann kursorisch.[23] In marxistischen Untersuchungen am Material gilt der Gebrauchswert entweder als etwas, das der Marxist im Gegensatz zu allen anderen schon kennt, oder als das, was sowieso jeder außer den bürgerlichen Wirtschaftswissenschaftlern kennt, oder als Bedürfnis der ‚werktätigen Bevölkerung', welches beide — er, der Marxist, und die Werktätigen — kennen, wobei sich allerdings immer nur der Marxist zu Wort meldet: umso bedauerlicher, als es vielleicht gerade diese Kategorie ist — von Adorno als Äquivalent des Nichtidentischen in seiner Philosophie bezeichnet[24] —, durch welche sich die Kritik der politischen Ökonomie von politischer Ökonomie wie jedweder Systemtheorie unterscheiden würde. Die penetrante Wissenschaftlichkeit des neuen Marxismus, der nach dem Niedergang der Protestbewegung zu wuchern begann, nahm die alte resignative Tradition seiner Vorgänger wieder auf: Die objektivistische Verkümmerung, der Verzicht auf die

Idee, daß die Menschen mit Bewußtsein und Willen endlich einmal vernünftige Geschichte machen sollen, reduzierte die Marxsche Revolutionstheorie auf eine pedantische Lehre von den sozialen Zwängen, von der schon Durkheim bewiesen hatte, daß man sich mit ihr immerhin akademisch über Wasser halten kann. Die absolute Unmöglichkeit, eine Antwort auf die Frage zu finden, wozu die existierenden gesellschaftlichen Formbestimmungen noch gut sind, ob sie denn noch irgend jemandem wirklich nützen, war auch für Marxisten Grund genug, sie gar nicht mehr zu stellen. So reihen sich die vielen bunten Bücher, die seit 1965 entstanden sind, zu einem gleichförmigen Rosenkranz, von dem man, hat man ihn einmal heruntergebetet, nur erfährt, daß, solange das Kapital eben das bestimmende gesellschaftliche Verhältnis ist, alles von ihm verursacht wird und ihm alles wohlbekommt: die Studienreform oder ihre Unterlassung, die Krise oder ihr Ausbleiben usw. Allein die Arbeit von Alfred Schmidt, *Der Begriff der Natur in der Lehre von Karl Marx,* riskierte schon durch die provokante Themenstellung den längst fälligen Hinweis, daß es außer den ökonomischen Formbestimmungen noch etwas gibt, worauf diese sich beziehen, und woran sie hoffentlich recht bald scheitern.[25] Im Unterschied zu dem, was sie nicht sind, werden die Formbestimmungen überhaupt erst erkennbar und kritisierbar. Dann wäre es dem Ignorieren des Gebrauchswerts zuzuschreiben, wenn das pompöse Begriffsgeklapper in Teilen der marxistischen Literatur gelegentlich den Verdacht aufkommen läßt, hier gehe es nicht so sehr um die revolutionäre Sache, sondern hier solle aus Gründen der akademischen Konkurrenz die Systemtheorie auf ihrem eigenen Feld geschlagen werden. Bei Marx hingegen, gerade weil er souverän über den kategorialen Apparat verfügt, sind die wesentlichen Erkenntnisse häufig solche, die aus dem Gang der begrifflichen Arbeit eigentümlich herausfallen. Lautet einer der Sätze, die heute ihrer erschlagenden Wirkung wegen gerne als Durchhalteparolen verwendet werden: „Der Widerspruch der kapitalistischen Produktionsweise besteht aber gerade in ihrer Tendenz zur absoluten Entwicklung der Produktivkräfte, die beständig in Konflikt gerät mit den spezifischen Produktionsbedingungen, worin sich das Kapital bewegt und allein bewegen kann", so läßt Marx es damit, im Gegensatz zu manchen seiner Verwissenschaftlicherer, nicht bewenden. Der darauf folgende Satz nämlich sagt mit großartiger Schroffheit und unbekümmert um die Wissenschaftlichkeit der Diktion, was das kompakte Theoriepaket im Vorangegangenen eigentlich heißt: „Es werden nicht zuviel Lebensmittel produziert im Verhältnis zur vorhandenen Bevölkerung. Umgekehrt. Es werden zu wenig produziert, um der Masse der Bevölkerung anständig und menschlich zu genügen" (III/268). Solche überfallartig aus dem manierlichen wissenschaftlichen Diskurs hervorbrechenden Erkenntnisse – Augenblicke, an denen sich die zermürbende Tüftelei an den ökonomischen Formbestimmungen endlich auch einmal auszahlt – sind von einer Theoriebildung nicht zu erwarten, der die Praxis zwar erklärter äußerer Zweck ist, die in ihrem eigenen Vollzug aber das Außertheoretische, den Gebrauchswert als ihr Nichtidentisches eliminiert. Ganz grob könnte der Gebrauchswert als Refugium für alles das bezeichnet werden, was sich der Logik des Kapitals entzieht und woran die Begriffe der politischen Ökonomie scheitern. Daher seine eminente, merkwürdigerweise in der Literatur nie ausdrücklich hervorgehobene Bedeutung für die Krisentheorie.[26]

Wenn damit das Interesse an einer Theorie des Gebrauchswerts deutlich geworden ist, so handelt es sich doch keineswegs einfach um eine Frage der Gesinnung. Marxens Kritik an Ricardo, die später zu entwickeln sein wird, ist deutlich zu entnehmen, welche erkenntniskonstitutive Bedeutung das Nichtidentische – d. h. das nicht mit den Kategorien der politischen Ökonomie Identische, aus der Ebene bereits konstituierter ökonomischer Gegenstände Herausfallende und sie möglicherweise Sprengende – besitzt. Weil nämlich Ricardo den Gebrauchswert nicht als Widerspruch und Gegenbild zu den ökonomischen Formbestimmungen fixieren kann, lösen auch deren scharfe Konturen sich an den neuralgischen Punkten seiner Theorie wieder auf. Wo die Darstellung der Formbestimmungen diese aus ihrer widersprüchlichen Beziehung zum Gebrauchswert löst, wird sie ideologisch und falsch. Umgekehrt allerdings gilt das gleiche, und dies ist der naiven Propagierung von Sinnlichkeit, Bedürfnissen und Spontaneität entgegenzuhalten. Erst die im Gebrauchswert vorausgesetzte Befreiung von den ökonomischen Formbestimmungen gibt dem Gedanken als Wunsch die Kraft, sich vom unmittelbar Vorgefundenen zu lösen, und damit die Möglichkeit, es zu erkennen. Schließt man sich dieser Argumentation an, dann steht die Bedeutung des Gebrauchswerts für die Gesellschaftstheorie insgesamt außer Zweifel. Deshalb wird nun im Folgenden der Versuch unternommen, die geschichtsphilosophischen Bestimmungen hervorzuheben, welche dieser Begriff bei Marx hatte.

I. Kapitel

(Konstitutive Bedeutung des Gebrauchswerts für die Kritik der politischen Ökonomie als Revolutionstheorie, nicht als Fortsetzung, Verbesserung und Vollendung der Ökonomie)

Den Begriff des Gebrauchswerts im Werk von Marx herausarbeiten bedeutet zwar, möglichst greifbare und folglich vom Kontext isolierte Bestimmungen desselben aufzusuchen, um sie zu sammeln, zu entfalten und zu systematisieren. So wird es nötig sein, auf solche Teile des Werkes zurückzugreifen, wo diese Bestimmungen selbst noch als isolierte Blöcke vorliegen, wo sie noch einen abstrakten, dinghaften Charakter tragen — wo ihre partielle Willkür und ihr Dogmatismus, mit denen jede Wissenschaft beginnt, noch nicht von der ausgeführten Theorie aufgelöst worden sind.
Damit zu beginnen aber wäre der verkehrte Weg. Solches Plündern führte leicht zum Eklektizismus, für den gerade ein so überaus reiches Werk wie das Marxsche stets eine ergiebige Fundgrube war — leben doch ganze Schulen von nichts anderem als der Isolierung einzelner Momente und Motive, die mit Totalitätsanspruch ausgestattet und dann als Neuheiten vermarktet werden. Der Gebrauchswert verdiente die Mühe und Plage nicht, die in dieser Arbeit stecken, wäre er nicht für die Revolutionstheorie konstitutiv, wie sie erst im Werk des späten Marx entwickelt, d. h. gegen Mißverständnisse gemütlicher und scheinheiliger Philantropie gesichert vorliegt. Bedeutung und Struktur des Begriffs sind daher zunächst in den Teilen des Werkes auszuweisen, auf die Marx selbst den größten Wert legte. Exemplarisch soll dies an zwei zentralen Stellen seiner Lehre vorgeführt werden: der Wertlehre und dem Begriff produktiver Arbeit.

1. Wertlehre

Marx entwickelt bekanntlich seine Werttheorie aus der Kritik an deren Gestalt bei Smith und Ricardo. Obgleich Ricardo der Fortgeschrittenere ist, kann auf Smith nicht verzichtet werden. Damals schon wurde der Fortschritt der Theorie im Hinblick auf Geschlossenheit, Klarheit, Systematik und Stringenz durch schlichtes Ignorieren wunder Punkte erkauft, an welche die Ungereimtheiten der obsoleteren Theorie wenigstens noch erinnern. Damals schon deutete sich an, daß das muntere Fortschreiten der Theorie diese einst mit psychotischem Realitätsverlust strafen würde, insofern der Erkenntnisgegenstand durchaus der alte blieb. Schon im realen Fortschritt der bürgerlichen Theoriebildung von Smith zu Ricardo steckt in embryonaler Form seine spätere lächerliche Figur, als welche jeder weitere Fortschritt einer hin zum Schwachsinn ist. Vollendet ist sie schon bei Mill, über den Marx höhnt: „In der platten Ebene erscheinen auch Erdhaufen als Hügel; man messe die Plattheit unserer heutigen Bourgeoisie am Kaliber ihrer ‚großen Geister'" (I/541).

Indem Ricardo Smith' Changieren in der Wertbestimmung beseitigt, trifft er damit zwar den Kern der Sache und bringt die Ökonomie voran, gleichzeitig aber eliminiert er durch solche Systematisierung den sich in Smith' Changieren ausdrückenden realen Widerspruch als Gegenstand der Reflexion. Was die Theorie an Klarheit gewinnt, verliert sie, solange ihre Klarheit nicht auch eine des Gegenstands ist, an Bezug zur Wirklichkeit. Während Smith abwechselnd den Wert der Ware einmal durchs Quantum Arbeit bestimmt, welches gegen diese Ware eintauschbar ist, welches diese Ware kaufen kann, welches man für diese Ware auf dem Arbeitsmarkt erhält, ein andermal durch das Quantum Arbeit, welches zur Produktion der Ware erforderlich ist, entschließt sich Ricardo – zwar zu Recht, aber ohne Begründung –, nur die zweite Definition gelten zu lassen. Es beruhte jedoch „das Übergehen von der einen Erklärungsweise zur anderen bei A. Smith auf Tieferem, was Ricardo in der Aufdeckung dieses Widerspruchs übersehen, nicht richtig gewürdigt hat, daher auch nicht gelöst" (26.1/42).

Smith' erste Definition setzt scheinbar so gut wie die zweite die Arbeit als Bestimmungsgrund und Maßstab des Werts. Tatsächlich aber stellt sie nur eine Tauschbeziehung dar, in welcher der spezifische Gebrauchswert der Arbeit, kraft dessen sie allein Bestimmungsgrund und Maßstab des Werts wäre, nicht ausgedrückt werden kann. Von vornherein selbst schon als Ware eingeführt, kann die Arbeit deren Wert nicht erklären. Die Argumentation bleibt tautologisch auf der Ebene der ökonomischen Formbestimmungen, während doch nur eine von diesen Bestimmungen verschiedene Qualität sie wirklich begründen könnte. Smith sagt Arbeit, aber er spricht in Wirklichkeit nur von einer beliebigen Ware in der Äquivalentform. Er meint den Wert, behandelt aber nur den sich in der Tat stets als Relation darstellenden Tauschwert. Hätte er statt Arbeit ein beliebiges Produkt gewählt, so hätte er zwar den Wert nicht entwickelt, aber immerhin die Äquivalentform beschrieben, in welcher der besondere Gebrauchswert, der hier selbst nur formale Bedingung, gleichgültig ist. Da er ausgerechnet die Arbeit als Äquivalent wählt, die selbst nicht Wert sondern Gebrauchswert als wertbildende Potenz ist — mithin aus den ökonomischen Formbestimmungen, wiewohl durch sie gesetzt, *herausfällt*, als „belebende Seele", „Flamme des lebendigen Arbeitsvermögens" (Ro/365), „befruchtende Lebendigkeit" (Ro/205), „Feuer der Arbeit" (I/198), und sie eben deshalb erklären kann („Die Arbeit ist die Substanz und das immanente Maß der Werte, aber sie selbst hat keinen Wert" (I/559)) —, da er also zu sehr Vulgärmaterialist und zuwenig Geschichtsphilosoph ist, um lebendige Arbeit samt ihren historischen Potenzen von einem Ding zu unterscheiden, erklärt er weder den Wert, noch faßt er die Äquivalentform richtig. Es ist nur eine Fortsetzung dieses Irrtums, wenn Smith schließlich, wohl mit dem Resultat seiner Bemühungen nicht so ganz zufrieden, zum Maß des Werts das Quantum Korn nimmt, gegen das sich ein äquivalentes

Quantum Arbeit eintauscht. Die Arbeit ist nun aus der Äquivalentform in die Wertform gerückt und dort nicht minder fehl am Platze. Damit aber sind Smith' analytische Fähigkeiten erschöpft. Mangels eines Begriffs vom Gebrauchswert erreicht er nur die Formbestimmungen der Dinge, niemals diese selbst, und findet daher auch nicht den Grund, weshalb sie spezifische Formbestimmungen annehmen.

Diese Schwierigkeit vermeidet Ricardo, indem er ausschließlich Smith' zweite Definition des Werts verwendet, welche diesen durch das Quantum Arbeit bestimmt, welches zur Produktion einer Ware erforderlich war. Zwar verläßt er damit die nur eine tautologische Argumentation erlaubende Ebene der bereits konstituierten Tauschbeziehung und faßt den Wert als Produktionsverhältnis, doch hat er ,,damit keineswegs das Problem gelöst, das der innere Grund von A. Smith' Widerspruch ist. Value of labour und quantity of labour bleiben ,equivalent expressions', soweit es sich um vergegenständlichte Arbeit handelt. Sie hören auf, es zu sein, sobald vergegenständlichte und lebendige Arbeit ausgetauscht werden" (26.2/399). Den Widerspruch zwischen ungleichem Tausch und Wertgesetz, also den Ursprung des Mehrwerts, der sich in Smith' Changieren ausdrückt, kann auch Ricardo nicht begrifflich fassen, weil ihm der Unterschied zwischen Wert (vergegenständlichter Arbeit) und Gebrauchswert (lebendiger Arbeit) nicht als erklärungsbedürftiger Gegensatz bewußt wird. Wert der Arbeit und Menge der Arbeit sind so lange identische Ausdrücke, wie sie jeweils schon vergegenständlichte Arbeit, Waren also, bezeichnen. Gerade als durchs Kapital gesetzte aber geht die Arbeit in ihrer gegenständlichen Existenz nicht mehr auf, wie sie es vielleicht in den entlegenen Epochen tat, als noch kein Mehrprodukt erwirtschaftet wurde; gerade als durchs Kapital gesetzte verlebendigt sie sich in dem Sinn, daß sie sich aus einer rein sachlichen, weil total determinierten Existenzweise im Naturzusammenhang emanzipiert, worin sie unbeweglich und immergleich nur die Funktion eines augenblicklichen wie sich endlos wiederholenden kreatürlichen Bedürfnisses gewesen war; gerade als vom

Kapital gesetzte unterscheidet sich die Arbeit schließlich von ihrer Existenz als Arbeiter, insofern dieser mit ihr mehr produziert als seinen eigenen Leib. Eben deshalb sind Wert der Arbeit, womit der Wert der Arbeitskraft, des leibhaftigen Arbeiters gemeint ist, und Menge der Arbeit verschiedene Ausdrücke, weil die Arbeit in ihrer geschichtlichen Entwicklung längst den Punkt überschritten hat, da sie nur die Leiblichkeit des lebendigen Arbeiters reproduzierte. Weil Ricardo nur blind die richtige Bestimmung des Werts wählt, ohne auch den entwickelten Zusammenhang zu erkennen, stellt sich für ihn die Frage nach der Wertform nicht — die Frage also, wie aus der lebendigen Arbeit Kapital wird. Also gewinnt er auch keinen Begriff von der Ausbeutung, die mit der Wertform der Arbeitsprodukte bereits gesetzt ist, und Marx stellt fest, daß „Ricardo in der Tat nicht entwickelt, wie nach dem Austausch nach dem Gesetz des Werts der ungleiche Austausch zwischen Kapital und lebendiger Arbeit entspringt ..., also in der Tat den Ursprung des Mehrwerts unklar läßt" (26.3/8). Gerade weil Ricardo den Gebrauchswert — in diesem Fall den Gebrauchswert der vom Kapital gesetzten Arbeit, produktive, geschichtsbildende Potenz zu sein — nicht als eine von den Kategorien der politischen Ökonomie verschiedene Qualität festhalten kann, wird ihm die Formbestimmung niemals zum erklärungsbedürftigen Problem. Weil er den Inhalt nicht als distinkte Qualität festhalten kann, wird dieser unter seinen Händen zu gestaltloser Materie, zu unendlich plastischem Material, welches beliebige Formbestimmungen widerstandslos über sich ergehen läßt. Als Nominalist, der sich für einen Begriffsrealisten hält[27], kann er das Verhältnis von Begriff und Sache, weiter das von Form und Inhalt und damit seine eigene Reflexion auf die Sache nicht reflektieren. Weil der Inhalt nur beliebig manipulierbares Material ist, ist er mit der Form und weiter die Sache mit dem Begriff immer von vornherein schon identisch, und unter dieser Prämisse kann sich das Kapital niemals als bestimmtes gesellschaftliches Verhältnis darstellen. „So unterscheidet es sich für Ricardo nur als ‚accumulated labour' von ‚immediate labour'. Und ist etwas bloß Sachliches, bloß Element im Arbeitsprozeß, woraus das Verhältnis von Arbeiter und Kapital, wages und profits, nimmermehr entwickelt werden kann" (26.2/403). Weil bei Ricardo der Gebrauchswert „tot liegen bleibt" (Ro/227), kann er die lebendige Arbeit nicht als die von den ökonomischen Formbestimmungen verschiedene Qualität erkennen, die sie gerade als durchs Kapital gesetzte *ist,* sondern muß sie stets schon als in der Formbestimmung aufgegangene, als im Kapital vergegenständlichte betrachten. So verfehlt er den richtigen Begriff vom Kapital, weil er das Verhältnis des von ihm selbst entwickelten Begriffs zur Sache nach dem Ausmerzen letzterer nicht mehr reflektieren kann. Aus diesem Verhältnis herausgelöst aber ist der Begriff versteinert und für alle Zeiten festgefroren. Als unter diesen Begriff subsumiert, erscheint das Kapital als Naturverhältnis, mit welchem man zwar rechnen, welches man aber nicht ändern kann. Indem das die Identität von Begriff und Sache, von Tauschwert und Gebrauchswert stiftende gesellschaftliche Verhältnis als sachliche Eigenschaft der Dinge ausgedrückt wird, werden beide verkannt: weil Ricardo die gesellschaftlichen Formbestimmungen der Dinge für deren ihnen als Sachen zukommende Eigenschaften hält, kann er diese selbst nicht erkennen. Tückisch wie nur das Unbewußte rächt sich der verschmähte Gebrauchswert an Ricardo, indem er ihn bei der Entwicklung der Wertbestimmung überrumpelt. In solchen Augenblicken bestimmt dann auch Ricardo den Wert der Arbeit „durch das Quantum Gebrauchswerte, das eine bestimmte Quantität Arbeit kommandiert oder von ihr kommandiert wird, wodurch er wörtlich in die von ihm bei A. Smith gerügte Inkonsequenz verfällt" (26.2/406). Wie in der Dogmengeschichte insgesamt, so kriecht auch hier das nur Verdrängte, nicht wirklich Erledigte aus tausend Löchern wieder hervor. Insbesondere die Soziologie verdankt der Methode, längst vergessene, aber nie wirklich und ein für allemal geklärte Argumente als Neuheiten aus der Tasche zu zaubern, ihr erstaunlich zähes Leben.[28]

Fehlt der Begriff des Gebrauchswerts, so können auch die ökonomischen Formbestimmungen als von jenem verschiedene und nur in dieser Verschiedenheit bestimmbare nicht erkannt werden. Umgekehrt aber setzt das Erkennen des Gebrauchswerts als von den Formbestimmungen verschiedene Qualität voraus, daß diese bekannt sind: Unmittelbar anzuschauen ist im Kapitalverhältnis nur die wiederum unmittelbare Einheit beider. Als Verschiedene erkennbar werden sie erst in der Darstellung des Verhältnisses, welches sie als durch einander *Bestimmte* voneinander trennt wie aufeinander bezieht. Daher der merkwürdige Zweifrontenkrieg, den Marx gegen Ricardo führen muß. Einmal wirft er ihm bezüglich des Gebrauchswerts vor, „rein davon zu abstrahieren" (Ro/179). Dann wieder hat es umgekehrt den Anschein, als verstehe sich Ricardo passabel auf den Gebrauchswert, verheddere sich aber bei den Formbestimmungen. Wie in den verstreuten Bemerkungen im *Kapital*, die mit dem „bürgerlich rohen Blick des politischen Ökonomen" (I/72), mit seiner „brutalen Interessiertheit für den Stoff" (I/565) abrechnen, wirft Marx Ricardo in den *Theorien über den Mehrwert* wiederholt vor, namentlich bei der Behandlung der Akkumulation, er verwandele „die bürgerliche Produktion in bloße Produktion für den Gebrauchswert... Die spezifische Form des bürgerlichen Reichtums betrachtet er als etwas nur Formelles, ihren Inhalt nicht Ergreifendes" (26.3/49). Bei ihm werde die „Ware, in der der Gegensatz von Gebrauchswert und Tauschwert existiert, in bloßes Produkt (Gebrauchswert) und daher der Austausch von Waren in bloßen Tauschhandel von Produkten, bloßen Gebrauchswerten verwandelt" (26.2/501). In einer weiteren Formulierung desselben Vorwurfs spricht Marx direkt vom Gebrauchswert, fügt aber in Klammern hinzu: Produkt. Die eigentümliche terminologische Unsicherheit der Reihung von Gebrauchswert und Produkt — die Marx sich im Gegensatz zu seinen ängstlichen, mehr um die Reinheit der Lehre als um die reine Wahrheit besorgten Interpreten ohne weiteres leistet — enthält den Schlüssel zum Verständnis des Widerspruchs, daß Ricardo den Gebrauchswert einmal sträflich vernachlässigen, dann wiederum sich nur auf diesen verstehen soll. Gewiß sind Produkte das materielle Substrat des Gebrauchswerts; aber nur beliebig von den Menschen konsumierbares Produkt zu sein, ist noch keine Bedingung, die für die Bestimmung des durchs Kapitalverhältnis gesetzten Gebrauchswerts, des spezifisch kapitalistischen Gebrauchswerts, des *Reichtums* genügt. Schon „die erste naturwüchsige Form des Reichtums ist die des Überflusses oder Überschusses, der nicht als Gebrauchswert unmittelbar erheischte Teil der Produkte, oder auch der Besitz solcher Produkte, deren Gebrauchswert außerhalb des Kreises bloßer Bedürftigkeit fällt" (Kritik/130). Insofern die Menschen nach wie vor bedürftige Kreatur sind, sich aber auch davon befreit haben, nichts anderes als bloß bedürftige Kreatur zu sein, hat sich auch der Begriff des Gebrauchswerts verdoppelt. Beinhaltet er zum einen „die Naturbeziehung zwischen Dingen und Menschen, in fact das Dasein der Dinge für die Menschen" (26.3/291), so bezeichnet er zum anderen die historische Emanzipation von Verhältnissen, worin die Dinge nur für die kreatürliche Bedürftigkeit der menschlichen Natur da sind – in denen die Dinge selbst nur Sachen als Elemente von einem Naturprozeß sind, welcher der Stoffwechsel der Menschen mit der Natur in seinen Anfängen war. Der emanzipatorische Gebrauchswert der Dinge, nicht nur den status quo als Naturzustand zu reproduzieren, sondern die Befreiung aus demselben, aus dessen elendiger Immergleichheit – und nichts anderes heißt Geschichte – voranzutreiben, erscheint an den Dingen unter dem Kapitalverhältnis gerade als Formbestimmung: als formale Bedingung, daß die Ware Mehrwert enthalten muß, mit ihrem Konsum also nicht wieder der Naturzustand hergestellt ist, sondern vorher Akkumulation stattgefunden hat. Deshalb irrt Ricardo, wenn er behauptet, der Reichtum sei vom Wert unabhängig und bestehe nur aus den zum Leben notwendigen, nützlichen oder angenehmen Dingen. Marx empört sich über diesen Trugschluß mit gutem Grund: „In anderen Worten sagt Ricardo hier: Reichtum besteht nur aus Gebrauchswerten" (26.3/49).

Dann nämlich dürften die Arbeiter, wenn sie nur satt zu essen hätten, glücklich und zufrieden sein. Mit längst obsolet gewordenem Gebrauchswert, mit vergänglichen Gegenständen alltäglicher und immergleicher Bedürftigkeit abgespeist, sozusagen im vorgeschichtlichen Zustand festgeschmiedet, sollen sie auf den durchs Kapital gesetzten Gebrauchswert, nämlich die produktiven, emanzipatorischen, geschichtsbildenden Potenzen ihrer Arbeit, verzichten!

Die Gleichung Reichtum = Gebrauchswert ist auch umgekehrt zu lesen und in dieser Richtung nicht minder falsch. Ist Reichtum nichts anderes als Gebrauchswert im Sinne von Gegenständen der unmittelbaren Bedürftigkeit, so sind auch solche Gegenstände schon Reichtum, und die Arbeiter, die nichts anderes als diese haben, brauchen sich nicht zu beklagen. Damals schon war der Vulgärmaterialismus, den orthodoxe und gewerkschaftlich orientierte Kommunisten heute für ihre eigene Erfindung halten, so reaktionär, wie es heute die kaltherzige neue Empfindsamkeit ist, die ihre langweiligen ‚Bedürfnisse' hegt und pflegt, mit der ‚Lebensqualität' liebäugelt und dabei die Qualität des Sterbens, vor allem in der Dritten Welt, vergißt. Den bürgerlichen Reichtum als nur materiellen auszugeben im Sinne von Gegenständen des alltäglichen Bedarfs, worin der Mensch nur bedürftige Kreatur, war damals schon eine Methode, das aufs nur Materielle, also Konsum reduzierte Leben denen schmackhaft zu machen, die unter dem Kapitalverhältnis kein anderes ihr eigen nennen dürfen. Bei den Arbeitern, die nur noch ein anständiges Stück vom ‚großen Kuchen' wollen, hatte sie bemerkenswerten Erfolg.

Dieses aufs nur Materielle reduzierte Leben der Arbeiter und anderer in den Metropolen ist heute umso verwerflicher, als es der Grund dafür ist, daß die Menschen in der Dritten Welt nicht mal ein solches Leben haben. Von ihnen ist deshalb hier die Rede, weil sich in ihrem physischen Leiden die bittere Wahrheit über die Metropolen materialisiert. In den Metropolen selbst ist diese Wahrheit metaphysisch geworden in des Wortes unmittelbarer Bedeutung: die Arbeiter werden zwar ausgebeutet, aber wenigstens sie sind alles andere als unterernährt. Als nur metaphysische aber wird die Ausbeutung unbegreiflich, ontologisch-schicksalhaft (Herrenvolk), zum zirkulären, endlos weiterwuchernden psychologischen Autoritätsproblem oder zum abstrakten Geschlechterkampf. Sie ist aber weder so unbegreiflich noch so harmlos wie der Anschein, den die im Namen der Emanzipation erbittert geführten Hackordnungsdiskussionen linker Gruppen gelegentlich erwecken. Die tückische Metaphysik der Unterdrückung, die in den Metropolen einen jeden Emanzipationsversuch in dessen Gegenteil verzaubert, und an der allein man irre oder gläubig werden könnte, hat durchaus ihre physische Basis, nur eben nicht in den Metropolen selbst. Ohne Prügel und Hunger im Hintergrund existieren auch die abgeleiteten und sublimeren Formen der Unterdrückung nicht. Deutlicher noch als der Faschismus und rationaler als dieser durch die Simplizität der Selektionskriterien führen die Verhältnisse in der Dritten Welt den Menschen vor Augen, was einem alles passieren kann, wenn man nur ein Mensch ist und nicht auch auf der richtigen Seite der Erdkugel steht. Für die Verhältnisse in der Dritten Welt wären die Metropolen auch dort verantwortlich, wo der CIA seine Finger ausnahmsweise nicht im Spiel hätte: politisch und historisch durch die Kolonialgeschichte, deren Produkt die einheimischen Quälgeister sind, und moralisch durch die Unterlassung von Hilfe, zu der die reichen Metropolen nicht nur eingedenk ihrer furchtbaren historischen Schuld, sondern absolut verpflichtet wären.

Von daher ist die vielbeklagte Isolation der Menschen voneinander in den Metropolen zu verstehen. Weil keinem der Bissen im Halse stecken bleibt, wenn sie vom Hunger in der Dritten Welt erfahren, haben sie nur zu gute Gründe, einander mißtrauisch als hartgesottene Ganoven zu betrachten – Gründe, die ihnen kein Kommunikationsapostel und kein Solidaritätsprediger wird ausreden können, es sei denn, er brächte sie vollends um den Verstand. Letzteres hat bekanntlich die faschistische Volksgemeinschaft besorgt, und von dieser Kumpanei ist jegliche Gemeinschaft in den Metropolen stigmatisiert, wenn sie nicht zuallererst solidarisch ist mit den Verhungernden in der Dritten Welt. Indem man das metaphysische Unterdrückungssymptom ‚Isolation' zum Absoluten verdingtlicht und ihm mit Kommunikationsstrategien pädagogisch und therapeutisch zu Leibe zu rücken versucht, hat man es weder verstanden noch kann man es beseitigen. Tückisch findet sein objektiver Grund stets neue Kanäle. Dieser Grund ist ganz einfach: Wenn Menschen sich verständigen sollen, so müssen sie selbst auch verständlich sein. Solche aber, die tatenlos zuschauen, wie ein anderer Mensch verreckt, sind dies nicht. So gleichgültig, wie sie objektiv gegeneinander als Menschen sind, haben sie sich nichts zu sagen. Die Fernsehreportagen aus den Hungerregionen prägen gewissermaßen den modernen Begriff vom Menschen: armselige Kreatur, die man verhungern läßt. Es gibt keine Herrschaft ohne die über Leben und Tod, und das Herrschaftsverhältnis, welches in den Metropolen den Gebrauchswert zerstört, wird nicht enden vor dem Tag, an dem kein Mensch mehr verhungert. In diesem durchaus egoistischen Bezug ist die Dritte Welt hier wichtig.

Ricardo findet ein gesellschaftliches Verhältnis vor, in welchem der Reichtum unter der Form von Waren *und* Geld existiert. Nominalistisch läßt er zunächst diesen so widersprüchlichen wie umfassenden Begriff des Reichtums einfach fallen, indem er behauptet, Geld und Ware seien eigentlich bedeutungslose Hirngespinste, in Wahrheit zählten nur die materiellen Produkte. Er subtrahiert also vom erscheinenden Reichtum das Geld, ignoriert die Warenform der Produkte und erklärt den Rest zum wirklichen Reichtum. Nichts anderes taten auch die Faschisten, als sie gegen Zinsknechtschaft, Finanzkapital, raffendes Kapital hetzten, nur um das vermeintlich produktive Kapital ungeschoren davonkommen zu lassen. Ricardo greift aus dem erscheinenden Reichtum nominalistisch, mit dezisionistischer Willkür ein Element heraus und erklärt dieses dann begriffsrealistisch zu seinem Wesen. Durch solche blanke Identifikation von Wesen und Erscheinung bleibt, weil die Vermittlung unbekannt, nicht nur die

Erscheinung unerklärt, sondern wird auch das Wesen nicht verstanden. Weder kennt Ricardo den wirklichen Reichtum, noch kann er angeben, warum dieser in der Form von Geld und Waren erscheint. Als durch Formbestimmungen vermittelte ist die Sache selbst – der Reichtum – nur erkennbar im Prozeß des Aufdröselns dieser Formbestimmungen. Die Sache selbst, als von falschen Bestimmungen befreite, ist unter dem Kapitalverhältnis stets Resultat des Denkens, nie sein Ausgangspunkt. Weil Ricardo sich in der Theorie um diesen Prozeß herummogelt – ganz wie die Revisionisten, die nur Umverteilungen im Haushalt fordern und damit unterschlagen, daß allein aus der praktischen Befreiung der Dinge von ihren ökonomischen Formbestimmungen, durch die Revolution also, Gebrauchswerte entstehen würden – und mit brutaler Zudringlichkeit dem Reichtum zuleiberückt, hat er am Ende nicht diesen selbst, sondern nur einen partikularen und falschen Begriff von ihm im Kopf. So ist er schließlich unreflektierter Begriffsrealist, der die Begriffe verachtet und mit ihnen doch so hantiert, als wären sie schon die Sache selbst. Unfähig fortan, zwischen Begriff und Sache, zwischen Form und Inhalt zu unterscheiden, verwandeln die Ökonomen daher einerseits „Kapital aus einem Verhältnis in ein Ding... Andererseits verwandeln sie Dinge in Kapital" (26.3/268).

2. Produktive Arbeit

In der Schrift *Resultate des unmittelbaren Produktionsprozesses* – einer unveröffentlichten Vorstudie zum *Kapital*, von der zumindest nicht auszuschließen ist, daß Marx sie aus guten Gründen nicht publizierte, und die deshalb eine rein philologische Beweisführung kaum erlaubt – faßt Marx den Begriff produktiver Arbeit radikal als ökonomische Formbestimmung. Er behauptet, „daß produktive Arbeit zu sein eine Bestimmung der Arbeit ist, die an und für sich absolut nichts zu tun hat mit dem bestimmten Inhalt der Arbeit, ihrer besonderen Nützlichkeit oder dem eigentümlichen Gebrauchswert, worin sie sich darstellt" (Resultate/69-70). Er unterstreicht dieses Urteil sogar noch, indem er es auch in Anbetracht bereits umfangreicher Produktion von Schund demonstrativ aufrecht erhält:

„Ein großer Teil des jährlichen Produkts, der als Revenue verzehrt wird und nicht mehr als Produktionsmittel von neuem in die Produktion eingeht, besteht aus den fatalsten, die jämmerlichsten Gelüste, fancies usw. befriedigenden Produkten (Gebrauchswert). Dieser Inhalt ist für die Bestimmung der produktiven Arbeit ganz gleichgültig." (Resultate/71)

In diesen entschiedenen Ton mischt sich jedoch durch die in Klammern gesetzte Beifügung ‚Gebrauchswert' die bereits im vorhergegangenen Abschnitt erwähnte leichte terminologische Unsicherheit. Offenbar plagten Marx bei aller Entschiedenheit leise Zweifel am Gebrauchswert der genannten Produkte, so daß es der ergänzenden Versicherung bedurfte. So berechtigt es ist, geringschätzig von der „Sucht, die produktive und unproduktive Arbeit durch ihren stofflichen Inhalt zu bestimmen" (Resultate/72) zu sprechen, so problematisch ist es andererseits, vom Inhalt der Arbeit einfach zu abstrahieren. Ist diese Position ein notwendiger Ausgangspunkt des Denkens, an welchem die Extreme ohne Beschwichtigung und Harmonisierung auseinanderzuhalten sind, so ist sie doch keineswegs der Weisheit letzter Schluß. Die Frage nach den richtigen Bestimmungen produktiver Arbeit ist mit dieser Auskunft eben nicht beantwortet, sondern überhaupt erst einmal richtig gestellt.

Nicht minder rigoros äußert sich Marx in den *Theorien über den Mehrwert,* die er ebenfalls nicht für die Veröffentlichung bearbeitet hat. So sind auch dort die einzelnen Bestimmungen nicht als letzthin wahre Sätze, sondern als Momente einer erst noch auszuführenden Theorie zu interpretieren. Ganz analog zu den *Resultaten* lauten dort die charakteristischen Passagen:

„Die stoffliche Bestimmung der Arbeit und daher ihres Produkts hat an und für sich nichts mit dieser Unterscheidung zwischen produktiver und unproduktiver Arbeit zu tun. Z. B. die Köche und waiters in einem öffentlichen Hotel sind produktive Arbeiter, sofern ihre Arbeit sich in Kapital für den Hotelbesitzer verwandelt. Dieselben Personen sind unproduktive Arbeiter als menial servants, insofern ich in ihrem Dienst nicht Kapital mache, sondern Revenue verausgabe." (26.1/129)

„Der Gebrauchswert der Ware, worin sich die Arbeit eines produktiven Arbeiters verkörpert, mag von der futilsten Art sein. Diese stoffliche Bestimmung hängt mit dieser ihrer Eigenschaft gar nicht zusammen, die vielmehr nur ein gesellschaftliches Produktionsverhältnis ausdrückt. Es ist eine Bestimmung der Arbeit, die nicht aus ihrem Inhalt oder ihrem Resultat, sondern aus ihrer bestimmten gesellschaftlichen Form stammt." (26.1/128)

Das Herauspicken solcher Zitate mag den Autoren des Aufsatzes ‚Produktive und unproduktive Arbeit als Kategorien der Klassenanalyse' Anlaß zu der irrigen Vermutung gegeben haben, es falle „der stoffliche Inhalt zunächst ganz aus der Betrachtung der politischen Ökonomie heraus"[29], und damit einen Freibrief, das einschränkende ‚zunächst' im Laufe der eigenen Arbeit allmählich zu vergessen.

Bedeutend zurückhaltender als in den unveröffentlichten Vorstudien formuliert Marx im *Kapital* selbst:

„Nur der Arbeiter ist produktiv, der Mehrwert für den Kapitalisten produziert oder zur Selbstverwertung des Kapitals dient... Der Begriff der produktiven Arbeit schließt daher keineswegs *bloß* ein Verhältnis zwischen Tätigkeit und Nutzeffekt, zwischen Arbeiter und Arbeitsprodukt ein, sondern *auch* ein spezifisch gesellschaftliches, geschichtlich entstandenes Produktionsverhältnis, welches den Arbeiter zum unmittelbaren Verwertungsmittel des Kapitals stempelt." (I/532) (Hervorhebungen von mir)

Auch knüpft Marx hier ausdrücklich an die Entwicklung der Bestimmungen des einfachen Arbeitsprozesses an, die solche des Gebrauchswerts sind, jedoch für den kapitalistischen Produktionsprozeß „keineswegs hinreichen" (I/196). Nicht hinreichend bedeutet aber: nicht überflüssig, sondern *gleichwohl* notwendig. Offenbar existieren also im Marxschen Werk zwei verschiedene Begriffe produktiver Arbeit:

1. Sie muß *nur* Mehrwert produzieren, Kapital verwerten, während der Gebrauchswert des Produkts vollkommen gleichgültig ist. Der Gebrauchswert wird in solcher Gleichgültigkeit als unterscheidende Bestimmung absurd, und Marx nimmt diese Absurdität bewußt in Kauf. (*Resultate, Theorien*)

2. Sie muß zwar Mehrwert produzieren, aber auch den Bestimmungen des einfachen Arbeitsprozesses genügen, also „zweckmäßige Tätigkeit zur Herstellung von Gebrauchswerten, Aneignung des Natürlichen für menschliche Bedürfnisse" (I/198) sein. (*Kapital*)

Was beide bedeuten und was sie unterscheidet, ist damit freilich noch nicht ausgemacht. Zur Bestimmung ihres Gehalts muß man sich verdeutlichen, was Produktion von Mehrwert heißt. Sie setzt zunächst vollkommen entwickelte Warenproduktion voraus. Ist es in dieser auch „grade die Abstraktion von ihren Gebrauchswerten, was das Austauschverhältnis der Waren augenscheinlich charakterisiert" (I/51-52), so bedeutet die Abstraktion vom Gebrauchswert in der Wertbestimmung doch keineswegs, daß er für diese belanglos würde. Als störende und unbekannte, weil qualitativ gefaßte Größe erscheint er im Wertmaß, der gesellschaftlich *notwendigen* Arbeitszeit wieder. Sie ist die Zeit, „erheischt, um irgendeinen Gebrauchswert zu produzieren" (I/53). Durch Abstraktion sind Wert und Gebrauchswert nicht nur voneinander geschieden, sondern ebenso aufeinander bezogen. Der Widerspruch zwischen der Beliebigkeit des besonderen Gebrauchswerts und der Notwendigkeit, daß es sich doch unbedingt um einen solchen handeln muß, erscheint im Begriff der notwendigen Arbeit als einer Bestimmung, die zwingend und unbekannt zugleich ist. In ihr wird schließlich die Abstraktion vom Gebrauchswert für diesen selbst konstitutiv: insofern die Tauschabstraktion Konstituens von gesellschaftlicher Objektivität ist, die schließlich, vermittelt über den Markt, über die Gültigkeit von Gebrauchswerten entscheidet. Erst als kapitalistische Produktion, also als Produktion, die nicht mehr nur Warenproduktion ist, ist die letztere vollkommen entwickelt. Dann aber gilt: „Das Produkt des individuellen Kapitals ... hat irgendeine beliebige Naturalform... Anders verhält es sich mit dem Produkt des gesellschaftlichen Gesamtkapitals. Alle sachlichen Elemente der Reproduktion müssen in ihrer Naturalform Teile des Produkts selbst bilden" (II/430). Der Widerspruch zwischen der Gleichgültigkeit des besonderen Gebrauchswerts und der zwingenden Notwendigkeit seiner Existenz ist identisch mit dem, daß die unabhängig voneinander und selbständig produzierenden Privatarbeiten nur zählen als Momente der gesellschaftlichen Produktion, deren nicht gewußte, weil bewußtlos produzierte Objektivität den einzelnen Produzenten als äußerer Zwang, als Konkurrsdrohung entgegentritt. Nach Maßgabe des zuvor nicht gewußten gesellschaftlichen, d. h. zahlungsfähigen Bedürfnisses wird objektiv darüber entschieden, welche der selbständig und unabhängig voneinander produzierenden Privatarbeiten sich im Einzelfall als gesellschaftlich notwendige in einem Gebrauchswert, mithin einem zirkulationsfähigen Glied der Warenwelt vergegenständlicht, und welche andere sich in Abfall darstellt. Entscheiden also, kapitalistische Produktion vorausgesetzt, tatsächlich wesentlich die Formbestimmungen über den Gebrauchswert, so heißt dies aber, daß jene nicht als bloß formalistisches System fehlinterpretiert werden dürfen, sondern selbst inhaltlich zu bestimmen sind.

Reguliert das Kapital eine bestimmte Relation der Produktion von Nahrungsmitteln, Produktionsmitteln, Vernichtungsmitteln und Unfug — und nur in der vom Kapital regulierten Relation sind sie Gebrauchswert, ansonsten Abfall wie der Kaffee, mit dem man in Brasilien während Absatzkrisen die Lokomotiven heizte —, so hat es auch selbst eine Qualität — nur was selbst eine bestimmte Qualität hat, kann Ursache anderer Qualität sein. Kapital und Mehrwert sind daher nicht nur als Rechengrößen zu begreifen, mit denen man die Ausbeutung ermitteln kann, sondern sie sind selbst qualitativ zu bestimmen. Wird — wie Marx zu Recht behauptet, im *Kapital* wie in den *Theorien* und den *Resultaten* — die Subsumtion einer Arbeit unter das Kapitalverhältnis zur conditio sine qua non ihrer Produktivität, so kann „von Produktivität des Kapitals nur gesprochen werden, sobald es als Darstellung eines bestimmten gesellschaftlichen Verhältnisses aufgefaßt wird" (26.3/261). In dessen Einschätzung schließt Marx sich Ricardo an. Als Apologet des Mehrwerts will dieser „Produktion um der Produktion halber, und dies ist recht. Wollte man behaupten, ... daß die Produktion nicht als solche der Zweck sei, so vergißt man, daß Produktion um der Produktion halber nichts heißt, als Entwicklung der menschlichen Produktivkräfte, also Entwicklung des Reichtums der menschlichen Natur als Selbstzweck" (26.2/111). Mit für einen Materialisten erstaunlicher Geringschätzung der Produkte, der gegenständlichen Welt, legt Marx hier den Akzent auf die Entwicklung der Produktivkräfte, diese gefaßt als Reichtum der menschlichen Natur. Bekannter sind solche Varianten dieses häufig wiederkehrenden Gedankens, die deutlicher in der Sprache der Revolutionstheorie abgefaßt sind: „Die Entwicklung der Produktivkräfte ist die historische Aufgabe und Berechtigung des Kapitals. Eben damit schafft es unbewußt die materiellen Bedingungen einer höheren Produktionsform" (III/269) — freilich nicht diese selbst, das müssen eben doch die Arbeiter tun. Inhaltlich bestimmt wird der inzwischen unerträglich schematisch und nach zweifelhafter Kontinuität klingende Begriff ‚höhere Produktionsform' in einer weiteren Formulierung desselben Motivs:

„Nicht Gebrauchswert und Genuß, sondern Tauschwert und dessen Vermehrung sind das treibende Motiv des Kapitalisten. Als Fanatiker der Verwertung des Werts zwingt er rücksichtslos die Menschheit zur Produktion um der Produktion willen, daher zu einer Entwicklung der gesellschaftlichen Produktivkräfte, und zur Schöpfung von materiellen Produktionsbedingungen, welche allein die Basis einer höheren Gesellschaftsform bilden können, deren Grundprinzip die volle und freie Entwicklung jedes Individuums ist." (I/618)

Wie bitter ernst Marx die Freiheit des Individuums nahm – ganz im Gegensatz zu solchen Kommunisten, die nichts als ein besseres Fürsorgesystem wollen –, wird aus folgender Stelle deutlich: „Die gesellschaftliche Beziehung der Menschen aufeinander als verselbständigte Macht über den Individuen, werde sie nun vorgestellt als Naturmacht, Zufall oder in sonst beliebiger Form, ist notwendiges Resultat dessen, daß der Ausgangspunkt nicht das freie gesellschaftliche Individuum ist." (Ro/111)

Die Einschätzung des Kapitalverhältnisses als Etappe im historischen Prozeß der Entwicklung des freien gesellschaftlichen Individuums, d. h. das Kapitalverhältnis unter dem Aspekt seiner möglich gewordenen revolutionären Abschaffung, berechtigt dazu, die je einzelnen materiellen Dinge zunächst fast achtlos zu streifen. Marx gibt daher Hodskin recht, den er so interpretiert: „Die ganze objektive Welt, die ‚Güterwelt', versinkt hier als bloßes Moment, bloß verschwindende, stets und stets neu erzeugte Betätigung der gesellschaftlich produzierenden Menschen" (26.3/263). Angesichts der produktiven gesellschaftlichen Potenzen, die das Kapitalverhältnis entwickelt hat, verlieren die jeweils gerade existierenden materiellen Dinge an Gewicht: „Der ganze gegenständliche Reichtum, den die kapitalistische Anschauung fixiert, erscheint so nur als zerrinnendes Moment im Strome der Gesamtproduktion" (26.3/276). Der Primat von Akkumulation und Mehrwert als historischen Entwicklungsprinzipien über das materielle Produkt, dessen Produktions- wie Konsumtionsbedingung sein Vorantreiben von Geschichte geworden ist, welches als materielles Produkt daher nur existieren kann, wenn es nicht *nur* materielles Produkt ist – die Dominanz des Prozessualen also über das jeweils Vergegenständlichte als kapitalistische, aber das Kapital auch transzendierende Wirklichkeit wird in den krisenhaften Produktionsstockungen offenbar, angesichts von deren katastrophalen Folgen Marx resümiert: „*So wenig* ist und kann dieser an einzelnen Punkten konzentriert erscheinende, gegenständliche Reichtum im Vergleich zu dem beständigen

Strom der Produktion und Konsumption sein" (26.3/278). Das Kapitalverhältnis interessiert nicht als Gegenstand, sondern als transitorisches Produktionsverhältnis, als Vorstufe für „freie Individualität, gegründet auf die universelle Entwicklung der Individuen und die Unterordnung ihrer gemeinschaftlichen, gesellschaftlichen Produktivität, als ihres gesellschaftlichen Vermögens" (Ro/75). Im Desinteresse am konkreten gegenständlichen Reichtum, am Reichtum als Sache, ist die Antizipation eines von Not und Bedürftigkeit emanzipierten Gebrauchswertbegriffs enthalten: „Aber free time, disposable time, ist der Reichtum selbst – teils zum Genuß der Produkte, teils zur free activity, die nicht wie die labour durch den Zwang eines äußeren Zweckes bestimmt ist, der erfüllt werden muß, dessen Erfüllung Naturnotwendigkeit oder soziale Pflicht, wie man will" (26.3/253).

Insofern die erste Definition produktiver Arbeit, worin sie radikal und ausschließlich als ökonomische Formbestimmung, als Mehrwert produzierende gefaßt war, die vom Kapital gesetzte Arbeit durch das eben skizzierte Telos bestimmt, impliziert sie auch die qualitative Bestimmung der transitorischen geschichtlichen Funktion des Kapitalverhältnisses im Hinblick auf die möglich gewordene Befreiung von Not, Ausbeutung und Unterdrückung insgesamt – vom Naturzustand also. Gerade in dieser Geringschätzung des Materiellen deutet sich ein umfassenderer Produktivitätsbegriff an, in welchem die Naturnotwendigkeit der Produktion des materiellen Lebens eine zweitrangige Rolle spielt, eben weil sie als prius erkannt und deshalb vernünftig organisiert und gesichert ist. Die Vernachlässigung des Materiellen trägt dem Umstand Rechnung, daß unter dem Kapitalverhältnis die Emanzipation von Naturzwängen bereits stattgefunden hat, daß sämtliche Naturzwänge bereits als gesellschaftliche gesetzt sind. Die Befreiung von Not und Elend als unmittelbares Leid wie als Hindernis vor der freien Entwicklung der produktiven Fähigkeiten der Menschen, des ‚Reichtums der menschlichen Natur', ist so keine sachliche, keine technologische Frage mehr, sondern eine der richtigen Einrichtung der gesellschaftlichen Verhältnisse der Menschen. Drückt der Gebrauchswert „die Naturbeziehung zwischen Dingen und Menschen aus, in fact das Dasein der Dinge für den Menschen" (26.3/291), dann ist er unter der Bedingung, daß das Kapital als Produktionsverhältnis die materiellen Bedingungen einer vernünftigen Gesellschaft ohnehin produziert, in der Tat zunächst nur von zweitrangiger Bedeutung. Mit dem Kapitalverhältnis ist glücklicherweise wichtiger als die Beseitigung des Hungers die von Verhältnissen geworden, in welchen die Beseitigung des Hungers das ganze Leben der Menschen prägt und okkupiert. Verhältnisse, worin sich nicht mehr alles um die Befriedigung der elementarsten Bedürfnisse drehen muß, haben allerdings zur Voraussetzung, daß diese befriedigt sind.

Das Insistieren auf der historischen Berechtigung des Kapitals als treibender Kraft zur Entwicklung der Produktivkräfte wäre freilich blanke Apologie, wäre das Festhalten an der Dominanz dieser Funktion nicht gefaßt als logische wie reale Bedingung der Erkenntnis gegensätzlicher und vielleicht schließlich sogar triumphierender Tendenzen. Solche zu identifizieren gestattet die zweite Definition, insofern sie *auch* am materiellen Gebrauchswert festhält als dem Moment im kapitalistischen Zusammenhang, woran dessen emanzipatorische Potenzen zu sistieren sind. Obzwar das Kapital revolutionstheoretisch nur als Produktionsverhältnis interessiert, welches eine Etappe auf dem Wege der Befreiung der Menschen von bloß materieller Produktion ist, besteht sein Beitrag zur Befreiung doch nur darin, eben die materielle Produktion, die den Menschen dereinst nicht mehr alles bedeuten soll, umfassend zu entwickeln; den Rest müssen die Menschen, namentlich die Arbeiter, wohl selbst erledigen. Nur wenn das Kapital materielle Dinge, Gebrauchswerte im trivialen Sinn, akkumuliert, deren Akkumulation es den Menschen künftig erlauben wird, die bloß materielle Produktion sozusagen mit der linken Hand, mit einem Minimum an Kraft und Zeit zu erledigen, ist die Mehrwert produzierende Arbeit produktiv in dem geschichtsphilosophischen Sinn, der bei Marx gemeint ist. Wenn nicht, dann ist es auch das Kapital nicht mehr und verdient, mit einem gewaltigen Fußtritt schleunigst auf den Schutthaufen der Geschichte befördert zu werden. Als differenzierendes Kriterium der Produktivität, als Entscheidungsmaxime, ob eine Arbeit der Entwicklung des ‚Reichtums der menschlichen Natur' dienlich sei oder nicht, ist der materielle Gebrauchswert freilich ein anderer geworden als im Warenkapitel: nicht mehr selbst nur abstrakter Gegensatz zum Tauschwert, allgemeine Naturbeziehung zwischen Dingen und Menschen, sondern durch die vorangegangene Entwicklung der wesentlichen Bestimmungen des Kapitalverhältnisses als einer Vorstufe zur befreiten Menschheit inhaltlich bestimmt. Er gestattet den Rückschluß, daß dann, wenn das Kapital wesentlich Vernichtungswaffen, Fernseher, Autos usw., lauter Gegenstände also, mit denen in einer vernünftigen Gesellschaft kein Mensch etwas anfangen könnte, produziert, weder es selbst noch die Mehrwert produzierende Arbeit länger produktiv ist. Nur die Verkehrung der Marxschen Kritik am Kapital zu dessen ontologischer Verklärung hat diesen trivialen Schluß bislang verhindert. Wäre das Kapital nur ausschließlich und auf alle Zeiten im Marxschen Sinne so produktiv, wie die Autoren des erwähnten SOPO-Aufsatzes meinen — man könnte sich die Mühe der Revolution getrost ersparen.

Obgleich ein anderer geworden, hat der Gebrauchswert in dieser Entwicklung vom störrischen präkapitalistischen Relikt, einer nicht weiter auflösbaren Naturbasis des Warentauschs zur revolutionären Potenz seine Identität bewahrt als störendes Moment im Kapitalverhältnis. Das dem Postulat rastlosen Fortschritts entgegengesetzte, der Verherrlichung des Mehrwerts opponierende Motiv der Rettung vergangenen Glücks ist für die Marxsche Theorie durchaus zentral. Ausgehend von der ursprünglichen Einheit zwischen Arbeiter und Arbeitsbedingungen und der sukzessiven Trennung beider in der Geschichte schreibt er: „Die äußerste Form dieser Zerreißung ... ist die des Kapitals. Auf der materiellen Basis, die es schafft, und vermittelst der Revolutionen, die im Prozeß dieser Schöpfung die Arbeiterklasse und the whole society undergoes, kann erst wieder die ursprüngliche Einheit hergestellt werden" (26.3/414-415). Noch schärfer tritt dieser Gedanke hervor, wenn der alte Marx 1881 in einem der Entwürfe des Briefes an eine Gruppe russischer Kommunisten schreibt, die kapitalistische Produktion befinde sich in den Ländern Europas und in Amerika in einer „Krise, die mit der Abschaffung des Kapitalismus und mit der Rückkehr der modernen Gesellschaft zu einer höheren Form des archaischsten Typus – der kollektiven Produktion und Aneignung – enden wird" (19/392). Die Volksgemeinschaft der deutschen Faschisten, die Landkommunen der Hippies, die Gangsterherrschaft der Imperialisten, schauderhafte Regressionen und Atavismen haben diese wie die zum Glück so wenigen anderen Prognosen, die Marx sich bezüglich postkapitalistischer Verhältnisse geleistet hat, verhöhnt und bestätigt zugleich.

Hinsichtlich des Gebrauchswerts ist die logische Beziehung zwischen seiner präkapitalistischen und seiner postrevolutionären Form evident: Wie einerseits vernünftige Produktion des materiellen Lebens, namentlich die großzügigste Befriedigung der elementaren Bedürfnisse Nahrung, Kleidung, Wohnung, die Voraussetzung der Entwicklung der ‚menschlichen Produktivkräfte, des Reichtums der menschlichen Natur' (und nicht schon diese selbst) ist, ist umgekehrt die Entwicklung des Reichtums der menschlichen Natur, festgehalten als universelle Tendenz und historische Berechtigung des Kapitals das Urteilskriterium darüber, was ‚vernünftige Produktion des materiellen Lebens' heißen soll. Sie ist also die Voraussetzung dafür, die widersprüchlichen Aktionen des Kapitals – jene also, die seinem historischen Beruf als Wegbereiter eines Vereins freier Produzenten widersprechen – an den materiellen Dingen und damit diese Dinge selbst zu unterscheiden. Müssen die Menschen auch essen, um in einen historischen, gesellschaftlichen Zusammenhang zu treten, so entscheidet doch dieser darüber, was genießbar ist.[30] Nur als durch das göttlich gedachte Gemeinwesen vermittelte waren in den präkapitalistischen Epochen die armseligen, nur natürliche Bedürfnisse befriedigenden materiellen Gegenstände Gebrauchswerte für die Menschen. Nicht erst unter dem Kapitalverhältnis, dann aber ganz dezidiert, setzt das Urteil über Gebrauchswert einen Begriff von Gesellschaft und Geschichte voraus.[31]

Weil er diesen hat, kommt es Marx nicht in den Sinn, ausschließlich von der Produktivität des Kapitals zu sprechen und damit die Revolution zu einer bloß humanitären Angelegenheit zu machen. Die Begeisterung, die Marx den historischen Errungenschaften des Kapitals zollt, entspricht an Intensität dem apokalyptischen Ton, worin er seine jenen widersprechenden Tendenzen konstatiert: „Die kapitalistische Produktion entwickelt daher nur die Technik und Kombination des gesellschaftlichen Arbeitsprozesses, indem sie zugleich die Springquellen alles Reichtums untergräbt: die Erde und den Arbeiter" (I/530). Daß die Drohung des von diesem Widerspruch entwickelten Destruktionspotentials nicht prinzipiell unendlich prolongierbar ist, sondern durchaus einmal fällig wird, sieht Marx im Gegensatz zu vielen seiner Interpreten — die, wenn sie gegen die schlechten gegenwärtigen Verhältnisse zu streiten meinen, diese nur verharmlosen, rechnet doch das, wogegen sie wüten, allmählich schon zur guten alten Zeit — sehr genau: „Antizipation der Zukunft — wirkliche Antizipation — findet überhaupt in der Produktion des Reichtums nur statt mit Bezug auf den Arbeiter und die Erde. Bei beiden kann durch vorzeitige Überanstrengung und Erschöpfung ... die Zukunft *realiter* antizipiert und verwüstet werden" (26.3/303).

Bezogen auf die ausgesprochen qualitative historische Alternative ‚endgültige Befreiung oder Untergang in die Barbarei' ist die Kategorie produktive Arbeit also als kritischer Begriff überhaupt erst substanziell bestimmbar. Obwohl Marx diesen Bezug so wie hier vorgeführt nicht ausdrücklich expliziert, ist er für seine Argumentation an zentraler Stelle von systematischer Bedeutung. Um die Zirkulationsarbeit, wiewohl sie notwendiges Moment des kapitalistischen

Produktionsprozesses als Totalität, als unproduktiv von der materiellen Produktion abzusondern, variiert Marx im II. Band vom *Kapital* zunächst über Seiten hinweg das Argument, sie setze nur Wert um, bringe aber selbst keinen hervor. Dann aber läßt er den Begriff ‚Wert' plötzlich fallen und spricht von Gebrauchswert, wenn er die Zirkulationskosten als solche bezeichnet, ,,die die Ware verteuern, ohne ihr Gebrauchswert zuzusetzen, für die Gesellschaft also zu den faux frais der Produktion gehören" (II/139). Ganz offenbar hatte Marx hier, wenn er vom Wert sprach, den Gebrauchswert im Hinterkopf, und diesen nicht abstrakt als Gegenstand eines x-beliebigen Bedürfnisses – denn ein solches wäre auch der nur zu begreifliche Wunsch des Kapitalisten nach ordentlichen Akten aus seiner Buchhaltung – sondern inhaltlich bestimmt.

Eher beiläufig als beabsichtigt haben sich bei diesem Versuch, die Funktion des Gebrauchswerts für die Bestimmung des Begriffs der produktiven Arbeit herauszuarbeiten, einige begriffliche Distinktionen ergeben, die thesenhaft formuliert besagen:
1. daß Marx mit einem abstrakten und einem inhaltlich bestimmten Gebrauchswertbegriff arbeitet;
2. daß der abstrakte Begriff die materiellen Produkte akzentuiert (die freilich solche nur sind unter dem Aspekt ihrer Brauchbarkeit für die Menschen und nichts anderes denn die lebendigen Produktivkräfte der Menschen als Produkt), und daß dieser Begriff aus dem Verhältnis von Mensch und Natur als noch ungeschichtlichem, nicht näher bestimmtem Naturverhältnis gewonnen wurde;
3. daß der inhaltlich bestimmte Begriff die lebendigen Produktivkräfte der Menschen, den Reichtum der menschlichen Natur akzentuiert (der zur Voraussetzung freilich brauchbare materielle Produkte hat und nichts anderes ist als der Reichtum und die Mannigfaltigkeit der gegenständlichen Welt als Subjekt), daß dieser Begriff aus dem **Kapital** als ganz bestimmtem historischen Produktionsver-

hältnis, nämlich als Vorstufe zum Verein freier Produzenten gewonnen wurde, daß er die Produktivität des Kapitals als gesellschaftlichen Verhältnisses bezeichnet und daher stets mitzudenken ist, wenn Marx unter produktiver Arbeit die unter das Kapital subsumierte versteht;

4. daß der abstrakte Gebrauchswertbegriff zunächst naturgeschichtlich den inhaltlich bestimmten (den er freilich auch immer schon voraussetzt) hervorbringt, insofern die Menschen unter dem Zwang zur materiellen Produktion ihre eigenen Produktivkräfte entwickeln. (Der Mensch arbeitet, „um sich den Naturstoff in einer für sein eigenes Leben brauchbaren Form anzueignen. Indem er durch diese Bewegung auf die Natur außer ihm wirkt und sie verändert, verändert er zugleich seine eigene Natur. Er entwickelt die in ihr schlummernden Potenzen ..." (I/192));

5. daß schließlich der aus solcher geschichtlichen Entwicklung entstandene inhaltliche Begriff den abstrakten modifiziert und substantiell bestimmt, insofern er darüber entscheidet, welches materielle Produkt im Hinblick auf die Entwicklung des Reichtums der menschlichen Natur ein Gebrauchswert und welches nicht;

6. daß dann aber wiederum der modifizierte und substantiell bestimmte, vormals abstrakte Begriff zum Angelpunkt der Kritik wird, insofern die historische Berechtigung des Kapitals nur darin besteht, die materiellen Voraussetzungen für eine befreite Menschheit zu produzieren, und also in den Aktionen, womit es durch Produktion von Schund diese Bedingungen selbst zerstört, sein antagonistischer Charakter offenbar wird.

II. Kapitel

(Interpretation der Gebrauchswertbestimmungen im Rohentwurf)

1. Einfache Zirkulation

(Gebrauchswert tritt erst im Tauschverkehr als unterscheidende Bestimmung hervor. Wo aber dieser noch zufällig und überflüssig ist wie in vorkapitalistischen Gesellschaftsformationen, läßt sich auch über den Gebrauchswert nicht zwingend urteilen.)

Gerade in vorkapitalistischen Produktionsverhältnissen, wo nur der Tauschhandel oder dessen Erweiterung zur einfachen Zirkulation vorkommt und daher die Produktion für den unmittelbaren Gebrauch dominiert, läßt sich über den Gebrauchswert nicht zwingend befinden. Der Gebrauchswert ist ein durch menschliche Zwecke bestimmtes Stück Natur. Er setzt daher die Verschiedenheit von Mensch und Natur voraus, welche ihrerseits die Voraussetzung dafür ist, daß sich die Natur in brauchbare und unbrauchbare Natur unterscheidet. Solange die Menschen noch weitgehend Anhängsel von Naturprozessen sind, wie in allen vorkapitalistischen Epochen, in denen das Grundeigentum das dominierende Produktionsverhältnis ist, so lange ist die Differenz zwischen dem Naturalen und dessen menschlicher Bestimmung − und damit die Einheit beider als konkrete, weil vermittelte − als Kategorie so wenig entwickelt wie in der wirklichen Produktion. Die Produkte von Ackerbau und Viehzucht sind wesentlich Naturprodukte, von den Menschen kaum geprägte und modifizierte Natur, und ob sie von Menschen verbraucht werden oder nicht, ist ihnen insofern äußerlich, als sie an sich selbst keine bestimmte gesellschaftliche Bestimmung haben (im Gegensatz zu Maschinen, Büchern, Musikinstrumenten etc.). Ob ein Naturales als Gebrauchswert für die Menschen da ist, hängt daher von deren Willkür und vom Zufall ab, ob sie es usurpieren und konsumieren. Notwendigkeit und Bestimmtheit existieren in diesem Verhältnis der Menschen zur Natur nur als Naturnotwendigkeit und Naturbestimmtheit, nämlich als nur physiologisch bestimmtes Bedürfnis. Das Menschliche daran, das natürliche physiologische Bedürfnis in einer Form zu befriedigen, die nicht mehr physiologisch determiniert ist – die Unvernunft etwa, kein Schweinefleisch zu dessen –, ist hier noch Willkür. Als willkürlich gesetzter ist der Gebrauchswert unmittelbar anschaubar in einem Stück Natur. Der Grund, warum eben dieses Stück Natur ein Gebrauchswert ist, bleibt dabei ein Rätsel, weil die Vermittlung zwischen menschlichem Zweck und Natur unbekannt. Unbekannt aber bleibt sie, weil sie real noch nicht existiert: als Arbeit, die an der Natur menschliche Zwecke setzt; als Arbeit also, die nicht bloß das Naturverhältnis der Menschen reproduziert, mehr als die Leiblichkeit des Arbeiters produziert.

So ist der Gebrauchswert in den vorkapitalistischen Epochen anschaulich und greifbar, und doch willkürlich, zufällig, beliebig und abstrakt zugleich. Der Widerspruch, daß die Menschen sich immer schon zur Natur als Gebrauchswert, als Naturalem in seiner gesellschaftlichen Bestimmung verhalten müssen, um sie zu einem wirklichen Gebrauchswert machen zu können, ist ein Prinzip von Geschichte überhaupt, und die unmittelbare metaphysische Lösung dieses Widerspruchs – die Vorstellung, daß bestimmte Dinge von den Göttern für die Menschen vorgesehen sind – ein notwendiges Moment der historischen Praxis.[32] Daß die Menschen sich zur Natur, wie sie diese vorfinden, als zur eigenen verhalten, obwohl sie noch nicht ihre ist, ist Voraussetzung dafür, sie in historischer Arbeit wirklich anzueignen. Weil die Vermittlung von menschlichen Zwecken und Natur, obgleich eine Voraussetzung menschlichen Lebens, materiell noch nicht real – als die Natur für menschliche Zwecke formende Tätigkeit – existiert, existiert sie real nur als Antizipation künftiger Produktion in den religiösen Vorstellungen, denen zufolge die Götter das besorgen, was die Menschen noch nicht können: die Welt für die Menschen erschaffen.[33] Solche Metaphysik ist weder spekulativer Luxus noch zu belächelnder Aberglaube, sondern Existenzvoraussetzung: Voraussetzung der Aneignung der Natur durch die Menschen ist immer, daß sie diese schon in Besitz genommen haben, leibhaftig auf ihr herumsitzen, sie als ihr Eigentum betrachten und niemanden danach fragen, ob sie sie auch verdient haben. Auf diesen usurpatorischen Zug der Geschichte als Befreiungsgeschichte, auf die Voraussetzung dessen, was erst noch herzustellen ist, wird keine Revolution verzichten dürfen. Die Anmaßung, auf der ganzen Welt als der natürlichen Basis aller Menschen vernünftige und menschliche Verhältnisse herstellen zu wollen – ganz gleich, wie groß die Realisierungschancen dieses Unternehmens sein mögen, und ganz gleich auch, ob man als ‚Werktätiger' dazu von irgendeiner Partei ermächtigt worden ist oder nicht –, ist heute die Voraussetzung dafür, an Ort und Stelle das Mögliche, besser: das Unmögliche zu tun.

Als nur praktisch wirkende, als solche aber nicht gewußte, ist die Antizipation realer Vermittlung von menschlicher Bestimmung und Natur freilich identisch mit Verdinglichung und Mystifikation. Indem die gesellschaftliche Bestimmung unmittelbar mit dem Naturalen identifiziert wird, wird sie verdinglicht; indem das Naturale unmittelbar mit der gesellschaftlichen Bestimmung identifiziert wird, wird es mystifiziert. Gesellschaftliche Bestimmung und Naturales fallen dabei noch unmittelbar zusammen und ebenso unmittelbar auseinander, weil der beide trennende und vermittelnde Unterschied, die durch Arbeit an der Natur gesetzte, menschlichen Zwecken genügende Form nicht existiert. Wie die gesellschaftliche Bestimmung immer an einem Stück unbearbeiteter Natur erscheint, erscheint die unbearbeitete Natur immer schon als durch menschliche Zwecke bestimmt. So gibt es zwischen Naturalem und menschlicher Bestimmung auch keine sie vermittelnde Beziehung, und sie fallen als einander vollkommen kontingente unmittelbar auseinander.

Der Gebrauchswert als vermittelte Einheit von Naturalem und gesellschaftlicher Bestimmung taucht daher als Existenzkategorie – allerdings noch nicht als gesetzte, sondern als nur daseiende – erst auf, wenn die gesellschaftliche Bestimmung als von den Gegenständen verschieden erkannt werden kann. Voraussetzung dafür ist, daß sich die gesellschaftliche Bestimmung in einer anderen gesellschaftlichen Bestimmung reflektiert, historisch der Tauschverkehr an den Grenzen der Gemeinwesen. Im Kontakt mit fremden Gemeinwesen lernen die Menschen, daß von der Natur auch anderer Gebrauch zu machen ist als der vom überlieferten Reglement des eigenen Stammes vorgeschriebene – daß mithin die Natur etwas von den gesellschaftlichen Bestimmungen, mit denen sie bislang identifiziert wurde, *Verschiedenes* ist. Nur dadurch wird sie Objekt praktischer Versuche, aus ihr größeren Nutzen für die Menschen zu ziehen. Erst wenn in den Bäumen, Bergen und Gewässern nicht mehr die Götter wohnen, erst wenn sie nurmehr Sache geworden sind, ist die Natur willfähriges Objekt menschlicher Tätigkeit und Gegenstand der exakten Wissenschaften. Dann erst kann die durchs Kapital gesetzte Arbeit, welche die Natur unter menschliche Bestimmungen setzt, indem sie an der Natur menschlichen Zwecken genügende Formen setzt und damit Gebrauchswert produziert, beginnen. Naturwissenschaft und systematische Entwicklung der Produktivkräfte als Bedingungen des Gebrauchswerts setzen daher stets ein gesellschaftliches Verhältnis der Menschen voraus, welches diese als von der Natur *verschiedenes* erkennen können – setzen daher stets die Reflexion auf Gesellschaft selbst voraus.

Im Verkehr mit anderen Gemeinwesen erst wird der eigene, als einzig möglicher, als einfach daseiender hingenommene naturwüchsige Verband erkennbar als einer, der auch anders sein könnte, also als gesellschaftlicher, nicht von der Natur vorgegebener, als welcher er zuvor erscheinen mußte. Das im Vergleich zu heute unglaubliche Geschichtsbewußtsein, welches sich seit der Renaissance, namentlich aber im 18. Jahrhundert entwickeln konnte, dürfte nebenbei auch daher rühren, daß damals die Menschen in fernen Ländern noch nicht als Primitive abgetan wurden, die man schleunigst amerikanisieren müßte.[34] An der Betrachtung des anderen Gemeinwesens entwickelt sich die Anschauung des Willkürlichen, Dezisionistischen, Artifiziellen, Voluntaristischen — welches in dieser Abstraktheit selbst noch ein Stück Natur wie aber auch menschliche Emanzipation von dieser ist. Im anderen Gemeinwesen wird das eigene anschaubar als von den Menschen gemachtes. Im Verkehr einander fremder Gemeinwesen erst konstituiert sich Gesellschaft als von Natur distinkte Qualität. Aus dieser Auflösung ursprünglich unmittelbarer Identität von Gesellschaft und Natur wiederum gehen die Individuen hervor — von nun an wird Geschichte überhaupt erst dialektisch. Als von Natur verschiedene ist die willkürliche gesellschaftliche Bestimmung auch von ihnen selbst verschieden, insofern sie gegenüber dieser den natürlichen Menschen, das Individuum als Naturkategorie repräsentieren. Als von Gesellschaft verschiedene ist die Natur auch von ihnen verschieden, insofern sie gegenüber dieser menschliche, d. h. historisch modifizierte Natur repräsentieren. Die Befreiung der lebendigen Individuen aus ihrer ursprünglichen unmittelbaren Identität mit dem Gemeinwesen und mit der Natur wiederum ist Voraussetzung, zwischen den beiden letzteren zu unterscheiden. Nur dann ist Gesellschaft von Natur wirklich verschieden, wenn jene ein *Verhältnis* von Menschen zueinander, wenn sie durch menschliche *Individuen* vermittelt ist — wenn die Individuen also nicht unmittelbar, sondern nur in einem ganz bestimmten Verhalten zueinander mit ihr identisch sind, wenn die Individuen von der Gesellschaft also auch verschieden sind. Nur als in sich selbst widersprüchliche und vermittelte ist Gesellschaft von Natur verschieden. Von Gesellschaft kann allein im Unterschied zu den lebendigen Individuen gesprochen werden, „wie Verhältnisse überhaupt nur *gedacht* werden können, wenn sie fixiert werden sollen, im Unterschied von den Subjekten, die sich verhalten" (Ro/61). Als von den Dingen zurückgetretene gesellschaftliche Bestimmung, als Tauschwert, wird sie zum vermittelnden Dritten zwischen den Individuen und der Natur, welches die alte Unmittelbarkeit einer vernichtenden praktischen Kritik unterzieht und die auf ihr basierenden Gemeinwesen zerstört. Der Tauschwert indiziert einerseits, daß die Menschen sich aus unmittelbarer Identität mit ihrem naturwüchsigen Gemeinwesen und mit der Natur befreit haben, andererseits aber, daß sie ihres Verhaltens zueinander und zur Natur noch nicht mächtig sind und eines vermittelnden Dritten bedürfen.

Solange die abstrakte gesellschaftliche Vermittlung des Stoffwechsels der Menschen mit der Natur als praktische Kritik an deren scheinbarer Unmittelbarkeit fungiert, eröffnet sie den lebendigen Individuen die Möglichkeit, die Dinge aus versteinerten Bestimmungen herauszubrechen und sie mit Bewußtsein und Willen unter ihre eigenen Bestimmungen – diejenigen eines mit der Natur versöhnten Vereins freier Menschen – als Gebrauchswerte zu setzen. So lange ist die Abstraktheit der gesellschaftlichen Vermittlung Voraussetzung für die Entwicklung reicher und mannigfaltiger menschlicher Bestimmungen der Dinge. Vergeht aber dieser Widerspruch, ohne daß die Menschen von seinen historischen Möglichkeiten Gebrauch machen, insofern die abstrakte gesellschaftliche Vermittlung die ursprüngliche Unmittelbarkeit restlos aufzehrt und sich, weil sie nichts *anderes* mehr vermittelt, selbst als unmittelbar setzt, so reflektiert sich in den Metropolen die gesellschaftliche Bestimmung auch nicht mehr in einer anderen gesellschaftlichen Bestimmung, die Vermittlung in der Unmittelbarkeit, der Tauschwert im Gebrauchswert. Da die gesellschaftliche Bestimmung sich in solcher Reflexion allein von Natur unterschiede, fällt sie, wenn jene liquidiert ist, mit dieser auch wieder unmittelbar zusammen.[35] Als solche und von Natur verschiedene würde sie dann erst wieder erkennbar, wo ihr erneut eine andere entgegentritt: an den Fronten zwischen den imperialistischen Ländern und der Dritten Welt.

Dies ist indessen später zu entwickeln. Einstweilen muß gezeigt werden, daß der Unterschied zwischen zwei verschiedenen gesellschaftlichen Bestimmungen (Tauschwert und Gebrauchswert), damit aber auch die Unterscheidung von menschlicher Bestimmung und Natur, und damit wiederum die Einheit beider als konkrete und vermittelte, als Gebrauchswert, so lange nicht zwingend ist, als sie selbst nur zufällig zustande kommt, also noch nicht gesetzt ist.

Die Geburtsstunde der Ware, also der Distinktion von Gebrauchswert und Tauschwert, ist zwar der Tauschhandel. Im Tauschhandel ist jedoch

„der Tauschwert das Produkt nur *an sich;* es ist die erste Erscheinungsform desselben; aber das Produkt ist noch nicht als Tauschwert gesetzt. Erstens greift diese Bestimmung nicht über die ganze Produktion über, sondern betrifft nur ihren Überfluß und ist daher mehr oder minder selbst *überflüssig* (wie der Austausch selbst); eine zufällige Erweiterung des Kreises der Befriedigungen, Genüsse (Beziehung zu neuen Objekten). Er geht daher nur an wenigen Punkten vor (ursprünglich da, wo die naturwüchsigen Gemeinwesen aufhörten, in ihrem Kontakt mit Fremden), ist auf kleinen Umkreis beschränkt, und bildet ein an der Produktion Vorübergehendes, Beiläufiges; erlischt ebenso zufällig, wie er entsteht. Der Tauschhandel, worin der Überfluß der eignen Produktion zufällig gegen den der fremden ausgetauscht wird, ist nur das *erste Vorkommen* des Produkts als Tauschwert im allgemeinen und wird bestimmt durch zufällige Bedürfnisse, Gelüste etc." (Ro/118-119)

Weil in den naturwüchsigen Gemeinwesen die Reproduktion des status quo, des Naturzustandes der einzige bestimmte Zweck der Produktion ist, sind alle Produkte, die nicht unmittelbar aufgegessen werden müssen — was die Voraussetzung des Austauschs ist —, zufälliger Überfluß. Die gesellschaftliche, von Natur verschiedene Form an den Produkten, nicht unmittelbar aufgegessen werden zu müssen, nicht nur den Naturzustand zu reproduzieren, also nicht nur Elemente eines Naturprozesses zu sein, ist diesen ganz äußerlich. Auch in der entwickelten Form des Tauschhandels, der einfachen Zirkulation, sind Form und Inhalt des Verhältnisses noch nicht näher zu spezifizieren, weil jene selbst noch kein Produktionsverhältnis darstellt, in welchem allein die Notwendigkeit herrschen würde, welche ihre Momente als Bestimmungen setzt: „der Inhalt außerhalb dieser Form fällt hier eigentlich noch ganz außerhalb der Ökonomie, oder ist als von dem ökonomischen unterschiedner natürlicher Inhalt gesetzt, von dem gesagt werden kann, daß er noch ganz von dem ökonomischen Verhältnis getrennt ist, weil er noch unmittelbar mit ihm zusammenfällt" (Ro/153).[36] Eine begriffliche Unterscheidung ist nur real, wenn der Unterschied bekannt ist. Der Unterschied aber ist nur feststellbar, wenn es gelingt, die unterschiedenen Dinge aufeinander zu beziehen. Der Tisch ist nur deshalb vom Baumstamm auf bestimmbare Art und Weise verschieden, weil beide aus Holz sind: Der Unterschied setzt die Einheit jeweils schon voraus. Als unterschiedene kann ich die Dinge nur erkennen, wenn ich sie auch als vermittelte, als durch den sie vermittelnden Unterschied auseinander hervorgegangene begreife. Existenzbedingung für diesen logischen Schluß ist daher, daß die verschiedenen Dinge *real* vermittelt sind. Bezogen auf Form und Inhalt heißt das: Von der Form im Unterschied zum Inhalt zu sprechen ist nur sinnvoll, wenn ich die Form durch eine Reihe unterscheidender Bestimmungen auf den Inhalt beziehen kann, durch welche sich Form wie Inhalt als verschieden wie aufeinander bezogen konkretisieren. Spreche ich dagegen einfach von der reinen Form, so fällt diese mit dem Inhalt, von dem ich sie unmittelbar unterscheiden will, auch wieder unmittelbar zusammen, weil ich die Vermittlung, durch die sie wirklich unterschieden wären, nicht kenne. Bezogen auf die Ökonomie: Solange Gebrauchswert und Tauschwert nicht durch ein spezifisches Produktionsverhältnis, welches den einen zum anderen macht, voneinander geschieden wie aufeinander bezogen sind, sind beide noch keine verbindlichen und entwickelten Distinktionen:

„In der einfachen Zirkulation kann abwechselnd jede der Waren in der einen oder andren Bestimmung betrachtet werden. In beiden Fällen, wenn sie als Ware als solche gilt, tritt sie aus der Zirkulation als Gegenstand des Bedürfnisses und fällt ganz außerhalb des ökonomischen Verhältnisses. Sofern die Ware als Tauschwert fixiert wird

– Geld – treibt sie zur selben Formlosigkeit, aber als innerhalb die ökonomische Beziehung fallend." (Ro/179)

Wie die Konsumtion des Gebrauchsgegenstandes hier seiner ökonomischen Formbestimmtheit kontingent ist, so erstarrt das Geld außerhalb der unmittelbaren Tauschbeziehung zum Schatz und löst damit seine Beziehung zu den Waren, in welcher es allein ökonomische Formbestimmung, nämlich bestimmte ökonomische Form eines von dieser verschiedenen Inhalts, des Gebrauchswerts also, sein könnte. Weil die ökonomischen Bestimmungen kein Dasein haben außer im unmittelbaren Akt des Austauschs selbst und dieser Austausch noch zufällig und überflüssig ist, sind auch die Bestimmungen nicht verbindlich.

„Jedenfalls haben die Waren nur Interesse im Tauschwertverhältnisse (einfache Zirkulation), soweit sie Tauschwerte haben; anderseits hat ihr Tauschwert nur ein vorübergehendes Interesse, indem er die Einseitigkeit – nur auf das bestimmte Individuum existierende [Beziehung] und daher *unmittelbar* für es existierende Brauchbarkeit, Gebrauchswert – aufhebt, aber nicht diesen Gebrauchswert selbst; vielmehr ihn setzt und vermittelt; als Gebrauchswert für andere etc." (Ro/179)

Einerseits ist für das ökonomische Verhältnis nur der Tauschwert relevant, und noch nicht, wie später im Kapitalverhältnis, ein ganz bestimmter Gebrauchswert, namentlich der der Arbeitskraft, mehr zu produzieren, als ihr Unterhalt kostet. Andererseits aber ist der Tauschwert, auf den es im ökonomischen Verhältnis allein ankommt, noch nicht, wie im Kapital, treibendes Motiv der Produktion, sondern nur verschwindende Vermittlung. Einerseits spielt der Gebrauchswert im ökonomischen Verhältnis keine Rolle, andererseits besorgt dieses, der Tauschwert, nicht mehr, als die außer ihm und unabhängig von ihm existierenden Gebrauchswerte zu vermitteln, ohne sie dabei zu modifizieren. *Beide* Kategorien bleiben also beziehungslos und daher abstrakt und nicht näher bestimmbar.

„Soweit aber der Tauschwert als solcher fixiert wird im Geld, steht ihm der Gebrauchswert nur noch als abstraktes Chaos gegenüber; und eben durch die Trennung von seiner Substanz fällt er in sich zusammen und treibt aus der Sphäre des einfachen Tauschwerts, dessen höchste Bewegung die einfache Zirkulation, und dessen höchste Vollendung das Geld ist, weg. Innerhalb der Sphäre selbst aber existiert in fact der Unterschied nur als eine oberflächliche Verschiedenheit, rein formelle Unterscheidung. Das Geld selbst in seiner höchsten Fixiertheit ist selbst wieder Ware und unterscheidet sich von den andren nur dadurch, daß es *vollkommner* den Tauschwert ausdrückt, eben daher aber als Münze seinen *Tauschwert* als immanente Bestimmung verliert und *bloßer* Gebrauchswert wird, wenn auch Gebrauchswert für die Preissetzung etc. der Waren. Die Bestimmungen fallen noch unmittelbar zusammen und ebenso unmittelbar auseinander. Wo sie sich selbständig gegeneinander verhalten, *positiv,* wie in der Ware, die Gegenstand der Konsumtion wird, hört sie auf, Moment des ökonomischen Prozesses zu sein; wo negativ, wie im Geld, wird sie *Verrücktheit;* die Verrücktheit allerdings als ein Moment der Ökonomie und das praktische Leben der Völker bestimmend." (Ro/179-180)

Außerhalb des unmittelbaren Tauschaktes sind Gebrauchswert und Tauschwert einfach Sachen und fallen in ein Naturverhältnis zu den Menschen zurück. Sie werden Gegenstände eines naturwüchsigen, sei es kreatürlichen, sei es ästhetischen oder kultischen Bedürfnisses. Die Ware wird aufgegessen und das Geld zu Schmuck verarbeitet oder einfach aufgehäuft. Weil die Unterscheidung von Gebrauchswert und Tauschwert nur als Form existiert, unter welche die Gegenstände zufällig gesetzt werden, bleibt sie diesen äußerlich, oberflächlich und formell. Wo die Form *nur* Form ist, ist sie noch gar keine oder, wie im Spätkapitalismus, keine mehr. Unter dieser Voraussetzung aber existiert auch der Gebrauchswert als unterscheidende und damit als wirkliche Bestimmung nicht.

„Wir haben vorher gesehen, daß nicht gesagt werden kann, daß sich der Tauschwert in der einfachen Zirkulation realisiert. Es geschieht dies aber deswegen, weil ihm der Gebrauchswert nicht als solcher gegenübertritt, als ein durch ihn selbst als Gebrauchswert bestimmter; während umgekehrt der Gebrauchswert als solcher nicht im Verhältnis steht zum Tauschwert, sondern nur dadurch bestimmter Tauschwert wird, daß die Gemeinsamkeit der Gebrauchswerte – Arbeitszeit zu sein – als äußrer Maßstab an sie angelegt wird. Ihre Einheit fällt noch unmittelbar auseinander, und ihr Unterschied noch unmittelbar in Eins. Daß der Gebrauchswert als solcher wird durch den Tauschwert, und daß der Tauschwert sich selbst vermittelt durch den Gebrauchswert, muß nun gesetzt sein." (Ro/180)

Im Aufdecken der realen wie logischen Unzulänglichkeiten der einfachen Zirkulation – über einen unverbindlichen Gegenstand läßt sich auch wissenschaftlich nicht viel Verbindliches sagen, verbindlich eben nur, daß er unverbindlich *ist* – steckt bereits die Programmatik, wie nun das Kapitalverhältnis zu entwickeln ist. In der einfachen Zirkulation sind deren Bedingungen, Gebrauchswert und Tauschwert, zwar empirisch, d. h. mehr oder minder zufällig vorhanden, aber noch nicht gesetzt. Weil der Austausch hier noch kein notwendiges, zwingendes gesellschaftliches Verhältnis, also kein Produktionsverhältnis ist, kann er auch seine eigenen Existenzbedingungen noch nicht selber setzen. So lange sind Gebrauchswert und Tauschwert mehr deskriptive als analytische Begriffe. Erst wenn der Austausch nicht mehr nur den Überfluß, sondern auch die lebensnotwendigen Dinge erfaßt, stiftet er durch die wechselseitige Abhängigkeit der Produzenten ein gesellschaftliches Verhältnis, worin Tauschwert und Gebrauchswert dann keine zufälligen und unverbindlichen, sondern im systematischen Zusammenhang bestimmbare Begriffe sind. Dann erst ist der Gebrauchswert keine gleichgültige Materie, abstraktes Chaos, sondern systematisch bestimmbar.

„In der Geldzirkulation hatten wir nur die verschiednen Formen des Tauschwerts (Preis der Ware – Geld) oder nur verschiedne Gebrauchswerte (Ware – W), für die das Geld, der Tauschwert, bloße verschwindende Vermittlung ist. Ein wirkliches Verhältnis von Tauschwert und Gebrauchswert fand nicht statt. Die Ware als solche – ihre Besonderheit – ist daher auch ein gleichgültiger, nur zufälliger, und en général vorgestellter Inhalt, der außerhalb der ökonomischen Formbeziehung fällt; oder die ökonomische Formbeziehung ist eine nur oberflächliche Form, formelle Bestimmung, außerhalb deren Bereich die wirkliche Substanz liegt und die sich zu dieser als solcher gar nicht verhält; soll daher diese Formbestimmung als solche festgehalten werden im Geld, so verwandelt sie sich unter der Hand in ein gleichgültiges natürliches Produkt, ein Metall, an dem auch die letzte Beziehung, sei es zum Individuum, sei es zum Verkehr der Individuen, ausgelöscht ist. Metall als solches drückt natürlich keine sozialen Beziehungen aus; auch die Form der Münze an ihm ausgelöscht; das letzte Lebenszeichen seiner sozialen Bedeutung." (Ro/ 180)

Der hier entwickelte Sachverhalt verdient, weil er in den meisten Marx-Interpretationen übersehen wurde, in Punkten festgehalten zu werden. Es folgt aus dieser Argumentation:
1. daß der Tauschwert nur durch seine Beziehungen zum Gebrauchswert, der Gebrauchswert nur durch seine Beziehungen zum Tauschwert bestimmbar ist. Unterhalten beide keine Beziehungen zueinander, wie in der einfachen Zirkulation, so sind sie eben auch *unbestimmbar;*
2. daß Gebrauchswert und Tauschwert also nur im beide aufeinander beziehenden Kapitalverhältnis dingfest zu machen sind;
3. daß mit der Bestimmtheit der einen Kategorie die der anderen steht und fällt.

Wie es ein Unding ist, die ökonomischen Formbestimmungen allein spitzen, schärfen und differenzieren zu wollen, so ist es Unfug, den Gebrauchswert ausfindig machen zu wollen, indem man mit der Wünschelrute der ‚neuen Sensibilität' nach Bedürfnissen sucht, wie diese sich unmittelbar präsentieren. Wer vom Kapitalverhältnis, von den Formbestimmungen nicht reden mag, der soll auch über Bedürfnisse schweigen, und umgekehrt.

Marx faßt diese — freilich erst noch zu klärende — Beziehung in einer Fußnote in einen ganzen Katalog von Fragen:

„Ist nicht *Wert* als die Einheit von Gebrauchswert und Tauschwert zu fassen? An und für sich ist *Wert* als solcher das Allgemeine gegen Gebrauchswert und Tauschwert als *besondre* Form desselben? Hat dies Bedeutung in der Ökonomie? ... Wenn *nur* der Tauschwert als solcher Rolle in der Ökonomie spielte, wie könnten später solche Elemente hereinkommen, die sich rein auf den Gebrauchswert beziehen, wie gleich z. B. in dem Kapital als Rohstoff etc. Wie kommt bei Ricardo auf einmal hereingeschneit die physische Beschaffenheit der Erde? ... Jedenfalls ist dies bei der Untersuchung über den Wert genau zu untersuchen und nicht, wie Ricardo tut, rein davon zu abstrahieren, noch wie der fade Say mit der bloßen Voraussetzung des Wortes ‚Nützlichkeit' wichtig zu tun." (Ro/178-179 Fußnote)

2. Übergang zum Kapitalverhältnis

(Gebrauchswert ist Nicht-Kapital; Kapital sind alle materiellen Dinge; also ist Gebrauchswert etwas wesentlich Immaterielles: vom Kapital als reine Subjektivität gesetzte Arbeit.)

Damit der Gebrauchswert nicht als bloß vorausgesetzter Stoff außerhalb der Ökonomie und ihrer Formbestimmungen verbleibt — kategorial als leere Abstraktion, material als dem zufälligen und flüchtigen Tauschverhältnis kontingentes Produkt eines naturwüchsigen Gemeinwesens —, ist also erforderlich, daß sich der Austausch vom ephemeren Zirkulationsphänomen zum lebensnotwendigen Verhältnis, zum Produktionsverhältnis entwickelt. Soll die im Tauschverhältnis zunächst nur zufällig zustande gekommene Beziehung zwischen den Subjekten, welche die Unterscheidung von Gebrauchswert und Tauschwert impliziert, wirklich werden, so müssen sich jene als Produzenten aufeinander beziehen, und nicht nur als zufällig einander begegnende Besitzer von Überfluß. Erst wenn das Tauschverhältnis die materielle Produktion so weit modifiziert hat, daß es eine notwendige Voraussetzung derselben geworden ist, ist die Tauschbeziehung zwischen den Subjekten notwendig und verbindlich: weil sie selbst zwangsläufig Produzenten *sind,* während der Verkehr mit anderen Gemeinwesen keine Existenzbestimmung ihres Daseins ist. Der Tauschwert muß sich also in notwendige Beziehung zum Nötigen, zum Gebrauchswert setzen, um nicht selbst überflüssig und unverbindlich zu bleiben. Der Tauschwert gewinnt nur seine eigene Objektivität, indem er zur Voraussetzung des objektiven Naturprozesses wird. Die ökonomi-

schen Formbestimmungen wären nicht der Rede wert, wären sie nicht Formen von einer Substanz, ohne welche die Menschen im naturgesetzlichen, physiologischen Sinn verhungern. Nur dadurch, daß der Tauschverkehr das einzig zwangsläufig Bewegte und Kontinuierliche, nämlich den Stoffwechsel des Menschen mit der Natur, die materielle Produktion durchdringt, als von dieser gesetzter und sie vermittelnder also, gewinnt er aus der naturwüchsigen Logik jener seine eigenen Formen – Zwangsläufigkeit, Bewegung, Kontinuität. *Die unerbittliche Eigengesetzlichkeit und die Verselbständigung der ökonomischen Formen resultiert eben daraus, daß sie stets solche eines Naturprozesses sind.*
Nur dadurch andererseits, daß der Verkehr selbständiger und unmittelbarer Not enthobener Subjekte – die Gemeinwesen tauschen Überfluß! – als Bestimmungsgrund in die materielle Produktion eingeht, diese sich also von kreatürlicher Not emanzipiert und sich nicht mehr in der abstrakten physischen Reproduktion erschöpft, konkretisieren sich deren eigene Bestimmungen: Zwangsläufigkeit als Moment von Vernunft, Bewegung und Kontinuität als Momente von Emanzipationsgeschichte. Erst in Relation zu etwas, das nicht mehr bloß Natur ist, also in Relation zu vom Naturzusammenhang partiell emanzipierten Menschen, stellt dieser sich als gesetzmäßiger dar. Wo es *nur* Gesetze gäbe, gäbe es auch diese nicht mehr. Nur in Relation zu etwas, das er nicht ist, ist der Begriff distinkter Begriff. Als unter Vernunft gesetzte erst verliert die naturwüchsige Zwangsläufigkeit ihren zufälligen Charakter – erst unter dem Kapitalverhältnis wird die Naturnotwendigkeit der materiellen Produktion zum ehernen, unentrinnbaren Gesetz, dessen Geltungsbereich keine zufällige Gunst der Natur mehr einzuschränken vermag wie früher, als die Menschen sich auf irgendwelchen idyllischen tropischen Inseln die Früchte in den Mund wachsen lassen konnten; erst als gesellschaftlich gesetzte wird die naturwüchsige Zwangsläufigkeit wahrhaft gesetzmäßig.[37] Erst wenn die materielle Produktion unter Kategorien der Emanzipationsgeschichte gesetzt ist und die Bewegung jener sich

also vom Rastlosen, aber Stationären, Zyklischen befreit hat, worin sie dem Wechsel der Jahreszeiten und dem Kommen und Gehen der Generationen, Naturprozessen also, gleicht, wird sie als Naturprozeß erkennbar. Erst als Moment der erweiterten Reproduktion wird die Kontinuität der materiellen Produktion begrifflich faßbar.

So bestimmen sich Form und Inhalt wechselseitig. Der Tauschwert als Formbestimmung der materiellen Produktion erst ist vom Gebrauchswert als durch den Tauschwert geformtem wirklich verschieden. Die Form im Unterschied zum Inhalt wäre keine, würde sie den Inhalt nicht formen, d. h. wäre der Inhalt ohne sie der gleiche; der Inhalt im Unterschied zur Form wiederum wäre keiner, würde er diese nicht an sich anschmiegen. Nur als selbst schon substantielle Form und als selbst schon geformter Inhalt sind Form und Inhalt voneinander verschieden. Erst an der materiellen Produktion ist die ökonomische Formbestimmung etwas Spezifisches und Verbindliches; erst als durch die ökonomische Form bestimmte wiederum ist die materielle Produktion kein Beliebiges und Abstraktes mehr.

Der selbst schon geformte Inhalt, der Gebrauchswert als bestimmbarer Begriff, hat daher zur Existenzvoraussetzung die gesellschaftliche Formbestimmung als nicht mehr nur zufällige, sondern gesetzte, weil auf die materielle Produktion bezogene. Erst

„der dem Kapital oder dem gesetzten *Tauschwert* gegenübertretende *Gebrauchswert* oder Ware ist nicht mehr die Ware, wie sie dem Geld gegenüber erschien, deren Formbestimmtheit ebenso gleichgültig war wie ihr Inhalt, und nur als irgendeine Substanz überhaupt erschien. Erstens als Gebrauchswert für das Kapital, d. h. also als ein Gegenstand, durch Austausch mit welchem das Kapital nicht seine Wertbestimmung verliert, wie z. B. das Geld, indem es gegen eine bestimmte Ware ausgetauscht wird. Die einzige Nützlichkeit, die ein Gegenstand überhaupt für das Kapital haben kann, kann nur sein, es zu erhalten oder zu vermehren." (Ro/180-181)

Dies deshalb, weil das Kapital nicht nur formell, wie das Geld, sondern wirklich seinem Begriffe nach der Inbegriff aller Gebrauchswerte, der allgemeine Reichtum ist und diese seine Formbestimmung, seine innerliche Allgemeinheit beständig über seine empirische Existenz als endliche Wertsumme hinaustreibt: „Als Reichtum festgehalten, als allgemeine Form des Reichtums, als Wert, der als Wert gilt, ist es also der beständige Trieb, über seine quantitative Schranke fortzugehen: endloser Prozeß. Seine eigne Lebendigkeit besteht ausschließlich darin; es *erhält* sich nur als vom Gebrauchswert unterschiedner, für sich geltender Tauschwert, indem es sich *beständig vervielfältigt*" (Ro/181-182). Das allgemein (= gesellschaftlich) Setzen des Gebrauchswerts setzt dessen Existenz schon voraus. Die ökonomische Formbestimmung setzt sich in Widerspruch zur beschränkten, endlichen, mangelhaften Existenz des Gebrauchswerts, den sie vorfindet. Nur als die beschränkte Existenz der Gebrauchswerte nicht auf sich beruhen lassender, als die Gebrauchswerte vervielfältigender Gebrauchswert, also als *bestimmte* Form des Gebrauchswerts, ist der Tauschwert als gesetzter vom Gebrauchswert verschieden.

Faßte diese Bestimmung die Einheit von Gebrauchswert und Tauschwert, beider Beziehung positiv, so beinhaltet die folgende den Unterschied, beider Differenz. Ist Gebrauchswert für das Kapital einerseits nur, was dieses durch Vermehrung erhält, so ist er andererseits doch etwas vom Kapital qualitativ Verschiedenes und daher auch nicht mehr mit den materiellen Produkten identisch, die selbst alle Kapital geworden sind:

„Das Kapital seinem Begriff nach ist Geld, aber Geld, das nicht mehr in der einfachen Form von Gold und Silber, auch nicht mehr als Geld im Gegensatz zur Zirkulation existiert, sondern in der Form aller Substanzen — Waren. Insofern steht es als Kapital daher nicht im Gegensatz zum Gebrauchswert, sondern existiert außer dem Geld eben nur in Gebrauchswerten... Nach dieser Seite hin kann das Gegenteil des Kapitals nicht selbst wieder eine besondre Ware sein; denn als solche bildet sie keinen Gegensatz zum Kapital, da die Substanz des Kapitals selbst Gebrauchswert ist." (Ro/182)

Weil die daseiende gegenständliche Welt Kapital geworden ist, findet dessen Gegenteil, der Gebrauchswert, in diesem Universum keinen Platz mehr. Er ist keine Sache mehr, sondern die Tätigkeit, die sie vollbringt:

„Der einzige *Gebrauchswert* daher, der einen Gegensatz zum Kapital bilden kann, ist die *Arbeit* ..." (Ro/183)
„Das Kapital tauscht sich aus, oder ist in dieser Bestimmtheit nur in Beziehung auf das *Nicht-Kapital*, die Negation des Kapitals, in bezug auf welche es allein Kapital ist; das wirkliche Nicht-Kapital ist die *Arbeit.*" (Ro/185) [38]

3. Ausbeutung

(Gebrauchswert ist im Kapitalverhältnis die lebendige Arbeit als historische Potenz. Insofern der Arbeiter gegen seine lebendige Arbeit nur Sachen eintauscht, wird er betrogen.)

Aus dem bisher Entwickelten folgt, daß der durchs Kapital gesetzte Gebrauchswert nicht mehr Gegenstand eines beliebigen Bedürfnisses ist, sondern ganz bestimmten Anforderungen genügen muß. Nur im einfachen Austausch fällt der Gebrauch der Ware,

„ihr Konsum, ganz außerhalb der Zirkulation; geht die Form des Verhältnisses nichts an; liegt jenseits der Zirkulation selbst, und ist ein rein stoffliches Interesse, das nur noch ein Verhältnis des Individuums A in seiner Natürlichkeit zu einem Gegenstande seines vereinzelten Bedürfnisses ausdrückt. Was es mit der Ware C anfängt, ist eine Frage, die außerhalb des ökonomischen Verhältnisses liegt." (Ro/185)

Im Kapitalverhältnis hingegen „erscheint umgekehrt der Gebrauchswert des gegen das Geld Eingetauschten als besondres ökonomisches Verhältnis, und die bestimmte Verwendung des gegen das Geld Eingetauschten bildet den letzten Zweck beider Prozesse" (Ro/185-186). Die Fixierung des Gebrauchswerts als durch das Kapital bestimmt, die Erkenntnis, daß der Gebrauchswert im Kapitalverhältnis eben keine gleichgültige Bestimmung mehr ist, die aus dem ökonomischen Verhältnis herausfällt, ist die Voraussetzung dafür, den scheinbaren Äquivalententausch zwischen Kapitalist und Arbeiter als Ausbeutung zu durchschauen. Steht der Arbeiter dem Kapitalisten auch scheinbar als Gleicher gegenüber — wie jedes in der Zirkulation stehende Individuum erhält er für seinen besonderen Gebrauchswert Geld, allgemeinen Reichtum, ist daher vom Kreis der Genüsse nicht qualitativ, sondern nur quantitativ ausgeschlossen, und „dies unterscheidet ihn vom Sklaven, Leibeigenen etc." (Ro/194) —, so ist doch

„diese Gleichheit schon dadurch gestört, daß sein Verhältnis als Arbeiter zum Kapitalisten, als Gebrauchswert in der vom Tauschwert spezifisch verschiednen Form, im Gegensatz zu dem als Wert gesetzten Wert, vorausgesetzt ist für diesen scheinbar einfachen Austausch; daß er also schon in einem anders ökonomisch bestimmten Verhältnis steht — außer dem des Austauschs, worin die Natur des Gebrauchswerts, der besondre Gebrauchswert der Ware als solcher gleichgültig ist." (Ro/195)

Gebrauchswert im Kapitalverhältnis ist die lebendige Arbeit selber, die sich gerade als durchs Kapital gesetzte insofern verlebendigt hat, als ihr bestimmter Zweck nicht mehr die Reproduktion des statischen Naturzustandes ist, sondern die fortschreitende Veränderung der Natur gemäß menschlichen Absichten. Insofern die vom Kapital verlebendigte Arbeit — Mehrarbeit — als geschichtsbildende Kraft fungiert, muß die politische Ohnmacht der Arbeiter gar nicht erst als historisch neue Variante der Verelendung an die Marxsche Theorie angeklebt werden. Während das Kapital die Produktivkraft des Arbeiters mit allen ihren gerade durchs Kapital gesetzten geschichtsbildenden Potenzen eintauscht, ist der Zweck des Austauschs für den Arbeiter immer nur die Befriedigung seines akuten Bedürfnisses:

„Der Gegenstand seines Austauschs ist unmittelbarer Gegenstand des Bedürfnisses, nicht der Tauschwert als solcher. Er erhält zwar Geld, aber nur in seiner Bestimmung als Münze; d. h. nur als sich selbst aufhebende und verschwindende Vermittlung. Was er austauscht, ist daher nicht der Tauschwert, nicht der Reichtum, sondern Lebensmittel, Gegenstände zur Erhaltung seiner Lebendigkeit, Befriedigung seiner Bedürfnisse überhaupt, physischer, sozialer etc." (Ro/195)

Was immer sein Entgelt, er kann es nur eintauschen gegen Lebensmittel, Befriedigung des unmittelbaren Bedürfnisses, Gebrauchswert für die unmittelbare Konsumtion. Wie großzügig er auch entlohnt werden mag, stets bleibt er, als auf seine vereinzelten, unmittelbaren Bedürfnisse beschränkt, festgehalten im Zustand der noch ungeschichtlichen Kreatur, die, ob besser oder schlechter, von der Hand in den Mund lebt – stets bleibt er also um die Früchte seiner Arbeit betrogen, die sich doch gerade als durchs Kapital gesetzte nicht mehr auf die bloße Reproduktion beschränkt, sondern Geschichte macht[39]; stets bleibt ihm die Aneignung der durch die Arbeit geschaffenen gesellschaftlichen Produktivkräfte versagt, die erstmals in der Geschichte die Menschen davon befreien, alle Energie auf die Erhaltung ihrer Leiblichkeit verwenden zu müssen, und ihnen damit historische Möglichkeiten eröffnen, über die *frei* zu entscheiden ist[40]. Auch wenn mit Gebrauchsgegenständen leidlich versorgt, bleibt ihm doch der *Gebrauchswert par excellence, der durchs Kapital gesetzte Gebrauchswert*, nämlich die produktiven, von kreatürlicher Not *befreien* und damit geschichtsbildenden Potenzen seiner eigenen Arbeit verschlossen. Wo er materiell nicht verelendet, sondern ausgehalten wird, geht es ihm nicht besser als dem von einer freigebigen natürlichen Umgebung verwöhnten Wilden: „Was ihm die Gunst der Natur unmittelbar gibt, ist viel Mußezeit. Damit er diese produktiv für sich verwende, ist eine ganze Reihe geschichtlicher Umstände ... erheischt" (I/538). Über diese verfügt der Arbeiter so wenig wie der Wilde, obgleich jener sie selbst produziert. Marx weist daher die ‚Forderung der heuchlerischen Bürgerphilantropie' zurück, der Arbeiter soll in den Stand gesetzt werden, zu sparen, um seinerseits nicht so ganz erbärmlich und unbemittelt neben dem Kapitalisten dazustehn:

„Daß die Forderung dem (Kapital)Verhältnis selbst widerspricht, geht aus der einfachen Reflexion hervor ..., daß, wenn die Ersparung des Arbeiters nicht bloßes Produkt der Zirkulation bleiben soll – abgespartes Geld, das nur verwirklicht werden kann, indem es früher oder später gegen den substantiellen Inhalt des Reichtums, Genüsse, umgesetzt wird –, das aufgehäufte Geld selbst Kapital werden, d. h. Arbeit kaufen müßte, sich zu der Arbeit als Gebrauchswert verhalten müßte. Sie unterstellt also wieder Arbeit, die nicht Kapital ist, und unterstellt, daß die Arbeit ihr Gegenteil geworden ist – Nicht-Arbeit. Um Kapital zu werden, unterstellt sie selbst die Arbeit als Nicht-Kapital gegenüber dem Kapital; also Herstellung des Gegensatzes, der an einem Punkt aufgehoben werden soll, an einem andren Punkt." (Ro/198-199)

Hat sich der Reichtum in der Geschichte dahin entwickelt, daß sein Begriff nicht mehr bloß verzehrbare Gegenstände umfaßt, sondern beinhaltet er ein ganz bestimmtes gesellschaftliches Verhältnis – die Freiheit im Verhalten der Menschen zueinander und zur Natur, Geschichte zu machen, nicht nur das Immergleiche tun zu müssen –, so hat keiner daran teil, der bloß über konsumierbare Sachen verfügt. In diesem Zustand befänden sich die Arbeiter selbst dann, wenn sie wirklich alle Auto, Farbfernseher und Eigentumswohnung besäßen. Inzwischen geht es übrigens den Bürgern selbst nicht viel besser, die, nachdem sie ihren eigenen historischen Untergang überlebt hatten – Unkraut vergeht nicht –, selbst zu gespenstischen Statisten im geschichtlichen Prozeß geworden sind.

4. Arbeit als reine Subjektivität

(Insofern die Arbeit als reine Subjektivität gesetzt ist, die arbeitenden Subjekte aber keineswegs nur reine Subjektivität sind, bricht die ursprüngliche Identität von Arbeit und Arbeiter auf, was für diesen mit Vor- und Nachteilen verbunden ist.)

Das Kapital kann sich als solches nur setzen, „indem es die Arbeit als Nicht-Kapital, als reinen Gebrauchswert setzt" (Ro/199). Insofern unter der Herrschaft des Kapitals alle materiellen Dinge nur Erscheinungsformen desselben sind, ist Nicht-Kapital (Gebrauchswert) Arbeit als reine Subjektivität.[41] Die vom Kapital gesetzte Trennung der Arbeit von den gegenständlichen Bedingungen ihrer Verwirklichung macht auch vor der allerersten gegenständlichen Voraussetzung der Arbeit, nämlich dem leibhaftigen Arbeiter selbst, nicht halt. Setzt das Kapital also die Trennung von Arbeiter und Arbeit, so setzt es doch diese — wenngleich noch nicht als gesetzte, sondern als bloß daseiende — auch schon voraus. Arbeit ist immer schon *Naturkraft* des *Menschen,* oder erste menschliche Äußerung von einem Stück Natur. Sie ist Vermittlung von Mensch und Natur, von Subjekt und Objekt, diese konstituierend und durch sie konstituiert, gerade nur insofern, als die Menschen mit ihr nicht unmittelbar identisch sind — sonst wäre sie reiner Naturprozeß. Erst wenn die Menschen als Bedürftige aus ihrer Tätigkeit herausfallen, neben sie treten und sie nach ihren Bedürfnissen, ihrem Plan und Willen bestimmen, kann von Arbeit gesprochen werden. Die Menschen wiederum fallen erst dann als Bedürftige aus ihrer Tätigkeit heraus, wenn sie nicht mehr absolut nur Bedürftige sind, denn sonst wäre die Aktion nur unmittelbarer Ausdruck des Bedürfnisses und beide identisch wie bei einem Verhungernden, der mit einem Ruck dem nächstbesten Tier den Hals umdreht und es roh verschlingt. Das Kapital kann Bedürfnis und Aktion nur trennen und diese Trennung als gesellschaftliches Verhältnis setzen, weil es Überfluß und Mehrprodukt schon vorfindet. Das Bedürfnis, im Unterschied zu der Aktion, die es befriedigt, ist schon historisches Produkt.[42] Die Verdoppelung der naturwüchsigen Einheit von Bedürfnis und Aktion in kreatürliche Bedürftigkeit und Naturkraft ist die Voraussetzung, daß die Menschen als Subjekte zwischen sie treten können. Das Kapital reproduziert und verschärft die naturwüchsige Nichtidentität der Arbeit, Naturprozeß, aber solcher der Menschen zu sein, indem es sie als gesellschaftliches Verhältnis *setzt:* indem es die Arbeit, die als Naturprozeß nur Wirkung eines Gegenstandes auf einen anderen, im einen Gegenstand Wirkung, im anderen Resultat wäre, aus der gegenständlichen Welt ganz herauslöst und sie als reine Subjektivität setzt. So fällt aus ihr heraus die gegenständliche Welt als Kapital, der Arbeiter als formell Freier, d. h. als freies Objekt. Frei nur formell und nur als Objekt ist er, weil Emanzipation von der unmittelbaren Naturverbundenheit mit der Arbeit nur als diese Arbeit bestimmende und sie den Bedürfnissen vermittelnde, also als *bestimmter* Unterschied von der Arbeit real wäre. Die unvermittelte und unbestimmte Befreiung von der Arbeit fällt mit dieser selbst auch wieder unmittelbar zusammen, insofern die Differenz nirgends als in der Bestimmung und Vermittlung existieren kann. Eben weil diese Bestimmung und Vermittlung außerhalb des Arbeiters als Kapital existiert, ist seine eigene Emanzipation von der Naturverbundenheit mit der Arbeit nur formell. Sie existiert nicht wirklich, sondern als allgemeine Form, als formelle Möglichkeit, und eben dies ist immerhin ein Fortschritt:

„Als Sklave hat der Arbeiter *Tauschwert,* einen *Wert;* als freier Arbeiter hat er *keinen Wert;* sondern nur die Disposition über seine Arbeit, durch Austausch mit ihm bewirkt, hat Wert. Er steht dem Kapitalisten nicht als Tauschwert gegenüber, sondern der Kapitalist ihm. Seine *Wertlosigkeit* und *Entwertung* ist die Voraussetzung des Kapitals und die Bedingung der *freien* Arbeit überhaupt. Linguet betrachtet sie als Rückschritt; er vergißt, daß damit der Arbeiter formell als Person gesetzt ist, der noch etwas *außer seiner* Arbeit für sich ist und der seine Lebensäußerung nur veräußert als Mittel für sein eignes Leben." (Ro/199-200)

Ganz anders als seine philantropischen Nachbeter begreift Marx die ‚Entfremdung' der Arbeit als einen gewaltigen Fortschritt. Als illusionslos kalkulierbares Mittel für ihr transzendente Zwecke nämlich erst kann sie aus den Menschen heraus und in die Naturprozesse selbst hinein verlagert werden. Der Arbeiter, der seine Arbeit haßt, der sich vor ihr drückt, wo er nur kann, der sie als Mittel zum Zweck verachtet, ist daher die erste Errungenschaft des Kapitalverhältnisses. Nicht die ‚Humanisierung' der Arbeit, deren Rückkehr zu handwerklichen Formen — was neuerdings idiotischerweise gefordert wird —, sondern deren maximale Einschränkung und tendenzielle Abschaffung stehen mit dem Kapitalverhältnis auf der Tagesordnung. Eben dies ist der emanzipatorische Gehalt der vom Kapital als reine Subjektivität gesetzten Arbeit, des Gebrauchswerts par excellence, daß sie die Menschen formell, d. h. abstrakt von der naturwüchsigen Verbundenheit mit der Arbeit befreit, indem sie den Arbeiter als Person setzt; daß sie, insofern sie den Arbeiter als von sich verschiedene Person setzt, solche ist, die nicht nur den Arbeiter reproduziert; daß sie also als Mehrarbeit die Entwicklung der Produktivkräfte, die reale Befreiung von der Arbeit vorantreibt, die freilich nicht solche der Produzenten, sondern solche des Kapitals sind und daher ihrerseits die Emanzipation nur als Möglichkeit beinhalten.

Der Begriff der historischen Möglichkeit von Emanzipation aber ist nicht weniger widersprüchlich, als es das gesellschaftliche Verhältnis ist, dem er sich verdankt. Er enthält in sich selbst sein genaues Gegenteil: den Untergang in die Barbarei. Mehr noch: wo dieser Begriff mit der Wirklichkeit identisch geworden ist und nicht mehr eine von ihm auch verschiedene, widerspenstige, stets mitzudenkende Wirklichkeit begreift; wo dieser Begriff mit sich identisch geworden ist und das widersprüchliche Verhältnis von Begriff und Sache nicht mehr enthält; wo dieser Begriff also kein solcher mehr ist, sondern bloß tautologische Verdoppelung der Wirklichkeit, als Symbol ganz verfestigt und ganz beliebig zugleich — da ist er nichts anderes als die exakte Deskription der Barbarei. Die Arbeit unter die Bestimmung reiner Subjektivität setzen heißt zwar, den Arbeiter als Person setzen, die noch außer der Arbeit für sich selbst etwas ist. Strenggenommen aber heißt dies auch: Nur wo die Person Objekt ist – untätige, leibliche, bedürftige Kreatur –, ist sie frei. Im Universum der abstrakten Bedürftigkeit aber existiert keine Freiheit, sondern die erbarmungslose Gesetzmäßigkeit der Natur, die die Person als Leib in sich selber trägt. Gerade als nur bedürftige Kreatur ist sie real unmittelbar abhängig vom Stoffwechsel mit der Natur, von der Arbeit – ist sie identisch mit der Arbeit, von der sie formell unterschieden ist. Wo die Person Arbeiter ist und sich also von der bloß bedürftigen und daher rein abhängigen Kreatur unterscheidet, gehört sie dem Kapital und ist sie dessen Sklave. In der Gleichgültigkeit gegen den besonderen Inhalt und in der Abstraktion von der spezifischen Form reduziert sich die Arbeit für die Person, die sie verausgabt, auf blinde Naturkraft. So treten die Menschen nicht als Subjekt vermittelnd zwischen ihre kreatürlichen Bedürfnisse und die Naturkraft ihrer Arbeit, sondern sie sind abwechselnd kreatürliche Bedürftigkeit und blinde Naturkraft, und dabei immer mit Natur identisch. In dieser Identität wäre der Widerspruch zwischen formaler Freiheit und realer Abhängigkeit erloschen, die Arbeit als Naturprozeß mit sich identisch geworden und beinhaltete auch die qualitative, sie von Natur unterscheidende Bestimmung nicht mehr: das widersprechende Moment der Emanzipation der Menschen von ihr selbst – den Gebrauchswert par excellence. Indem die Menschen abwechselnd blinde Naturkraft und kreatürliche Bedürftigkeit sind, sind beide gegen geschichtliche Entwicklung hermetisch abgedichtet und fallen, ununterscheidbar geworden, in geschichtslose Natur zurück, wo sie, nur mehr regeltechnisch begreifbar, teils mit verblüffender Dynamik fortwesen. So wie sich die Verwandlung ganzer Wälder in Bild-Zeitungen, kompletter Eisenerzvorkommen in Autos an Sinnlosigkeit kaum von einem Erdbeben unterscheidet, so unterscheidet sich auch das Alltagsleben restlos Objekt gewordener Menschen kaum vom durchorganisierten der Insekten, mit welchen die Sterbeziffer und Todesursache zu teilen jene sich bereits anschicken. Dies freilich ist das traurige Ende der kapitalistischen Entwicklung und nicht ihr Beginn, der hier zur Debatte steht.

5. Bedingungen, unter denen das Kapital Gebrauchswert setzt

(Das Kapital setzt nur dann die Subjektivität der Arbeit als Gebrauchswert in Gegensatz zu sich selbst, wenn es selbst gegensätzlich ist. In sich widersprüchlich sind die Formbestimmungen nur, wenn sie mit den Gegenständen nicht identisch sind: als unvollständige, partikulare Bestimmungen. Der Widerspruch von Form und Inhalt impliziert die Alternativen seiner Lösung: Versöhnung oder Auflösung in Identität.)

Die Darstellung der vom Kapital als Gebrauchswert par excellence gesetzten Arbeit führte in der vorangegangenen Argumentation geradewegs zu Verhältnissen, unter welchen es absurd geworden ist, überhaupt noch von Gebrauchswert zu sprechen. Ganz für sich allein genommen und abgesehen von den Gegenständen, deren Begriff sie sind, beinhalten die ökonomischen Formbestimmungen auch die Möglichkeit der Emanzipation nicht mehr, sondern sind sie die Symbole nackter Barbarei. Also sind bestimmte gegenständliche Bedingungen, die von den Formbestimmungen verschieden sind, die Voraussetzung dafür, daß diese Gebrauchswert setzen.
Die erste Voraussetzung ist die Widersprüchlichkeit des Kapitals selbst, die nur so lange existiert, wie es noch nicht zweite Natur geworden ist: als reines Verhältnis selbst wieder ein Ding. Widersprüchlich ist es nur als Einheit von Verschiedenem: als Verhältnis, welches nur ‚im Unterschied von

Subjekten, die sich verhalten' eines ist und doch diese umfaßt, deren Verhältnis ist. Wenn die Klassifizierung des Kapitals als Verhältnis einen Sinn haben und nicht leere Abstraktion sein soll, so setzt es Subjekte voraus, die von ihm verschieden sind. An seinem Beginn ist der vom Kapital kontrollierte Arbeitsprozeß insofern nicht nur blinder Naturprozeß, weil das Kapitalverhältnis eines zwischen Menschen mit Bewußtsein, wenn auch falschem ist. Marx legt daher großen Wert auf die Existenz des Kapitalisten als Person: „Es wird wohl von Sozialisten gesagt, wir brauchen Kapital, aber nicht den Kapitalisten. Dann erscheint das Kapital als reine Sache, nicht als Produktionsverhältnis, das in sich reflektiert eben der Kapitalist ist" (Ro/211). Nur als von den Sozialcharakteren, die es produziert, *auch* Verschiedenes ist das Kapital gesellschaftliches, durch Sachen vermitteltes Verhältnis von Personen. Hat es aber diese seine Existenzbedingungen aufgezehrt, sind die Subjekte mit ihm identisch geworden, und kommt es, wie heute, auch ohne Kapitalisten aus, so ist es auch kein Verhältnis mehr. Der Schein ist wirklich geworden, das Kapital Sache. In keinem Verhältnis von Personen zueinander existiert es mehr, sondern in Verfahrensvorschriften, objektiven Produktionsabläufen und materialisiert in Konzernpalästen, Autobahnen, Fernsehern, Raketen, Doseneintopf – Schund. So kommt im Klassenkampf, sollte er geführt werden, nun doch noch die alte und ehrwürdige Tradition der Maschinenstürmerei zu ihrem Recht, über welche fortschrittsgläubige Kommunisten stets nur altklug die Nase zu rümpfen wußten.

Muß der Kapitalist vom Kapitalverhältnis auch verschieden sein, nämlich historisch entstandene gesellschaftliche Qualitäten aufweisen, die nur an einem Menschen erscheinen können – List, Weitsicht, Tatkraft, Vernunft, Erfindergeist – und die also das Kapital als Verhältnis nicht besitzt, so gilt dasselbe für den Arbeiter. Als mit der Bestimmung identisch, unter welche ihn das Kapitalverhältnis setzt, zerfiele er in kreatürliche Bedürftigkeit, wo er Person ist, und in reine Subjektivität, d. h. blinde Naturkraft, wo er Arbeiter ist. Existierte aber nur diese Bestimmung, nichts außer ihr, so wäre sie auch schon hinfällig: Als nur kreatürliches wäre das Bedürfnis von der Naturkraft der Arbeit nicht zu unterscheiden, so wie heute, wo ohne Spitzfindigkeit kaum noch zu sagen ist, wodurch sich Arbeit und Konsum, wodurch sich die bezahlten Fabrikarbeiter von den ‚unbezahlten Heimarbeitern' unterscheiden.[43] Nur als Bedürfnis nach einer bestimmten, von anderer unterschiedenen Tätigkeit – als Bedürfnis nach Diskutieren, Tanzen, Komponieren, Dinieren – und als Tätigkeit für ein bestimmtes Bedürfnis – für das Bedürfnis nach den materiellen Voraussetzungen freier Tätigkeit – sind Bedürfnis und Aktion durch einander bestimmt wie voneinander geschieden.[44] Die Trennung in bedürftige und tätige Person kann das Kapital nur deshalb abstrakt und allgemein setzen, weil es deren Substanz in den präkapitalistischen Gesellschaftsformationen vorfindet. Sie hat zur Voraussetzung, daß es objektiv möglich ist, menschenwürdig zu leben; daß die von der materiellen Produktion Befreiten dies tun und die Sklaven nur mit der Peitsche daran zu hindern sind; daß zwischen Arbeit und Nicht-Arbeit also ein bestimmter Unterschied besteht und nicht die eine nur die abstrakte Negation der anderen ist. Dies wiederum ist Bedingung, damit der Unterschied zwischen notwendiger und Mehrarbeit wirklich einer ist. Die Unterscheidung zwischen der Arbeit (= notwendige Arbeit) und der Befreiung von der Arbeit, allerdings selbst noch als Arbeit (= Mehrarbeit) hat zur Voraussetzung etwas von der Arbeit qualitativ Verschiedenes, im Hinblick auf welches ein ganz bestimmtes Quantum Arbeit notwendig ist. Notwendig ist die Arbeit nur bezogen auf ihr selbst transzendente Zwecke, sonst ist sie blinde Wirkung von Naturgegenständen aufeinander. Insofern die Mehrarbeit nur die Reduktion der notwendigen ist, ist sie durch eben diesen Zweck – freie Tätigkeit – bestimmt. Nur wenn die freie Tätigkeit als Bestimmungsgrund in die materielle Produktion eingeht, als bestimmtes zahlungskräftiges Bedürfnis, die notwendige Arbeit zu reduzieren, als Nachfrage nach Maschinen und Produktionsverfahren, welche die zur Versorgung der Bevölkerung mit dem Notwendigsten erforderliche Arbeit verkürzen, nur dann also, wenn notwendige Arbeit Erhaltung der Lebendigkeit der Menschen — erste Voraussetzung für freie Tätigkeit — bedeutet, weil die Menschen selbst notwendig sind —: nur dann ist es sinnvoll, zwischen notwendiger und Mehrarbeit zu unterscheiden. Krepieren aber, wie heute, die Menschen zu Hunderttausenden, während anderswo Fernseher, Autos und Raketen produziert werden, so hat der Begriff notwendige Arbeit seinen Sinn verloren und damit auch die Unterscheidung dieser von der Mehrarbeit. Seit das Kapital wesentlich Dinge produziert, mit welchen die wirklich Unterdrückten nichts anfangen könnten, hat sich der Begriff der Ausbeutung wesentlich verändert. Nichts Alberneres als solche Sozialisierungsbestrebungen, wonach die Arbeiter an dem Unfug, den sie produzieren müssen, auch noch beteiligt werden sollen. Der Begriff ‚notwendige Arbeit' setzt einen präkapitalistischen Zweck der Produktion voraus: die Erhaltung der lebendigen Individuen in einem bestimmten Verhältnis zueinander und zur Natur. Nur im Widerspruch dagegen bedeutet das Setzen der Arbeit als reine Subjektivität solche Arbeit, die nicht bloß die Lebendigkeit der Individuen reproduziert. Aus diesem Gegensatz herausgelöst hingegen ist die als reine Subjektivität gesetzte, rein beliebige Arbeit solche, die nicht einmal mehr die Lebendigkeit der Individuen erhält. Das Setzen des Arbeiters als reine Subjektivität heißt dann nicht mehr, ihn auch als Person setzen, die noch außer der Arbeit für sich selbst etwas ist. Sondern es heißt, den Arbeiter als Kreatur setzen, die nach Belieben ausgehalten oder umgebracht werden kann, einmal, weil seine Arbeit durch Maschinen substituierbar, und dann, weil der Zweck der Produktion ohnehin beliebig geworden ist. Die großen staatlichen Arbeitsbeschaffungsprogramme fallen daher mit der Massenexekution von Menschen zusammen, die man als Arbeitssklaven noch ganz gut hätte ausnützen können.[45] Gute alte Zeit, als ihr Dasein als Ausbeutungsobjekt die Menschen wenigstens davor schützte, willkürlich vernichtet zu werden. Nur in der bestimmten Differenz vom trivialen Gebrauchswert – den zum Überleben notwendigen Dingen – ist die durchs Kapital als reine Subjektivität gesetzte Arbeit solche, die nicht bloß die Leiblichkeit des Arbeiters reproduziert, und daher als historische Potenz der Gebrauchswert par excellence. Ist aber der triviale Gebrauchswert vernichtet wie heute in großen Teilen der Dritten Welt, so ist es auch der durchs Kapital gesetzte: So hat auch das Kapital keinen, überhaupt keinen Gebrauchswert mehr. Sollen die Kategorien der politischen Ökonomie als widersprüchliche richtig verstanden werden, so sind stets die Bedingungen mitzudenken, unter denen sie allein widersprüchlich sind: die präkapitalistischen Produktionsverhältnisse, in Gegensatz zu welchen sich das Kapital setzt:

„Es ist zu bedenken, daß die neuen Produktivkräfte und Produktionsverhältnisse sich nicht aus *Nichts* entwickeln, noch aus der Luft, noch aus dem Schoß der sich selbst setzenden Idee; sondern innerhalb und gegensätzlich gegen vorhandene Entwicklung der Produktion und überlieferte, traditionelle Eigentumsverhältnisse. Wenn im vollendeten bürgerlichen System jedes ökonomische Verhältnis das andre in der bürgerlich-ökonomischen Form voraussetzt und so jedes Gesetzte zugleich Voraussetzung ist, so ist das mit jedem organischen System der Fall. Dies organische System selbst als Totalität hat seine Voraussetzungen, und seine Entwicklung zur Totalität besteht eben [darin], alle Elemente der Gesellschaft sich unterzuordnen, oder die ihm noch fehlenden Organe aus ihr heraus zu schaffen. Es wird so historisch zur Totalität." (Ro/189)

Nur als werdendes ist das Kapitalverhältnis das Widersprüchliche, als welches es üblicherweise betrachtet wird. Daß die ökonomischen Formbestimmungen auf eine Wirklichkeit treffen, an der sie sich die Zähne ausbeißen, an der sie immer wieder scheitern, ist die Voraussetzung ihres emanzipatorischen Gehalts. Nur solange sie partikulare, unvollständige Bestimmungen sind, sind sie brauchbar.

Unter die Bestimmungen reiner Subjektivität gesetzt, sind die Menschen unfrei, weil sie darin nicht aufgehen, und diese Nicht-Identität ist gerade Bedingung der Möglichkeit von Freiheit. Sie gehören dem Kapitalisten als Subjektivität nur, weil sie nicht nur Subjektivität sind. Sie unterwerfen sich als Tätige unter das Kapital nur, um sich als Bedürftige – aber eben nicht nur Bedürftige – zu erhalten. Eben in dieser Nicht-Identität ist formell die Möglichkeit der Emanzipation gesetzt als formelle Unterscheidung der Arbeit von anderem, worauf sie bezogen ist. Sich selbst genügende, mit sich identische Subjektivität, also rein abstrakte, nicht nach Zweck und Bedürfnis bestimmte Arbeit, wäre selbst wieder abstrakte Naturkraft, fiele mit der Kreatur zusammen, deren Aktion bloß unmittelbarer Ausdruck ihres Bedürfnisses ist. Auch als bestimmter aber bleibt der Unterschied zwischen der Arbeit und der von ihr befreiten Person so lange formell, wie er in der Person wieder unmittelbar zusammenfällt. Real wäre diese Nicht-Identität erst, existierte die Arbeit außerhalb der Person, aber nicht als Gegensatz, als Kapital, sondern als in historischer Arbeit im Hinblick auf menschliche Zwecke geformte Natur, welche den Menschen gibt, was sie brauchen, ohne daß sie selbst als Naturkraft agieren müssen. Dies wäre der wirklich gewordene Gebrauchswert, der in der vom Kapital als reine Subjektivität gesetzten Arbeit als Antizipation enthalten ist. Als real gewordene wäre die Nicht-Identität versöhnt: Die naturnotwendige Arbeit wäre von den Menschen verschieden und ihnen gerade deshalb nicht mehr fremd. Diese Versöhnung des Widerspruchs als Befreiung der Menschen von dem Zwang, das Verschiedene, welches sie von Natur aus sind, als Identisches sein zu müssen – die Abschaffung der Arbeit –, ist die historische Alternative zu seiner bereits erwähnten Auflösung in Identität, wo Arbeit und Nichtarbeit in Natur zusammenfallen. Solche Auflösung in Identität, solcher Rückfall in Natur, ist übrigens kein Wiederherstellen des Naturzustandes, welcher Ausgangspunkt der Emanzipationsgeschichte war.

Wenn die Naturgeschichte der Menschen schon die von Klassenkämpfen ist, so heißt dies, daß das Setzen der Arbeit als vom Menschen Verschiedenes selbst eine Naturbedingung menschlichen Lebens, d. h. menschlichen Lebens, soweit es selbst noch vorrangig Naturprozeß ist. Die Unterwerfung anderer samt ihren Produktionsbedingungen zum Zwecke eigener Emanzipation von der Arbeit – also der Widerspruch zwischen von unmittelbarer Not befreiter Produktion und Genuß einerseits, Arbeit andererseits – stellt sich, insofern er die ganze Vorgeschichte durchzieht, als natürliche Voraussetzung menschlichen Lebens dar. Eben diese Naturbedingung ist ihrerseits Voraussetzung der geschichtlichen Emanzipation und diese selbst nichts anderes als die Befreiung des Von-den-Menschen-verschieden-Setzens der Arbeit aus bloß gegensätzlicher Existenz, d. h. aus seiner Existenz im Gegensatz zu anderen Menschen, die nur als Arbeit gesetzt sind und darunter leiden. Solange die Arbeit nicht real außerhalb der Menschen existiert, als menschlich gemachte Natur, sind jene unmittelbar, wenn sie die Arbeit von sich selbst verschieden gesetzt haben, Unterdrücker und, wenn sie als Arbeit gesetzt sind, Unterdrückte – stehen daher in unmittelbarem Klassengegensatz. Im Kapitalverhältnis versachlicht sich dieser Naturtrieb der Menschen, die Arbeit von sich selbst verschieden zu setzen, zum gesellschaftlichen Produktionsverhältnis. Darin ist er erstmals in der Geschichte Bestimmungsgrund nicht nur der Aneignung des gesellschaftlichen Reichtums, sondern der Produktion selbst. Im Gegensatz zum Sklavenhalter betreibt der Kapitalist das Setzen der Arbeit als von den Menschen verschieden auf doppelte Weise: Indem er, wie der Sklavenhalter, die Arbeiter dazu zwingt, für sich, an seiner selbst Statt, zu arbeiten; indem er weiterhin aber, anders als der Sklavenhalter, die Arbeiter nicht durch unmittelbare Gewalt, sondern als Besitzer der Produktionsmittel zwingt, zu arbeiten, und dies nur in geringem Maße zu seinem eigenen persönlichen Nutzen, sondern zur Objektivierung des Von-den-Menschen-verschieden-Setzens der Arbeit als Kapitalakkumulation, als Entwicklung der materiellen Produktivkräfte. In dieser Bestimmung kapitalistischer Klassenherrschaft sind die historischen Alternativen ihrer Auflösung enthalten: endgültige Befreiung oder Untergang in die Barbarei.

Versachlichung der Ausbeutung heißt einerseits Objektivierung der Verschiedenheit der Arbeit von den Menschen als Produkt: durch historische, die Natur verändernde Arbeit für menschliche Zwecke brauchbar gemachte Natur und damit erstmals in der Geschichte die Möglichkeit realer Befreiung. Versachlichung der Ausbeutung heißt aber andererseits auch: Ausbeutung, die sich von den Zwecken irgendwelcher lebendiger Menschen vollkommen getrennt hat, die den Naturtrieb, woran sie ihre Vernunft hatte – andere Menschen als Arbeit setzen zum Zwecke von eigener Produktion und eigenem Genuß, die von Not befreit sind –, nicht mehr beinhaltet. Weil diese Zwecke die inhaltliche Bestimmung des Von-den-Menschen-verschieden-Setzens der Arbeit als Produkt sind, sofern es die Möglichkeit der Emanzipation beinhalten soll, verwandelt sich durch die Beziehungslosigkeit zu menschlichen Emanzipationsbedürfnissen die Arbeit in reine Naturkraft, in zweite Natur, die etwas weit Schlimmeres als den Naturzustand darstellt. Gleicht die Verwandlung ganzer Wälder in Bild-Zeitungen an Blindheit, Sinnlosigkeit und verheerender Wirkung auch Naturkatastrophen, so ist doch ersteres von Menschen selbst veranstaltet, letzteres nicht. Das Kapital beseitigt den Umstand, daß die Menschen das Verschiedene, welches sie von Natur aus sind – Subjekte und Arbeitstiere –, als Identisches sein müssen, also den Zwang, unter dem alle Naturgeschichte der Menschen stand, auf doppelte Weise: zum einen als Akkumulation der Produktivkräfte und damit als Ermöglichung realer Emanzipation; zum anderen durch die Liquidierung des Widerspruchs von Arbeit einerseits, freier Produktion und freiem Genuß andererseits: Am Ende gibt es zwar immer noch Kapital, aber schon längst keine Kapitalisten mehr, die ihrerseits freie Tätigkeit und freien Genuß nur noch als feudale Relikte kannten. Wo selbst die herrschende Klasse, soweit sie sich nicht mit bürokratisch langweiliger und aufreibender Tätigkeit ruiniert, nur stumpfsinnig aufgeblähte Kleinbürgerhobbys aufzuweisen hat, da ist der Widerspruch von Arbeit einerseits, freier Tätigkeit und freiem Genuß andererseits empirisch nicht mehr existent. Die Revisionisten, die sich schon immer mehr darüber ärgerten, daß es einigen gutging, als darüber, daß viele im Elend lebten, haben diese Entwicklung als eine besonders günstige Bedingung für die kommunistische Machtübernahme begrüßt: Klassenkampf ist eigentlich gar nicht mehr notwendig, nur die entscheidenden Leute in den wenigen Schaltstellen müssen durch gesinnungstreue Kommunisten ersetzt werden. Sie haben sich in dieser Annahme gewaltig geirrt. Wenn das Kapital tendenziell ohne Kapitalisten auskommt, ohne herrschende Klasse, dann heißt dies, daß die gegenständliche Welt den Menschen nicht nur als Besitz anderer Menschen, sondern an sich schon, prinzipiell, fremd ist. Diese Fremdheit ist aber nicht die vorgefundene der ersten Natur, in Gegensatz zu welcher sich die Menschen befinden und entwickeln, sondern sie ist von den Menschen selbst produziert. Erstmals in der Geschichte existiert die Fremdheit der gegenständlichen Welt für die einen Menschen nicht als Besitz für die anderen, oder als Gegensatz der Menschen überhaupt zur Natur, ist also selbst nicht mehr widersprüchlich, reproduziert nicht mehr den naturwüchsigen Gegensatz zwischen der Arbeit und der Befreiung von dieser, sei es als freie Tätigkeit oder Genuß, sondern ist absolut geworden. Als absolut gewordene ist sie nicht mehr existent. Daß die gegenständliche Welt eine identische Reproduktion der Menschen in ihrem gesellschaftlichen Verhältnis ist, und diese in jener doch nicht bei sich selber, und daß umgekehrt die Menschen eine identische Reproduktion der gegenständlichen Welt sind, und diese doch nicht die Entäußerung jener ist, ist kein existierender Widerspruch, sondern nur einer in bezug auf ein vergangenes Gegenbild. In der zweiten Natur gibt es den naturwüchsigen Gegensatz von Arbeit und Genuß — und dieser war nichts weniger als die Naturbedingung der Emanzipation — nicht mehr, allenfalls Disparitäten zwischen Regelkreisen, die dann ein weiterer Regelkreis auffängt. Solange die erste Natur dominiert, sind naturnotwendige Arbeit und freie Tätigkeit unmittelbar verschieden und daher mit dem Individuum, in welchem sie zusammenfallen, unmittelbar identisch. Im Zustand der Befreiung wären sie versöhnt: verschieden wie aufeinander bezogen und erlöst von dem Zwang, identisch sein zu müssen. Unter der Herrschaft der zweiten Natur aber sind sie *dasselbe,* ohne Unterschied und Identität. Dies unterscheidet die Barbarei vom Naturzustand. Der Unterscheidung zwischen Fortschritt und Rückschritt ist entgegenzuhalten:

„Die intellektuelle Verödung aber, künstlich produziert durch die Verwandlung unreifer Menschen in bloße Maschinen zur Produktion von Mehrwert, [ist] sehr unterschieden von jener naturwüchsigen Unwissenheit, welche den Geist in Brache legt ohne Verderb seiner Entwicklungsfähigkeit." (I/422)

Exkurs: Begriff und Sache

Die Widersprüchlichkeit der vom Kapital gesetzten Arbeit beruht darauf, daß jenes selbst noch nicht vollends zweite Natur, sondern nur zweite Natur im Gegensatz zu noch in der ersten Natur befangenen naturwüchsigen Produktionsverhältnissen der Menschen, diese auflösend, ist. Arbeit und freie Tätigkeit sind unmittelbar verschieden beim besitzlosen Arbeiter und doch vermittelt zugleich. Sie sind vermittelt durch den vom Arbeiter, aber nicht für sich, aber auch eigentlich nicht für andere, sondern als Selbstzweck, als Kapital produzierten Reichtum: Objektivierung des Von-den-Menschen-verschieden-Setzens der naturnotwendigen Arbeit als Gegenstand (und nicht mehr als anderen Menschen), reales Herausfallen der Vermittlung von Mensch und Natur als Naturprozeß aus den Menschen selbst und damit erstmals in der Geschichte die Möglichkeit realer Befreiung. Voraussetzung dieser Befreiung ist aber das Fortbestehen des erst noch zu versöhnenden Gegensatzes zwischen dem Bedürfnis nach freier Tätigkeit und der Zwangsarbeit, welche die materiellen Voraussetzungen jener produziert. Der Gegensatz — der von Lohnarbeit und Kapital — setzt aber die *Einheit* stets voraus. Als Kapital ist der Reichtum nur deshalb ein den Arbeitern fremder, weil er ihnen, existierte er nicht in der bestimmten Form als Kapital, gehören würde: weil er ihnen potentiell schon gehört. Die Einheit wiederum ist nur als in sich gegensätzliche eine sinnvolle Bestimmung. Sie setzt den naturwüchsigen Gegensatz von Arbeit und freier Tätigkeit voraus. Damit deren Vermittlung die Möglichkeit der Versöhnung beinhalte, ist verlangt, daß die unmittelbare Verschiedenheit von Arbeit und freier Tätigkeit fortbesteht. Die Arbeiter müssen eine andere Existenz als die ihnen vom Kapital aufgezwungene wollen, und diese Existenz muß in den von ihnen als Kapital produzierten Produktivkräften objektiv vorhanden sein.

Beide Bedingungen aber setzt das Kapital nicht, sondern es setzt sie nur voraus, und es setzt sich selbst in Gegensatz zu ihnen. Indem es die Arbeit als reine Subjektivität setzt, setzt es den Arbeiter als rein bedürftige Kreatur, die nichts will als überleben. Weil das Kapital die Bedürftigkeit nicht als kreatürliche, sondern als schon historisch geformte vorfindet – als Eigenwille, lieber Karten zu spielen, zu tanzen, zu trinken und zu erzählen, als zu arbeiten –, besteht seine eigene Bewegung darin, diesen selbst schon geformten Inhalt, das bestimmte Bedürfnis zu zertrümmern. Aus ihm wird plastisches Material, welches vom Kapital so lange beliebig formbar ist, als es Konflikte mit den unendlich streckbaren Naturgrenzen vermeidet. Weil also das Bedürfnis als formloser Inhalt vom Kapital nicht mehr verschieden ist, ist von dieser Seite her der unmittelbare Gegensatz von Arbeit und freier Tätigkeit als Bedingung der Emanzipation erloschen – historisch wohl an dem Punkt, da die Kulturindustrie sich des Kadavers proletarisch-vorkapitalistischer Lebensformen bemächtigte. Dann aber ist auch das Kapital nicht mehr gegensätzlich auf die Bedürfnisse der Menschen bezogen, als die Bedürfnisse potentiell erfüllender, seinen Produzenten aber nicht gehörender Reichtum. Weil bestimmte menschliche, vom Kapital verschiedene Bedürfnisse nicht mehr existieren, tritt dieses am Markt nur mehr in Beziehung zu sich selbst als ‚automatisches Subjekt' im Sinne von zweiter Natur, in welche die

Menschen restlos einbezogen sind. Dann wäre der Widerspruch erloschen, den Marx im Folgenden aus den Bestimmungen der durchs Kapital gesetzten Arbeit entwickelt, und mit ihm die Möglichkeit der proletarischen Revolution:

„Die Arbeit als das *Nicht-Kapital* als solches gesetzt, ist: 1) *Nicht-vergegenständlichte Arbeit, negativ gefaßt,* (selbst noch gegenständlich; das Nichtgegenständliche selbst in objektiver Form). Als solche ist sie Nicht-Rohstoff, Nicht-Arbeitsinstrument, Nicht-Rohprodukt: die von allen Arbeitsmitteln und Arbeitsgegenständen, von ihrer ganzen Objektivität getrennte Arbeit. Die lebendige als *Abstraktion* von diesen Momenten ihrer realen Wirklichkeit existierende Arbeit (ebenso Nicht-Wert); diese völlige Entblößung, aller Objektivität bare, rein subjektive Existenz der Arbeit. Die Arbeit als die *absolute Armut:* die Armut, nicht als Mangel, sondern als völliges Ausschließen des gegenständlichen Reichtums. Oder auch *der* existierende *Nicht-Wert* und daher rein gegenständliche Gebrauchswert, ohne Vermittlung existierend, kann diese Gegenständlichkeit nur eine nicht von der Person getrennte: nur eine mit ihrer unmittelbaren Leiblichkeit zusammenfallende sein. Indem die Gegenständlichkeit rein unmittelbar ist, ist sie ebenso unmittelbar Nicht-Gegenständlichkeit. In andren Worten: keine außer dem unmittelbaren Dasein des Individuums selbst fallende Gegenständlichkeit. 2) *Nicht-vergegenständlichte Arbeit, Nicht-Wert, positiv gefaßt,* oder sich auf sich beziehende Negativität, ist die nicht-*vergegenständlichte,* also ungegenständliche, i. e. subjektive Existenz der Arbeit selbst. Die Arbeit nicht als Gegenstand, sondern als Tätigkeit; nicht als selbst *Wert,* sondern als die *lebendige Quelle* des Werts. Der allgemeine Reichtum, gegenüber dem Kapital, worin er gegenständlich, als Wirklichkeit existiert, als *allgemeine Möglichkeit* desselben, die sich in der Aktion als solche bewährt. Es widerspricht sich also in keiner Weise, oder vielmehr der in jeder Weise sich widersprechende Satz, daß die Arbeit einerseits die *absolute Armut als Gegenstand,* andrerseits die *allgemeine Möglichkeit* des Reichtums als Subjekt und als Tätigkeit ist, bedingen sich wechselseitig und folgen aus dem Wesen der Arbeit, wie sie als Gegensatz, als gegensätzliches Dasein des Kapitals vom Kapital *vorausgesetzt* ist, und andrerseits ihrerseits das Kapital voraussetzt." (Ro/203)

Gebrauchswert im emphatischen Sinn ist die Arbeit als „allgemeine Möglichkeit (also allgemein gewordene, nicht mehr nur auf die Ausbeuter und Unterdrücker beschränkte Möglichkeit) des Reichtums" im Gegensatz zur „absoluten Armut als Gegenstand". Weil die gegenständliche Arbeit, der leibhaftige Arbeiter, als absolute Armut gesetzt ist, kann er den Reichtum, den er produziert, nicht verzehren und genießen. Eben deshalb aber kann ihn das Kapital akkumulieren. Kapitalakkumulation wiederum heißt: Aufhäufung materieller Produktivkräfte, welche die Abschaffung der Arbeit tendenziell beinhalten und den Arbeiter potentiell aus dem Zustand der bloß bedürftigen Kreatur, die nur wegen ihr kreatürlichen Bedürfnisse schuftet, befreien. Als Arbeit in dieser gegensätzlichen Existenz gefaßt, ist der Gebrauchswert nicht irgendein Konsumgegenstand, sondern er ist die endgültige Befreiung von Not und Elend als Möglichkeit: als Möglichkeit, vermittels nicht mehr auf die einfache Reproduktion beschränkter Arbeit diese dereinst als Naturnotwendigkeit für die Menschen überflüssig zu machen. Die Verwirklichung dieser Möglichkeit führt freilich wieder in die gegenständliche Welt zurück: als Vergegenständlichung der Arbeit in vom Leib der Arbeiter verschiedenen Produktivkräften. Die Bestimmung des Gebrauchswerts als etwas wesentlich Ungegenständliches, obwohl dieser seinem Begriffe nach doch Gegenstand für die Menschen sein sollte, ist Ausdruck des realen Widerspruchs, daß die Welt noch keine menschliche ist, solches aber durch Arbeit werden soll. Die Entfaltung des Begriffs der als reine Subjektivität gesetzten Arbeit, des absolut immateriellen Gebrauchswerts, führt so anscheinend zwangsläufig, wenngleich ein bißchen dialektisch, zu einer brauchbaren gegenständlichen Welt.

Das klingt plausibel, ist es aber nicht. Wären die Begriffe, von denen hier nur die Rede war, mit den wirklichen Gegenständen identisch gewesen, dann wäre die verwaltete Welt mit Beginn des Kapitalverhältnisses eine vollendete Tatsache gewesen, und die Entwicklung, die schließlich zu ihr führen mag, hätte nie begonnen. Reine Subjektivität und nur kreatürliche Bedürftigkeit wären, als mit den von ihnen bezeichneten Gegenständen identische Begriffe, auch untereinander und mit der gegenständlichen Welt wiederum identisch: Natur, welche als Unterschied von sich selbst nur die Vermittlung duldet. Alle Unmittelbarkeit, wie die reine Subjektivität als unmittelbar von ihr Verschiedenes, fällt in sie zurück. Reine Subjektivität ist eine sinnvolle begriffliche Distinktion nur als mit dem Gegenstand nicht identische; insofern sie etwas mit sich identisch setzt, was dieses selbst noch nicht ist: sonst wäre sie überflüssig und leer, tautologisch, bloße Verdoppelung, der Gegenstand als Symbol, statt dieser als gedachter, würde daher nicht gedacht. Gedacht kann der Gegenstand nur werden, wenn er mit dem Gedanken nicht identisch ist; Denken setzt stets die Verschiedenheit von Subjekt und Objekt voraus, und Bewußtsein ist Sein als bewußtes, nicht als solches. Denken ist überhaupt nur welches, solange es Prozeß ist und nicht in einem Wort erstarrt, solange es sich also nicht mit Symbolen begnügt, sondern erzählen kann, wodurch Begriff und Sache voneinander verschieden wie aufeinander bezogen sind. Reine Subjektivität ist die gesellschaftliche Formbestimmung oder bestimmte Denkform eines Inhalts nur, insofern sie von diesem verschieden ist. Und dieser Inhalt ist nur von ihr verschieden, weil er selbst schon eine *bestimmte andere* Form hat und weil sie selbst einen vom schon existierenden *verschiedenen* Inhalt setzt. Als mit sich selbst identische reine Subjektivität wäre die Arbeit Naturkraft, wechselseitige Aktion von Gegenständen, deren keiner Subjekt und keiner Objekt ist. Sie wäre daher keine Bestimmung der Arbeit mehr, sondern ein allgemeiner Begriff der Wirkung, auflösbar in naturgesetzliche Bezüge der organischen und anorganischen Materie. Eine bestimmte Form der Arbeit, eine Formbestimmung der Arbeit ist reine Subjektivität nur in bezug auf andere Arbeit: auf im geschichtlichen Entwicklungsprozeß der Menschen spezifisch *geformte*, aber eben anders geformte, Naturkraft. Sie ist Formbestimmung der Arbeit, d. h. bestimmte, von anderen verschiedene Form der Arbeit — also reale begriffliche Distinktion und kein leeres, unvorstellbares, undenkbares Nichts — nur in der negativen Beziehung auf die vorgefundenen historischen Formen der Arbeit, diese auflösend. Nach vollbrachter Tat ist sie keine Formbestimmung der Arbeit mehr. Weil die Arbeit außerhalb der einen Formbestimmung keine Existenz hat, die sie nur hätte, existierte sie auch in anderen Formen, fallen Form und Inhalt unterschiedslos zusammen und werden *beide* ausgelöscht.⁴⁶ Dies ist der Grund, weshalb ein Begriff substanzlos und beliebig, bloßes Symbol werden kann, wenngleich er als Wort weiterexistiert: Weil der Begriff den Gegenstand, den er angreift, auflöst, wenn er ihn mit sich selbst identisch macht, tilgt er den Grund seiner eigenen Existenz. Bezogen auf die in Gegensatz zur Arbeit als reiner Subjektivität gesetzte kreatürliche Bedürftigkeit heißt dies: Sie ist nur so lange eine bestimmte Form der Bedürftigkeit, wie sie in Gegensatz zu anderer Bedürftigkeit steht: in Gegensatz zu der mit der störrischen, verrückten Eigenwilligkeit des Lebendigen behafteten Bedürftigkeit einerseits, der durch die vorangegangene geschichtliche Entwicklung konkretisierten Bedürftigkeit andererseits. Sind die beiden letzteren vernichtet, so ist auch die rein kreatürliche Bedürftigkeit kein verbindlicher Begriff mehr, und die Faschisten haben als erste daraus die Konsequenz gezogen. Insofern sie die Menschen so erdverbunden, gesund und nackt haben wollten wie das liebe Vieh, kassierten sie die historische Differenz von Natur; damit aber auch deren Begriff. So ging es den Menschen am Ende noch weit schlechter als den Tieren.

*Die Begriffe stehen nur untereinander in Widerspruch, sind überhaupt auch nur verschieden, sofern sie in Widerspruch zu den von ihnen gemeinten Gegenständen stehen.*⁴⁷ Nur wenn die als reine Subjektivität gesetzte Arbeit die von diesem Begriff verschiedene konkrete und zweckmäßige Arbeit selbstbewußter lebendiger Menschen an von ihnen verschiedener Natur begreift; und wenn die kreatürliche Bedürftigkeit das von ihr verschiedene historisch konkrete Bedürfnis des lebendigen Arbeiters nach ganz spezifisch geformter Natur meint — nur dann sind beide aufeinander bezogen und in dieser Beziehung voneinander zu unterscheiden; nur dann sind sie der lebendige Gegensatz zwischen der Arbeit als Naturverhältnis der Menschen, ihrem als notwendige Arbeit existierenden Verhältnis zur Natur einerseits und andererseits den

Menschen selbst, die erst durch die Befreiung von ihrer zwangshaften Verstrickung in Natur dieser als Selbständige, aber nicht als Beherrscher gegenübertreten könnten und dann auch keinen Grund mehr hätten, ihre eigene Natur zu knechten. Die Arbeit selbst, insofern sie immer die Beseitigung der als notwendige Arbeit existierenden Not, ist dem Prinzip nach diese Befreiung. Sie ist es in der einfachen Reproduktion nicht wirklich, insofern sie immer nur die Bedingungen ihrer Wiederholung reproduziert. Im Kapitalverhältnis, als Mehrarbeit gesetzt und die Natur im Hinblick auf menschliche Zwecke verändernd, ist sie es erstmals in der Geschichte formal wirklich, reale Möglichkeit, und daher der *Gebrauchswert par excellence*. Sie ist dies aber nur als Form einer Substanz, die mit ihr selbst nicht identisch ist.

Die Mehrarbeit ist nicht mehr notwendige Arbeit, die Befreiung von der Arbeit noch als Arbeit selbst, nur in bezug auf vorkapitalistische Produktionsverhältnisse. Im Kapitalverhältnis *ist* sie notwendig. Schon der Begriff der Mehrarbeit setzt also logisch das präkapitalistische Produktionsverhältnis voraus. Die Befreiung von der notwendigen Arbeit hat als Begriff eine Substanz nur in bezug auf Menschen, die nicht nur reine Subjektivität und bedürftige Kreatur sind, als welche sie das Kapital setzt. Wer sollte dann wovon befreit werden? Befreien können sich nur Menschen, die nicht sind, als was sie vom Kapital gesetzt sind. Unter dieser Voraussetzung erst stellt sich die Setzung als Zwang dar, der zu bekämpfen ist. Das akkumulierte Kapital ist materielle Produktivkraft, menschlich gemachte Natur, nur im Hinblick auf etwas, das nicht selbst Kapital ist: also im Hinblick auf das präkapitalistische Produktionsverhältnis oder den nach-revolutionären Zustand. Unter dem Kapitalverhältnis ist das akkumulierte Kapital nicht Dasein der Natur für die Menschen, sondern Dasein der Natur für andere, eigenen Gesetzen gehorchende Natur. Vom Dasein der Natur für die Menschen zu sprechen, hat nämlich zur Voraussetzung, daß diese von der Natur spezifisch verschieden sind, und dies sind sie als Abstraktionen, als welche sie vom Kapital gesetzt sind, eben nicht. Und schließlich ist die vergegenständlichte Mehrarbeit als Möglichkeit der Befreiung nur ein substantieller Begriff, wenn in ihr die vorkapitalistischen Bestimmungen der Arbeit, welche sie durch die Bedürfnisse lebendiger Menschen bestimmen, vergegenständlicht sind; wenn also die Mehrarbeit nicht nur die leere, endlose Bewegung ist, als welche sie durchs Kapital gesetzt ist — wenn also die kapitalistische Formbestimmung der Arbeit deren präkapitalistische Formen noch nicht restlos verzehrt hat. Wirkliche Befreiung aber wäre die Mehrarbeit erst, wenn sie sich als *freie* Arbeit vergegenständlicht. Die vergegenständlichte erzwungene, notwendige Mehrarbeit schleppt immer die Not mit sich fort, in deren Bannkreis sie verrückt wird: immer wütendere Unterjochung der Natur für immer mehr Waschmittel, auf die es längst nicht mehr ankommt. Als freie, als durch freie, gleich vernünftige Übereinkunft der Produzenten zustande gekommene Arbeit antizipierte Mehrarbeit die substantielle Befreiung von der Arbeit, wodurch die Arbeit selbst als freie Tätigkeit unmittelbar Gebrauchswert würde, nicht nur als Befreiung von Not und notwendiger Arbeit.

Diese Befreiung hat aber zur notwendigen Voraussetzung, daß andere als kapitalistische Formbestimmungen der Arbeit existieren. Sind diese aufgezehrt, so ist auch die kapitalistische Formbestimmung der Arbeit keine solche mehr und die Arbeit selbst etwas anderes: Wirkung zwischen Gegenständen; nicht Naturverhältnis der Menschen, sondern organisiertes Verhältnis der Natur zu sich selbst. So gäbe es keine Arbeit mehr, aber auch keine Menschen. Insofern Subjekt wie Gegenstand der Arbeit indifferent werden, wird sie es schließlich selbst:

„,... da das Kapital *als solches* gleichgültig gegen jede Besonderheit seiner Substanz, und sowohl als die Totalität derselben, wie als Abstraktion von allen ihren Besonderheiten ist, so die ihm gegenüberstehende Arbeit hat subjektiv dieselbe Totalität und Abstraktion an sich." (Ro/204)

Totalität und Abstraktion sind aber distinkte Begriffe nur in bezug auf eine mannigfaltige und konkrete Realität.[48] Sie setzen diese voraus und lösen sie auf. Solche Auflösung der von ihm vorausgesetzten wie von ihm verschiedenen Wirklichkeit ist daher die Bewegung des Kapitals. Dieses ist desto reiner entwickelt und seinem Begriff desto adäquater,

„je mehr die Arbeit allen Kunstcharakter verliert; ihre besondre Fertigkeit immer mehr etwas Abstraktes, Gleichgültiges wird, und sie mehr und mehr *rein abstrakte Tätigkeit*, rein mechanische, daher gleichgültige, gegen ihre besondre Form indifferente Tätigkeit wird; bloß *formelle* Tätigkeit oder, was dasselbe ist, bloß *stoffliche,* Tätigkeit überhaupt, gleichgültig gegen die Form. Hier zeigt es sich denn wieder, wie die besondre Bestimmtheit des Produktionsverhältnisses, der Kategorie – Kapital und Arbeit hier –, erst wahr wird mit der Entwicklung einer besondren *materiellen Weise der Produktion* und einer besondren Stufe der Entwicklung der industriellen *Produktivkräfte.*" (Ro/204-205)

Grund genug, dieser Entwicklung mit äußerster Sorge entgegenzusehen. Hier zeigt es sich nämlich, daß das Kapital kein bloß formelles Verhältnis ist, welches seinen Inhalt ungeschoren läßt. Wenn die Arbeit allen Kunstcharakter verliert und bloß stoffliche Tätigkeit wird, so kann dies heißen: Entweder ist endlich die zum Leben notwendige Arbeit kein Kunststück mehr, und als bloß noch stoffliche Tätigkeit kann sie auch von Gegenständen erledigt werden; dies wäre die Befreiung. Oder: Arbeit, die allen Kunstcharakter verloren hat, macht jene, die sie nach wie vor ausführen müssen, zu stumpfsinniger Kreatur, und als nur stoffliche Tätigkeit ist sie solche, die durch keine menschlichen Zwecke mehr bestimmt ist. Dies ist der Fall und der Untergang in die Barbarei. Der Unterschied zwischen diesen Alternativen liegt in der Struktur der Begriffe. Befreiung ist die stoffliche Tätigkeit von Gegenständen nur, wenn sie mit dieser Bestimmung nicht identisch ist: wenn sie unter menschliche Zwecke gesetzte stoffliche Tätigkeit von Gegenständen ist.

Die Trennung der ursprünglichen Einheit der lebendigen Arbeit mit ihren gegenständlichen Bedingungen, ihr Auseinanderfallen in Lohnarbeit und Kapital ist die materielle Basis aller Widersprüche der bürgerlichen Gesellschaft. Dialektik hat stets zur Voraussetzung, daß einzelne Momente des gesellschaftlichen Lebensprozesses der Menschen sich aus dessen Einheit herausgelöst und gegen sie verselbständigt haben. Die Einheit ist die des Naturprozesses, welcher das gesellschaftliche Leben der Menschen, gleichviel wie historisch vermittelt es sein mag, immer *auch* ist. Die gegen diese Einheit verselbständigten Momente sind solche, die sich aus der bloßen Natur herausgelöst haben. Als historisch vermittelte, in historischer Arbeit aus Natur entstandene, sind sie von Natur verschieden und selbständig gegen die Einheit des Prozesses, dem sie angehören, wofern dieser noch bloßer Naturprozeß ist. Solange das gesellschaftliche Leben der Menschen insgesamt blinder Prozeß, Naturprozeß ist, widersprechen ihm solche Momente, die nicht mehr nur Natur sind. Erst wenn die Menschen historisches Subjekt geworden sind, stehen ihre Produkte nicht mehr in Widerspruch zueinander. Erst dann entscheidet über den Geschichtsverlauf nicht mehr die Dialektik von Natur und Gesellschaft, sondern der Wille freier Produzenten. Der Untergang in die Barbarei hätte für das Schicksal der Dialektik übrigens dieselbe Konsequenz, insofern er die Liquidierung partieller historischer Emanzipation von Natur bedeutet. Der Rest, bloße Natur, ist so wenig dialektisch, wie es ein Verein freier Menschen wäre. „Es zeigt sich an diesem Punkt bestimmt, wie die dialektische Form der Darstellung nur richtig ist, wenn sie ihre Grenzen kennt" (Ro/945). Dialektik könnte man bezeichnen als Rache der Natur an unvollkommener, bloß partieller, weil bloß abstrakter, also nicht wirklicher Emanzipation von ihr. Die Unterscheidung von Lohnarbeit und Kapital konstituiert nur einen Widerspruch, weil sie Dinge verschieden setzt, die von Natur aus zusammengehören. Erstmals in der Geschichte ist die Arbeit kein Anhängsel von Naturprozessen mehr, ist die Arbeit von Natur verschieden, weil sie sich selbst auf mannigfache, verschiedene Weise zur Natur verhalten kann. Gleichwohl aber ist sie mit Natur unmittelbar identisch, insofern der Arbeiter, der nicht arbeitet, nach wie vor verhungern muß. Die

Fortdauer des vorgeschichtlichen Naturzwangs, fürs bloße Überleben arbeiten zu müssen, stiftet die Einheit der lebendigen Arbeit mit ihren gegenständlichen Voraussetzungen, in Gegensatz zu welcher die historische Trennung beider steht. Daß die Menschen unter der Drohung des Verhungerns tun müssen, was sie in freier Übereinkunft tun, aber auch lassen könnten, ist Dialektik.

Die naturwüchsige Identität der lebendigen Arbeit mit ihren gegenständlichen Voraussetzungen ist aber keine der Natur als solcher, sondern nur eine von in Gegensatz zu mit ihr nicht identischen Menschen gesetzter Natur. Die naturwüchsige Identität ist stets schon durch etwas von Natur Verschiedenes vermittelt. Die bestimmte Einheit der lebendigen Arbeit mit ihren gegenständlichen Bedingungen ist erst durch menschliche Zwecke gesetzt: sonst wäre das unmotivierte Herumrudern in der Luft, die Abfuhr motorischer Energie eines Geistesgestörten, der freilich auch die äußere Natur, und seien es nur die Luftmoleküle, bewegt, schon diese Einheit. Es ist keine, weil Einheit nur solche von Verschiedenem ist. Die nur naturwüchsige Motorik aber wäre von Natur nicht verschieden. Nur unter der Voraussetzung, daß die Arbeit von ihr verschiedenes menschliches Leben vermittelt, daß sie selbst also kein blinder Prozeß, bloße Wirkung ist, ist sie auf gegenständliche Bedingungen verwiesen und die Trennung von Lohnarbeit und Kapital ein Widerspruch. Sie ist ein Widerspruch also nur unter der Voraussetzung, daß es Lohnarbeiter und Kapitalisten gibt: daß lebendige Menschen in einem gesellschaftlichen Verhältnis zueinander stehen, welches den Zweck der Produktion bestimmt. Wo davon abstrahiert wird – wo Kapital nur Kapital ist, aber nicht Kapital als gegenständliche Welt, die von Kapitalisten besessen wird, und wo die Arbeit nur Arbeit ist, nicht Tätigkeit eines von ihr verschiedenen Arbeiters –, also bei der Betrachtung ausschließlich des kapitalistischen *Produktions*prozesses, in welchem Lohnarbeit und Kapital nichts als sie selbst sind, da ist auch die Dialektik von Lohnarbeit und Kapital nur mehr Logik, und am Ende dies nicht einmal mehr. Der Produktionsprozeß beginnt, nachdem der scheinbare Austausch von Lohnarbeiter und Kapitalist beendet ist. Er hört auf, bevor der Kapitalist den Mehrwert realisiert. So fällt aus seinen Bestimmungen der Zweck heraus, weshalb sich sowohl Arbeiter als auch Kapitalist auf ihn einlassen.

Nach vollzogenem Austausch gehört die Arbeit – d. h. der ausschließlich als Arbeit gesetzte Arbeiter – dem Kapital und ist nunmehr „nicht nur der dem Kapital gegenüberstehende Gebrauchswert, sondern sie ist der Gebrauchswert des Kapitals selbst" (Ro/205). Als dem Kapital nur gegenüberstehende ist die Arbeit „die bloße abstrakte Form, die bloße Möglichkeit" (Ro/205) der Tätigkeit, da sie gegenstandslos ist und also die Gegenstände, an denen sie tätig werden könnte, nicht besitzt. Als durchs Kapital angeeignete hingegen ist sie „eins seiner Momente geworden, die nun als befruchtende Lebendigkeit auf seine nur daseiende und daher tote Gegenständlichkeit wirkt" (Ro/205). Dann aber ist der Unterschied zwischen Arbeit und Kapital nur noch einer zwischen Form und Inhalt, zwischen formender Tätigkeit und passiver Substanz:

„Insofern das Kapital, als in allen besondren Formen der vergegenständlichten Arbeit existierendes Geld, nun in Prozeß tritt mit der nicht vergegenständlichten, sondern lebendigen, als Prozeß und Akt existierenden Arbeit, ist es zunächst dieser qualitative Unterschied der Substanz, in der es besteht, von der Form, worin es nun *auch* als Arbeit besteht. Es ist der Prozeß dieser Unterscheidung und der Aufhebung derselben, worin das Kapital selbst Prozeß wird. Die Arbeit ist das Ferment, das in es geworfen wird, es nun zur Gärung bringt." (Ro/205-206)

Wo dem Kapital die Arbeit nicht mehr als fremde gegenübersteht, sondern eins seiner Momente geworden ist, also im Produktionsprozeß, dort tritt es in Beziehung nur noch zu sich selbst, wobei es sich aus einem gesellschaftlichen Verhältnis in einen *Gegenstand* verwandelt. Durch die schon angeeignete Arbeit gerät das Kapital „in Gärung und wird zum Prozeß, *Produktionsprozeß,* worin es sich, als Totalität, als lebendige Arbeit auf sich selbst nicht nur als vergegenständlichte, sondern weil vergegenständlicht, [als] bloßer *Gegenstand* der Arbeit bezieht" (Ro/208). Unter dieser Voraussetzung – daß Kapital und Arbeit sich nur als Form und Inhalt von Kapital unterscheiden, daß eigentlich *nur* noch Kapital existiert, weil dieses die Totalität darstellt – stellt Marx die folgenden Überlegungen an, um die Widersprüchlichkeit von Kapital und Arbeit zu fassen:

Im Produktionsprozeß wird einerseits die Arbeit selbst konsumiert, insofern sie sich erschöpft. „Aber sie wird nicht nur konsumiert, sondern zugleich aus der Form der Tätigkeit in der des Gegenstandes, der Ruhe fixiert, materialisiert; als Veränderung im Gegenstand verändert sie ihre eigne Gestalt und wird aus Tätigkeit Sein" (Ro/208). Im Produktionsprozeß werden andrerseits die gegenständlichen Bedingungen der Arbeit aufgezehrt. Aber „das Verzehren ist nicht einfaches Verzehren des Stofflichen, sondern Verzehren des Verzehrens selbst; im Aufheben des Stofflichen Aufheben dieses Aufhebens und daher Setzen desselben" (Ro/208). Zusammen:

> „Die *formgebende* Tätigkeit verzehrt den Gegenstand und verzehrt sich selbst, aber sie verzehrt nur die gegebne Form des Gegenstands, um ihn in neuer gegenständlicher Form zu setzen, und sie verzehrt sich selbst nur in ihrer subjektiven Form als Tätigkeit. Sie verzehrt das Gegenständliche des Gegenstands – die Gleichgültigkeit gegen die Form – und das Subjektive der Tätigkeit; formt den einen, materialisiert die andere. Als *Produkt* ist aber das Resultat des Produktionsprozesses *Gebrauchswert.*" (Ro/208)

Offenbar selbst ein wenig verdutzt, konstatiert Marx, daß am Ende einer nach allen Regeln der Kunst durchgeführten Darstellung des Verhältnisses von Lohnarbeit und Kapital etwas allen gesellschaftlichen Formbestimmungen Kontingentes herauskommt: nur Gebrauchswert, obwohl es doch das Wesen des kapitalistischen Produktionsprozesses ist, nicht einfach nur Gebrauchswerte zu produzieren. Es läßt sich aber sogar zeigen, daß selbst dieses dürftige Resultat eine Überinterpretation der vorangegangenen dialektischen Bemühungen darstellt. Existierten *nur* die entwickelten allgemeinen und abstrakten Begriffe, existierten sie nicht im Gegensatz zu von ihnen verschiedenen, besonderen und konkreten Gegenständen, so könnten sie nicht mal die Produktion von Gebrauchswert fassen. Ein jeder stumpf vor sich hin glotzender Irrer, der Geschirr zerdeppert, „verzehrt die gegebne Form des Gegenstandes, um ihn in neuer gegenständlicher Form zu setzen..." (Ro/208), und die blinde Natur, Regen, Erdbeben usw. tun nichts anderes. Wäre das Kapitalverhältnis also mit seinem Produktionsprozeß identisch, so wäre es ganz dialektisch, sich rein nach Form und Inhalt unterscheidende Totalität, und damit einfach *verrückt*. Dies ist die eben referierte Darstellung, obgleich sie nach Terminologie und Methode das Prädikat ‚dialektisch' wohl verdienen würde. Material aber ist sie nicht einmal mehr logisch, da die analytischen Distinktionen, mit denen sie arbeitet, stets ein Subjekt voraussetzen, von welchem diese Darstellung gerade abstrahiert. In einem Naturprozeß, welcher das Resultat der Darstellung war, ist die Bestimmung, wer wen formt und verzehrt, absurd. Weil jeder dies mit jedem tut, bleibt sie leere Allgemeinheit.

Im kapitalistischen Produktionsprozeß, welcher aus dessen Wesensbestimmungen — Lohnarbeit und Kapital — entwickelt wurde, ist also das Kapital als widersprüchliches, sachlich vermitteltes gesellschaftliches Verhältnis zwischen Personen verschwunden. Das Kapital ist in dieser Beziehung von Arbeit und Kapital nur noch ‚an sich',

„noch nicht *gesetzt,* oder sie ist selbst nur erst gesetzt unter der Bestimmung eines der beiden Momente, des *stofflichen,* das in sich selbst als Materie (Rohstoff und Instrument) und Form (Arbeit) unterschieden ist, und als Beziehung beider, als wirklicher Prozeß selbst wieder nur stoffliche Beziehung ist — Beziehung der beiden stofflichen Elemente, die den Inhalt des Kapitals unterschieden von seiner Formbeziehung als Kapital bilden. Betrachten wir das Kapital nach der Seite, worin es ursprünglich im Unterschied von der Arbeit erscheint, so ist es im Prozeß nur passives Dasein, nur gegenständliches, an dem die Formbestimmung, wonach es Kapital ist — also ein für sich seiendes gesellschaftliches Verhältnis —, vollständig erloschen ist... Andrerseits, soweit die Arbeit selbst eines seiner gegenständlichen Elemente geworden ist durch den Austausch mit dem Arbeiter, ist ihr Unterschied von den gegenständlichen Elementen des Kapitals selbst nur ein gegenständlicher; die einen in der Form der Ruhe, die andre in der Form der Tätigkeit. Die Beziehung ist die stoffliche Beziehung eines seiner Elemente auf das andre; aber nicht *seine eigne* Beziehung zu beiden. Es erscheint also einerseits nur als *passiver Gegenstand,* worin alle Formbeziehung ausgelöscht; es erscheint andrerseits nur als einfacher *Produktionsprozeß*, in den das Kapital als solches, als von seiner Substanz verschieden, nicht eingeht. Es erscheint gar nicht einmal in seiner Substanz, die ihm selbst zukommt – als vergegenständlichte Arbeit, denn diese ist die Substanz des Tauschwerts –, sondern nur in der natürlichen Daseinsform dieser Substanz, worin alle Beziehung auf Tauschwert, vergegenständlichte Arbeit, auf die Arbeit selbst als Gebrauchswert des Kapitals – und darum alle Beziehung auf das Kapital selbst – ausgelöscht ist." (Ro/209-210)

Als nur stoffliches Verhältnis aber – so muß man Marx wohl hier ergänzen – ist die Beziehung der Arbeit zu ihrem Gegenstand keine Arbeit mehr, sondern beliebige Wirkung von einem Stück Natur auf das andere. Wo nicht ‚die Arbeit selbst als Gebrauchswert des Kapitals' existiert, produziert sie auch keinen Gebrauchswert. Gebrauchswert des Kapitals aber ist die Arbeit nur, wenn dieses nicht nur an sich – stoffliches Verhältnis – sondern auch für sich ist, wenn es also gesellschaftliches Verhältnis von Personen ist – das für sich seiende Kapital ist der Kapitalist. So führt die Darstellung des Kapitalverhältnisses, wenn sie von den Personen abstrahiert, die sich verhalten und daher von dem Verhältnis als solchem auch verschieden sind, mit fataler Logik zur Schilderung der Barbarei, welche sich darstellt als Fortbestehen des Kapitals nach der Liquidierung von Klassenherrschaft und Klassenkampf. Als stoffliches Verhältnis, als Verhältnis an sich hat das Kapital auch den Rest von Vernunft verloren, den man ihm zuvor vielleicht zubilligen mochte. Weil das Verhältnis an sich „nicht nur eine willkürliche Abstraktion ist, sondern eine Abstraktion, die im Prozeß selbst vorgeht" (Ro/210), d. h. vom Kapital als seine eigene Wirklichkeit gegen die bestehende Wirklichkeit durchgesetzt wird, ist die nivellierte Mittelstandsgesellschaft, die von der Gangster-Herrschaft einiger Cliquen zusammengehalten wird, eine logische Perspektive der kapitalistischen Entwicklung. Wenn Marx an anderer Stelle schreibt, „daß auch innerhalb des Produktionsprozesses selbst diese *Auslöschung der Formbestimmung* nur Schein ist" (Ro/212), so ist dies kein Widerspruch, sondern es heißt, daß sich im kapitalistischen Produktionsprozeß die ökonomische Formbestimmung als leeres, zweckloses, rastloses Tun *material* durchsetzt: das Auslöschen aller konkreten gesellschaftlichen Formbestimmung als Setzen der mit sich selbst identischen kapitalistischen, die dann aber keine Form mehr ist, sondern mit dem Stofflichen unmittelbar zusammenfällt. Mit dem Auslöschen der Formbestimmung tritt eben nicht der einfache „*Arbeitsprozeß* — der wegen seiner Abstraktheit, reinen Stofflichkeit, allen Produktionsformen gleich eigen ist" (Ro/212) hervor, nicht also der gleichbleibende Inhalt aller bisherigen Formbestimmungen, dem als nur gedachten Abstraktum die Bestimmungslosigkeit als Negativität anhaftete; sondern die Bestimmungslosigkeit ist hier positiv, nicht Fehlen der Form, sondern selbst Form, wiewohl sie dann, weil mit dem Stofflichen zusammenfallend, kein sinnvoller Begriff mehr ist. Auslöschen der Formbestimmung im Produktionsprozeß heißt also nicht, daß dieser ungeschoren davonkommen würde; nicht also, daß das Kapital im Produktionsprozeß selbst keine Rolle mehr spielt, sondern daß es die vorhandene bestimmte Form dieses Prozesses zerstört und ihn der Bestimmungslosigkeit anheimgibt. Kein Wunder daher, wenn er am Ende nicht einmal mehr Gebrauchswerte im trivialen Sinn produziert.

Gebrauchswert setzen die ökonomischen Formbestimmungen also nur, wenn sie ein gesellschaftliches Verhältnis von Personen bezeichnen und also Personen existieren, die von diesem Verhältnis verschieden sind.

6. Natur und Gesellschaft I

(Der Gebrauchswert ist im Kapitalverhältnis zwar durch dieses bestimmt als reine Subjektivität, welche ihrerseits aber ein Stück Natur ist: lebendige Arbeit. Nur weil sie selbst ein Stück unabänderlicher Natur ist, kann sie unter veränderten Voraussetzungen in der Geschichte Verschiedenes leisten und für die Menschen, die sich vom Naturzusammenhang emanzipiert haben, überflüssig werden. Letzteres ist ihr eigentlicher Zweck, und dieser ist in der kapitalistischen Form des Reichtums antizipiert.)

Anders als in der einfachen Zirkulation ist der Gebrauchswert im Kapitalverhältnis durch jenes bestimmt. Wert und Arbeit, Tauschwert und Gebrauchswert treten darin in eine Beziehung zueinander, „worin sie sich selbst aufeinander beziehn und voneinander unterscheiden, nicht als gleichgültige Indifferente nebeneinander liegen" (Ro/217). „Die Konsumtion als Gebrauchswert fällt hier selbst in den ökonomischen Prozeß, weil der Gebrauchswert hier selbst durch den Tauschwert bestimmt ist" (Ro/218). Nur als Mehrarbeit gesetzte Arbeit hat Gebrauchswert für das Kapital, dessen Substanz selbst vergegenständlichte Mehrarbeit ist.[49]

Es darf daneben aber nicht vergessen werden, daß der durchs Kapital gesetzte Gebrauchswert nur dann keine überflüssige, tautologische, mit Kapital einfach identische Bestimmung ist, wenn er sich in seiner Setzung durchs Kapitalverhältnis nicht erschöpft. Als Gebrauchswert für das Kapital muß er zugleich etwas von dessen Formbestimmungen qualitativ Verschiedenes sein. Nur wenn in diesem Begriff die Beziehung zum freilich immer schon historischen natürlichen Leben lebendiger Menschen – alle Vorgeschichte ist unmittelbare gegenständliche Voraussetzung der ferneren Entwicklung und in diesem Sinn Natur –, an dem er gebildet wurde, noch nicht zerbrochen ist, ist er auch als durchs Kapitalverhältnis gesetzter unterscheidende und damit überhaupt nur sinnvolle Bestimmung. Nur dann taugt er dazu, die zur zweiten Natur verfestigten gesellschaftlichen Formbestimmungen von den lebendigen Menschen und deren Bedürfnissen zu unterscheiden.

So ist es gerade eine natürliche Eigenschaft, welche den Gebrauchswert par excellence, den durchs Kapital gesetzten Gebrauchswert zu einem solchen macht. Die rastlose und ins Endlose zielende Bewegung der Kapitalverwertung ist nur möglich, weil das Kapital die Naturkraft der lebendigen Arbeit, also die natürliche Lebendigkeit des Arbeiters zu seiner eigenen macht. Weil das Arbeitsvermögen „nicht als Ding existierte, sondern als Fähigkeit in einem Lebendigen, kann er [der Arbeiter] von wegen der *spezifischen* Natur seiner Ware – der spezifischen Natur des Lebensprozesses – den Tausch von neuem eingehen" (Ro/229). Gerade weil das Arbeitsvermögen sich nicht nur überhaupt naturwüchsig regeneriert, sondern sich naturwüchsig stets wieder zu einem fixen Niveau regeneriert – zum Arbeitstag –, welches gegen die historische Entwicklung der Produktivkräfte indifferent bleibt, das Arbeitsvermögen also keine Funktion der gerade erreichten gesellschaftlichen Entwicklung der Produktivkräfte ist – deshalb ist die Arbeit unter bestimmten historischen Voraussetzungen geschichtskonstitutiv und Gebrauchswert im emphatischen Sinn. Wo sich alles bewegt, bewegt sich gar nichts mehr, und wo alles gesellschaftlich ist, wie in der amerikanischen Soziologie, da ist auch alles Natur. Nur weil die Menschen von Natur aus so beschaffen sind, daß sie zur Not auch mit sechs Stunden Schlaf auskommen, können sie unter Bedingungen, wo sie keine 18 Stunden brauchen, um sich am Leben zu erhalten, Geschichte machen. Als solche Tätigkeit aber ist die Arbeit Gebrauchswert für das Kapital:

„Was auf Seite des Kapitals als Mehrwert erscheint, erscheint exakt auf Seite des Arbeiters als Mehrarbeit über sein Bedürfnis als Arbeiter hinaus, also über sein unmittelbares Bedürfnis zur Erhaltung seiner Lebendigkeit hinaus. Die große geschichtliche Seite des Kapitals ist diese *Surplusarbeit,* überflüssige Arbeit vom Standpunkt des bloßen Gebrauchswerts, der bloßen Subsistenz aus, zu *schaffen,* und seine historische Bestimmung ist erfüllt, sobald einerseits die Bedürfnisse soweit entwickelt sind, daß die Surplusarbeit über das Notwendige hinaus selbst allgemeines Bedürfnis ist, aus den individuellen Bedürfnissen selbst hervorgeht, – andrerseits die allgemeine Arbeitsamkeit durch die strenge Disziplin des Kapitals, wodurch die sich folgenden Geschlechter durchgegangen sind, entwickelt ist als allgemeiner Besitz des neuen Geschlechts, – endlich durch die Entwicklung der Produktivkräfte der Arbeit, die das Kapital in seiner unbeschränkten Bereicherungssucht und den Bedingungen, worin es sie allein realisieren kann, beständig voranpeitscht, soweit gediehen ist, daß der Besitz und die Erhaltung des allgemeinen Reichtums einerseits nur eine geringe Arbeitszeit für die ganze Gesellschaft erfordert und die arbeitende Gesellschaft sich wissenschaftlich zu dem Prozeß ihrer fortschreitenden Reproduktion, ihrer Reproduktion in stets größrer Fülle verhält; also die Arbeit, wo der Mensch in ihr tut, was er Sachen für sich tun lassen kann, aufgehört hat. Kapital und Arbeit verhalten sich demnach hierin wie Geld und Ware; ist das eine die allgemeine Form des Reichtums, die andre nur die Substanz, die unmittelbare Konsumtion bezweckt. Als das rastlose Streben nach der allgemeinen Form des Reichtums treibt aber das Kapital die Arbeit über die Grenzen ihrer Naturbedürftigkeit hinaus und schafft so die materiellen Elemente für die Entwicklung der reichen Individualität, die ebenso allseitig in ihrer Produktion als Konsumtion ist und deren Arbeit daher auch nicht mehr als Arbeit, sondern als volle Entwicklung der Tätigkeit selbst erscheint, in der die Naturnotwendigkeit in ihrer unmittelbaren Form verschwunden ist; weil an die Stelle des Naturbedürfnisses ein geschichtlich erzeugtes getreten ist. Daher ist das *Kapital produktiv; d. h. ein wesentliches Verhältnis für die Entwicklung der gesellschaftlichen Produktivkräfte.* Es hört erst auf als solches zu sein, wo die Entwicklung dieser Produktivkräfte selbst an dem Kapital selbst eine Schranke findet." (Ro/230-231)

Nur insofern sie einen Zustand herbeiführt, worin „die Arbeit, wo der Mensch in ihr tut, was er Sachen für sich tun lassen kann, aufgehört hat", ist die Mehrarbeit gerechtfertigt und Gebrauchswert. Das in solcher Konzentration inzwischen schwer genießbar gewordene Pathos, von welchem hier die Arbeit – mag sie auch ihre eigene Abschaffung bezwecken – trieft, wird übrigens bei Marx gleich zurückgenommen durch seinen beißenden Spott an den Bürgern, die aus Geschäftsgründen dies bittere historische Entwicklungsprinzip als sittliche Norm predigen, und durch seine Sympathie für die freien Neger von Jamaica, welche „sich damit begnügen, das für ihren eignen Konsum strikt Notwendige zu produzieren und als den eigentlichen Luxusartikel neben diesem ‚Gebrauchswert' die Faulenzerei selbst betrachten" (Ro/232) und auf diese Weise den Ruin der englischen Pflanzer bewirken.

Das Kapital setzt die Arbeit zwar als Zwangsarbeit, aber als vermittelte Zwangsarbeit, als solche, die durch den historischen Zweck der Abschaffung ihrer selbst vermittelt ist. Sie stellt sich daher nicht mehr, wie in vorkapitalistischen Epochen, wesentlich in Gegenständen der unmittelbaren individuellen Konsumtion dar, und dies unterscheidet sie von der Sklavenarbeit: „Der unmittelbaren Zwangsarbeit steht der Reichtum nicht als Kapital gegenüber, sondern als *Herrschaftsverhältnis;* es wird daher auf ihrer Basis auch nur das Herrschaftsverhältnis reproduziert, für das der Reichtum selbst nur Wert als Genuß hat, nicht als Reichtum selbst, das daher auch nie die *allgemeine Industrie* schaffen kann" (Ro/232). Es zeichnet den kapitalistischen Reichtum gerade aus, daß sein Inhalt nicht unmittelbar Genuß ist, sondern geschichtlicher Fortschritt, der sich freilich wieder am Genuß bemessen lassen muß. *Durchs Kapital gesetzter Gebrauchswert ist also solcher, dessen Verwirklichung noch aussteht:* die Abschaffung von notwendiger Arbeit und damit von Not, Unterdrückung und Ausbeutung überhaupt. Das Kapital ist nur deshalb eine bestimmte Form seines Gegenteils, der Arbeit als seines Gebrauchswerts, weil es die Arbeit unter die Bestimmungen der Abschaffung ihrer selbst setzt. Weil sie sich von dieser gesellschaftlichen, historischen, geschichtsphilosophischen, und das heißt: hinsichtlich Sinn, Zweck, Absicht und Ziel für die betroffenen lebendigen Menschen auskunftpflichtigen Bestimmung der Arbeit und ihrer materiellen Produkte nichts träumen lassen, nennt Marx die moderneren Ökonomen „rein flache Einfaltspinsel" (Ro/232). Im Keim aber ist die Unfähigkeit der Bürger, Rechenschaft darüber abzulegen, was die materielle Produktion eigentlich mit dem gesellschaftlichen Leben der Menschen zu tun haben soll, schon bei Ricardo angelegt: „Daher bei ihm der absolute Gegensatz zwischen value und Reichtum" (Ro/232), den noch heute nicht wenige Marxisten, die, wenn sie Marx lasen, immer nur Ricardo verstanden, für der Weisheit letzten Schluß halten. Bei Ricardo wird

„Lohnarbeit und Kapital als natürliche, nicht bestimmt historische Gesellschaftsform für die Erzeugung des Reichtums als Gebrauchswert gefaßt, d. h. ist ihre Form als solche, eben weil natürlich, *gleichgültig* und wird nicht in ihrer *bestimmten* Beziehung zur Form des Reichtums gefaßt, wie der Reichtum selbst, in seiner Form als Tauschwert, als bloß formelle Vermittlung seines stofflichen Bestehns erscheint; daher der bestimmte Charakter des bürgerlichen Reichtums nicht begriffen – eben weil er als adäquate Form des Reichtums überhaupt erscheint, und daher auch *ökonomisch,* obgleich vom Tauschwert ausgegangen wird, die *bestimmten ökonomischen Formen des Austauschs* selbst gar keine Rolle in seiner Ökonomie spielen, sondern immer nur von Verteilung des allgemeinen Produkts der Arbeit und der Erde unter den drei Klassen gesprochen, als ob es sich in dem auf den *Tauschwert* gegründeten Reichtum nur um den *Gebrauchswert* handelte und der Tauschwert nur eine zeremonielle Form wäre, die bei Ricardo ganz so verschwindet, wie das Geld als Zirkulationsmittel im Austausch. Um die wahren Gesetze der Ökonomie geltend zu machen, liebt er es daher auch, auf dies Verhältnis des Geldes als bloß formellen sich zu beziehn. Daher auch seine Schwäche in der eigentlichen Lehre vom Geld selbst." (Ro/236-237)

Weil der durchs Kapital gesetzte Gebrauchswert – die sukzessive Abschaffung der Arbeit durch die Arbeit selbst – nicht mit dem trivialen Gebrauchswert – Gegenständen der unmittelbaren Konsumtion – identisch ist, ist kapitalistischer Reichtum nicht der Gegenstand als solcher, sondern der Gegenstand als Mehrarbeit setzender und aufsaugender: der Gegenstand in seiner bestimmten ökonomischen Form – der Gegenstand als Kapital. Weil der durchs Kapital gesetzte Gebrauchswert die tendenzielle Abschaffung der Arbeit ist, ist er gerade dort partikular und widersprüchlich, d. h. im Widerspruch zu denen, die ihn produzieren müssen, realisiert, wo *nichts* produziert wird. Seine revolutionäre Verwirklichung wäre daher seine Befreiung aus bloß partikularer und widersprüchlicher Existenz. Darauf muß nachdrücklich hingewiesen werden, seit Politiker, die sich für Kommunisten halten, das Telos der Revolution dahin pervertiert haben, daß nicht mehr die Selbstbefreiung der Arbeiter von ihrer erbärmlichen Existenz, sondern deren metaphysische Beweihräucherung auf der Tagesordnung steht. Entgegen dem bürgerlich-materialistischen Irrtum, den Gebrauchswert mit den unmittelbar handgreiflichen Produkten zu verwechseln – ein Irrtum, der sich stets einstellt, wenn der Bürger, der zuvor nur mit Geld rechnete, die nicht sonderlich originelle Entdeckung macht, daß von Scheinen und Münzen noch keiner satt geworden ist –, besteht Marx darauf,

„daß der Reichtum als solcher, i. e. der bürgerliche Reichtum immer in der höchsten Potenz ausgedrückt ist in dem Tauschwert, wo er als *Vermittler* gesetzt, als die Vermittlung der Extreme von Tauschwert und Gebrauchswert selbst... Der *Reichtum als solcher* repräsentiert sich am distinktesten und breitesten, je weiter er von der unmittelbaren Produktion entfernt und selbst wieder vermittelt zwischen Seiten, die jede für sich betrachtet schon als ökonomische Formbeziehungen gesetzt sind." (Ro/237-238)

Marx hat daher mit der bürgerlich-groben Unterscheidung von Gebrauchswert und Tauschwert, die in der faschistischen Demagogie gegen das ‚raffende' und dem Votum für das ‚schaffende' Kapital einen politisch wirksamen Ausdruck fand, nichts zu schaffen. „*Kapital ist die unmittelbare Einheit* von Produkt und Geld oder besser von Produktion und Zirkulation. So ist es wieder selbst ein *Unmittelbares* ..." (Ro/238). Voraussetzung dafür, es als Vermitteltes zu begreifen, ist, daß man es als Unmittelbares überhaupt zur Kenntnis nimmt. Dann stellt sich die Unterscheidung von Gebrauchswert und Wert am Material überhaupt erst als Problem, als schwierige und mühselige Aufgabe dar, die mit der bloßen Existenz jener Distinktion als solcher zwar richtig gestellt, aber noch lange nicht gelöst ist. Daß der Begriff ‚Gebrauchswert' für selbstverständlich gilt und einfach handfeste Gegenstände bezeichnet, ist bei Marx daher nicht die Regel, sondern geschieht nur auf ausdrücklichen Hinweis wie beispielsweise diesen: „Als Gebrauchswert ist in dem jetzigen

Verhältnis einstweilen nur noch bestimmt, was der Arbeiter konsumiert, um sich am Leben als Arbeiter zu erhalten" (Ro/239).[50]

7. Natur und Gesellschaft II

(Gebrauchswert ist ein Gegenstand, an dem die Geschichte als Prozeß erloschen und gegenständlich geworden ist: Natur im Sinne von unmittelbarer Voraussetzung. Diese unmittelbare Voraussetzung ist aber nur Gebrauchswert, wenn sie Moment der durchs Kapital gesetzten Arbeit ist, also fernere Geschichte vermittelt.)

Die lebendige Arbeit ist der Gebrauchswert für das Kapital. Sie ist Gebrauchswert für das gesellschaftliche Verhältnis durch Eigenschaften, die ihr von Natur aus zukommen – unter der logischen Einschränkung freilich, daß *„alle Naturkräfte der gesellschaftlichen Arbeit* ... selbst historische Produkte" (Ro/304) sind. Ihre natürliche Regenerationsfähigkeit wurde im vorangegangenen Abschnitt erwähnt. Eine weitere Naturqualität der lebendigen Arbeit besteht darin, daß sie sich zu ihren materiellen Voraussetzungen, wie sehr durch Arbeit vermittelt diese ihrerseits schon sein mögen, im Akt des Vollzugs stets als zu unmittelbar gegebenen verhält. Historischer Fortschritt ist nur möglich, weil das mühselige Werden einer Errungenschaft im Resultat erloschen ist und daher nicht immer wieder von neuem unter den ursprünglichen Schwierigkeiten reproduziert werden muß. Nur weil die Arbeit sich zu ihren Voraussetzungen so gedankenlos verhält, als wären sie ein Geschenk der Natur, weil sie diese als selbstverständliche Naturvoraussetzung ihrer selbst behandelt, kann sie Geschichte machen.[51] Wenn also die Vermittlung eine Voraussetzung der Unmittelbarkeit ist, so ist umgekehrt auch die Unmittelbarkeit eine Voraussetzung der Vermittlung.

Andererseits ist das Resultat der durchs Kapital gesetzten Arbeit nur dann ein bestimmtes, ein Produkt, wenn es von neuem in die materielle Produktion eingeht. Das vergangene Werden eines Produkts wird solches erst dadurch, daß es nun als gegenständliche Voraussetzung in den von ihm selbst erweiterten Produktionsprozeß eingeht. Nur als Moment künftiger produktiverer Arbeit ist die vergangene als Arbeit, nicht als beliebige Naturwirkung überhaupt gesetzt. Der Gebrauchswert der vergangenen und vergegenständlichten Arbeit erhält sich nur, insofern der Gegenstand gegenständliches Moment neuer, zusätzlichen, größeren Gebrauchswert produzierender lebendiger Arbeit wird. Die Fähigkeit der lebendigen Arbeit, den Gebrauchswert der vergangenen zu erhalten, wiederum ist insofern eine Natureigenschaft der Arbeit, aber eine Natureigenschaft der vom Kapital gesetzten Arbeit, als sie vom Kapital selbst gesetzte selbstverständliche logische Voraussetzung desselben ist: Gebrauchswert par excellence ist die als Mehrarbeit gesetzte Arbeit. Nur als deren Moment ist auch ein Gegenstand Gebrauchswert, sei er nun seinerseits schon durch Arbeit vermittelt oder nicht. Nur als deren Moment ist daher auch das Produkt vorangegangener Arbeit Gebrauchswert. Weil sie mit dem Kapitalverhältnis selbst schon logisch vorausgesetzt ist, wird „diese belebende Naturkraft der Arbeit ..., wie jede Natur- oder gesellschaftliche Kraft der Arbeit, die nicht Produkt frührer Arbeit, oder nicht das Produkt solcher frühren Arbeit, die wiederholt werden muß (z. B. die geschichtliche Entwicklung des Arbeiters etc.), *Kraft des Kapitals,* nicht der Arbeit. Also auch nicht vom Kapital gezahlt. So wenig wie dem Arbeiter bezahlt wird, daß er denken kann etc." (Ro/263). Als logische Beziehung, als welche die Fähigkeit der Arbeit, Gebrauchswert zu erhalten, Naturkraft ist, ist sie in der folgenden Formulierung ausgedrückt: Allein dadurch, daß die Resultate vergangener Arbeit mit der lebendigen Arbeit in Kontakt kommen, „als ihr Mittel und Gegenstand gesetzt und so als Vergegenständlichung der lebendigen Arbeit, Momente der Arbeit selbst gesetzt sind, werden sie erhalten nicht der Form, aber der Substanz nach und, ökonomisch betrachtet, ist vergegenständlichte Arbeitszeit ihre Substanz" (Ro/265). Die Beziehung der lebendigen zur vergegenständlichten Arbeit erscheint hier aber als nur stoffliches Verhältnis und die eine von der anderen nur temporal verschieden. So logisch wie sie ist, so tautologisch ist sie auch. Die Gleichung geht zwar immer auf, führt aber zu keinem Resultat, weil die Arbeit in ihr nicht qualitativ bestimmt ist. Daß solche gleichgültige Arbeit als vergegenständlichte im Mittel und Gegenstand lebendiger Arbeit schon enthalten ist, ist in dieser Beziehung nur logisch vorausgesetzt. Sie enthält aber kein Kriterium, darüber zu befinden, ob das in Wirklichkeit so ist. Für die Arbeit als stoffliche Bestimmung zählt der Gegenstand als unmittelbarer, dessen Herkunft gleichgültig ist. Die Kontinuität des Arbeitsprozesses, welcher als Naturkraft die Erhaltung des Gebrauchswerts garantiert, liegt also gerade nicht in der logischen Beziehung selbst. Sie ergibt sich vielmehr erst durch einen der logischen, naturhaften Beziehung äußeren Zweck, im Hinblick auf welchen die Sequenz von lebendiger und vergegenständlichter Arbeit eine vernünftige Folge von stets brauchbarer werdender Natur ist:

„Eine Spindel erhält sich nur als Gebrauchswert, indem sie zum Spinnen vernutzt wird. Sonst wäre durch die bestimmte Form, die hier am Eisen und Holz gesetzt wird, sowohl die Arbeit, die sie setzte, als der Stoff, an dem sie sie setzte, verdorben zum Gebrauch. Nur indem sie als Mittel der lebendigen Arbeit, als ein gegenständliches Daseinsmoment ihrer Lebendigkeit gesetzt wird, wird der Gebrauchswert von Holz und Eisen, ganz ebenso wie ihre Form erhalten." (Ro/267-268)

Mit der lebendigen Arbeit ist aber hier, wenn die abschließende Formulierung einen Sinn haben soll, nicht deren stoffliche, sondern deren gesellschaftliche, durchs Kapitalverhältnis gesetzte Bestimmung gemeint. Nur wenn die Arbeit ihrerseits schon bestimmt ist, ist sie auf bestimmte Voraussetzungen angewiesen; nur dann sind bestimmte Arbeitsprodukte bestimmte gegenständliche Daseinsmomente ihrer Lebendigkeit. Nur wenn die Arbeit gesellschaftlich bestimmt, also durchs Kapitalverhältnis als solche gesetzt ist, die ihre eigene Abschaffung bezweckt — nur dann ist die Einheit und Kontinuität aller Arbeit gestiftet, welche wiederum die Voraussetzung dafür ist, die sukzessiven Stufen ihres Prozesses als solche wachsender Annäherung an ihren letzten Zweck und nicht als beliebige und wahllose Folge zu begreifen. So ist die Naturkraft der lebendigen Arbeit, den Gebrauchswert der vergangenen zu erhalten, durchaus nicht unverwüstliche Natur — mit welchem Irrtum man sich heute allerdings gern trösten möchte — sondern ein außerordentlich zerbrechliches gesellschaftliches Verhältnis.

Die gesellschaftlichen Bedingungen, unter denen Marx ontologisch klingende Urteile über die Natur irgendwelcher Dinge abgibt, sind daher stets mitzudenken, wenn die Kritik an der Gesellschaft nicht in den blinden Glauben an das Gute im Menschen, in der Natur und schließlich im Kapitalverhältnis selbst pervertiert werden soll. Die offenkundige Tatsache, daß letzteres nicht mehr widersprüchlich — gute Produktivkraft und schlechtes Produktionsverhältnis —, sondern komplett und ohne dialektische Einschränkung schlecht ist, werden nicht wenige Marxisten als Allerletzte bemerken, weil sie sich mit unverstandenen Marxschen Formulierungen ein Sensorium zurechtbasteln, mit welchem sie in der Welt herumstolpern wie die Gelehrten im Märchen von des Kaisers neuen Kleidern, deren schlichte Nicht-Existenz kein Mensch bemerkt.

Nur als gesellschaftlich bestimmte ist die Arbeit von beliebiger Wirkung irgendwelcher Natur überhaupt verschieden. Nur als bestimmte, zweckmäßige und von den Menschen gewollte ist die Form, die an einem Produkt durch weitere Arbeit gesetzt wird, von der verschieden, die es im natürlichen Prozeß der Zersetzung, Auflösung, Verfaulung annehmen würde. Nur im Hinblick auf die bestimmte Form, die es schließlich annehmen soll, ist es selbst schon bestimmte, zweckmäßigere oder weniger zweckmäßige Form. Nur im Hinblick auf menschliche Zwecke schließlich ist die durch Arbeit an einem

Stück Natur gesetzte Form diesem nicht äußerlich und damit auch gleichgültig und beliebig:

„Aus [der] bloß vergegenständlichten Arbeitszeit, in deren dinglichem Dasein die Arbeit nur noch als verschwundne, als *äußerliche Form* ihrer natürlichen Substanz besteht, die dieser Substanz selbst äußerlich ist (z. B. dem Holz die Form des Tisches, oder dem Eisen die Form der Walze), als bloß existierend in der äußren Form des Stofflichen, entwickelt sich die Gleichgültigkeit des Stoffs gegen die Form; sie erhält sie durch kein lebendiges, immanentes Gesetz der Reproduktion, wie der Baum z. B. seine Form als Baum erhält (das Holz erhält sich als Baum in bestimmter Form, weil diese Form eine Form des Holzes ist; während die Form als Tisch dem Holz zufällig ist, nicht die immanente Form seiner Substanz), sie existiert nur als dem Stofflichen äußre Form, oder sie existiert selbst nur stofflich. Die Auflösung, der ihr Stoff daher ausgesetzt ist, löst sie ebenso auf. Aber als Bedingungen der lebendigen Arbeit gesetzt, werden sie selbst wieder beseelt. Die vergegenständlichte Arbeit hört auf, tot an dem Stoff als äußre, gleichgültige Form zu existieren, da sie selbst wieder als Moment der lebendigen Arbeit gesetzt ist; als Beziehung der lebendigen Arbeit auf sich selbst in einem gegenständlichen Material, als *Gegenständlichkeit* lebendiger Arbeit (als Mittel und Objekt) (die *gegenständlichen* Bedingungen der lebendigen Arbeit). Indem so die lebendige Arbeit durch ihre Verwirklichung im Material dieses selbst verändert, eine Veränderung, die durch den Zweck die Arbeit bestimmt, und die zweckmäßige Tätigkeit derselben – (eine Veränderung, die nicht wie im toten Gegenstand das Setzen der Form als äußerlich dem Stoff, bloßer verschwindender Schein seines Bestehns) –, wird das Material so in bestimmter Form erhalten, der Formwechsel des Stoffs dem Zweck der Arbeit unterworfen. Die Arbeit ist das lebendige, gestaltende Feuer; die Vergänglichkeit der Dinge, ihre Zeitlichkeit, als ihre Formung durch die lebendige Zeit." (Ro/265-266)

Damit nun aber der Gebrauch, den die lebendige Arbeit von den Produkten macht, sich von der zerstörenden Wirkung bloßer Naturprozesse, welcher sie ohnedies unterworfen wären, unterscheide, ist vorausgesetzt, daß die Arbeit nicht selbst nur blinder Naturprozeß ist, sondern sich auf allen ihren Stufen auf menschliche Zwecke bezieht. Auf allen Zwischenstufen der Produktion, „in allen diesen subsequenten Prozessen hat der Stoff eine nützlichere Form erhalten, weil eine ihn mehr dem Konsum aneignende; bis er zuletzt die

Form erhalten, worin er direkt Gegenstand desselben werden kann, wo also die Aufzehrung des Stoffs und die Aufhebung seiner Form menschlicher Genuß wird, seine Veränderung sein Gebrauch selbst ist" (Ro/266). Nur dann ist die Arbeit ‚das lebendige, gestaltende Feuer; die Vergänglichkeit der Dinge, ihre Zeitlichkeit, als ihre Formung durch die lebendige Zeit', wenn sie durch den Genuß — die Produktion oder Konsumtion von Arbeit befreiter lebendiger Menschen — als ihren Zweck bestimmt ist. Nur also wenn die Arbeitszeit ein ihr transzendentes Maß hat, ist sie lebendige Zeit und als Geschichte von der reinen Zeitlichkeit verschieden.[52] Der gesellschaftliche Zweck der Produktion als Telos der Geschichte stiftet die Einheit der verschiedenen Verrichtungen, aus denen die Arbeit stofflich besteht und in welche moderne Rationalisierungsverfahren sie zerlegen.[53] Die Folge der stofflichen Verrichtungen — abstrakte Naturprozesse wie Arm anwinkeln, Arm strecken usw. — geschieht zwar immer in der Zeit. Erst durch den menschlichen Zweck aber, welcher die Einheit der Verrichtungen stiftet und daher die Voraussetzung ist, sie zu unterscheiden, wird aus der reinen Zeitlichkeit Geschichte: zeitliche Abfolge qualitativ verschiedener Dinge. Der menschliche Zweck stellt die Identität der Arbeit her, ihre bestimmte Verschiedenheit von beliebiger anderer Wirkung oder Bewegung und schafft so erst die Voraussetzung, beispielsweise die im Rohstoff enthaltene Arbeit von der im Halbfabrikat vergegenständlichten zu unterscheiden und beide zu vergleichen. Führt ein Arbeitsprozeß nirgends zur Realisierung seines Zwecks, oder wird er vor dem Erreichen desselben abgebrochen, so ist sein Produkt kein Gebrauchswert, weil es, als für den Genuß noch unfertig, „nur noch Gebrauchswert ist in bezug auf den Gebrauch, den die fernere Arbeit davon macht" (Ro/266). So bleibt die Entscheidung, ob eine menschliche Tätigkeit Arbeit war, stets so lange in der Schwebe, bis ihr Produkt genossen wurde.

Im Kapitalverhältnis wird diese Entscheidung noch prekärer. Nicht unmittelbarer Genuß stiftet hier Zweck und Identität der Arbeit, sondern die endgültige Befreiung von als notwendige Arbeit gesetzter kreatürlicher Not: die Geschichte, wie die Arbeit in der Zeit gemäß ihrem Zweck produziert, nimmt historische Dimensionen an.[54] Weil die Arbeit ihren durchs Kapitalverhältnis gesetzten Zweck unter eben diesem Kapitalverhältnis nicht erreichen kann – es setzt die Arbeit nur als Befreiung von kreatürlicher Not, indem es den Arbeiter als bedürftige Kreatur setzt –, wird die Realisierung ihres Gebrauchswerts zur politischen Frage, ob die sozialistische Revolution gemacht wird oder nicht. Wenn nicht, so ist auch alle bislang geleistete Arbeit vertan und alle Schinderei war umsonst. Nur wenn ein Produkt gegenständliches Moment der lebendigen Arbeit wird – so wurde argumentiert –, nur dann wird der Gebrauchswert der in ihm schon vergegenständlichten Arbeit erhalten. Lebendige Arbeit aber ist – daran muß jetzt erinnert werden – durchs Kapitalverhältnis *verlebendigte* Arbeit: solche, die sich nicht in der Reproduktion ihrer Existenzbedingungen, des Naturzustands erschöpft; sie ist Arbeit als freie Tätigkeit. Nur durch ihre Freiheit, die Natur im Hinblick auf menschliche Zwecke zu verändern, ist Arbeit die Formung der Natur durch die ‚lebendige Zeit'. So ist die lebendige Arbeit in sich widersprüchlich: Arbeit und freie Tätigkeit zugleich. Nur dann, wenn ein Produkt gegenständliches Moment solcher Arbeit wird, die freie Tätigkeit ist, nur dann – so wäre das zentrale Argument zu präzisieren – wird der Gebrauchswert der in ihm schon vergegenständlichten Arbeit erhalten: nur dann hat sich der Gebrauchswert der lebendigen Arbeit überhaupt vergegenständlicht; nur dann ist die lebendige Arbeit überhaupt welche gewesen. So muß die durchs Kapital gesetzte Arbeit notwendig zu einem Zustand führen, in welchem freie Produzenten ihre Geschichte machen – wenn jemals irgendeine Arbeit oder ihr Produkt Gebrauchswert gehabt haben soll.[55] Schlüssig und mit Sicherheit ist über den Gebrauchswert daher nur retrospektiv nach der gelungenen Revolution zu urteilen. Einstweilen setzt ein solches Urteil deren Antizipation voraus, und so wenig wie für deren reales Eintreffen gibt es für die Richtigkeit von jenem eine Garantie.[56] Wenn Marx schreibt: „Das Material, sowohl wie die Form ... wird erhalten durch die fernere Arbeit — als Gebrauchswert erhalten, bis sie die Gestalt des Gebrauchswerts als solchen erhalten, dessen Gebrauch die Konsumtion ist" (Ro/267), so klingt diese Formulierung, isoliert genommen, wie die ökonomische Version des aus den Naturwissenschaften bekannten Konstanzprinzips. Nur wird die Erhaltung des Gebrauchswerts eben durch kein unverbrüchliches Naturgesetz garantiert, sondern durch vernünftige Geschichte, deren Identität der menschliche Zweck konstituiert. Es ist zwar „die lebendige Arbeit, die den Gebrauchswert des unvollendeten Arbeitsprodukts erhält, dadurch, daß sie es zum Material einer weitern Arbeit macht. Sie erhält es aber nur dadurch, d. h. schützt es nur dadurch vor der Unbrauchbarkeit und dem Vergehn, daß sie es ihrem Zweck gemäß bearbeitet, überhaupt zum Objekt neuer lebendiger Arbeit macht" (Ro/267). Die lebendige Arbeit ist dabei solche, welche die Natur sukzessive menschlich macht, wobei sie selbst ihre Qualität verändert. Als freie Tätigkeit ist sie auch schon ein Moment von Genuß, und insofern haben ihre gegenständlichen Voraussetzungen unmittelbar Gebrauchswert. Immerhin ist es denkbar, daß die Verwirklichung Fourierscher Entwürfe außer der Mühe auch Freude bereiten könnte, obgleich dieser Gedanke heute, wo selbst revolutionäre oder künstlerische Tätigkeit nichts als erdrückende Schinderei ist, von der Vorstellungskraft kaum erreicht werden kann. Marxens Zurückhaltung, den Bruch zwischen Arbeit als Naturnotwendigkeit und freier Tätigkeit, in welchen die lebendige Arbeit zerfällt, auszudenken, ist heute aktueller denn je.

Wie immer das gebrochene Verhältnis von Arbeit und freier Tätigkeit in der „zweckmäßigen, lebendigen Arbeit" (Ro/267) beschaffen sein mag — so viel steht fest: nur wenn die Arbeit zumindest auch freie Tätigkeit ist, ist sie lebendige Arbeit und verfügt über deren Kraft, den Gebrauchswert vergangener Arbeit zu erhalten. Freie Tätigkeit aber sind die stofflichen Verrichtungen, aus welchen der Arbeitsprozeß besteht, nur als unter spezifisch gesellschaftliche Bestimmungen gesetzte. Diese wiederum gehen die durchs Kapital gesetzte Arbeit, wo sie wirklich tätig wird, nichts an. Das Kapital reduziert gerade die Beziehung der Arbeit zu ihren gegenständlichen Voraussetzungen im unmittelbaren Produktionsprozeß auf ein rein stoffliches Verhältnis.[57] Nur im unmittelbaren Produktionsprozeß aber kann die lebendige Arbeit ihre den Gebrauchswert erhaltende Kraft entfalten. Weil also die Arbeit diese Kraft nur im wirklichen Produktionsprozeß entwickelt, wo sie dem Kapital schon gehört, erscheint sie als „Selbsterhaltungskraft des Kapitals" (Ro/269). Das Kapitalverhältnis als einen vernünftigen Zweck der Arbeit bestimmendes Produktionsverhältnis vorausgesetzt, fällt das Erhalten des Gebrauchswerts vergangener Arbeit

„rein in die stoffliche Rolle, die die Arbeit im Produktionsprozeß ihrer Natur nach spielt; in ihren Gebrauchswert. Als Gebrauchswert gehört die Arbeit aber dem Kapitalisten; als bloßer Tauschwert dem Arbeiter. Ihre lebendige Qualität im Produktionsprozeß selbst, die vergegenständlichte Arbeitszeit dadurch zu erhalten, daß sie dieselbe zur gegenständlichen Daseinsweise lebendiger Arbeit macht, geht den Arbeiter nichts an. *Diese Aneignung, wodurch im Produktionsprozeß selbst die lebendige Arbeit Instrument und Material* zum Leibe ihrer Seele macht und dadurch von den Toten auferweckt, steht in der Tat im Gegensatz dazu, daß die Arbeit gegenstandslos oder nur in unmittelbarer Lebendigkeit Wirklichkeit im Arbeiter [ist] – und Arbeitsmaterial und Instrument als für sich selbst seiende im Kapital existieren... Der Verwertungsprozeß des Kapitals geht durch den und im einfachen Produktionsprozeß vor sich, dadurch daß die lebendige Arbeit in ihre naturgemäße Beziehung zu ihren materiellen Daseinsmomenten gesetzt wird. Aber soweit sie in diese Beziehung tritt, existiert diese Beziehung nicht für sie selbst, sondern für das Kapital; ist sie selbst schon Moment des Kapitals." (Ro/269-270)

Das Kapital lebt von einer Kraft der Arbeit, die es selbst als Naturkraft, d. h. als stillschweigend miteinbegriffene Voraussetzung setzt. Die begriffslose, stumme, stillschweigend miteinbegriffene Voraussetzung aber beinhaltet nur so lange einen Zweck der Produktion, welcher die Einheit und damit die den Gebrauchswert erhaltende Naturkraft der Arbeit stiftet, als in ihr selbst noch die Erinnerung an einen *erklär-*

ten Zweck und an eine bewußte Absicht der Produktion nachklingt. Eben diese zerstört das Kapital, insofern es die gesellschaftliche Fähigkeit der Menschen, ihre stoffliche Tätigkeit unter eigene Zwecke zu setzen, in eine Naturkraft, in ein rein stoffliches Verhältnis der Arbeit verzaubert. Lebt also das Kapital von der Naturkraft der lebendigen Arbeit, so kann es diese doch nur als unmittelbare Lebendigkeit dulden, die in solcher Unmittelbarkeit mit dem Stofflichen wieder zusammenfällt, insofern sie selbst nur stofflich von ihren gegenständlichen Voraussetzungen verschieden ist. Nur als gesellschaftlich bestimmte, gesetzten Zwecken gehorchende, vermittelte aber – in einer Beziehung, worin sie sich vom Stofflichen unterscheidet – gewinnt die Lebendigkeit jene Eigengesetzlichkeit, kraft derer sie das Produkt vergangener Arbeit durch neue Arbeit als Gebrauchswert erhält. Die darin implizierte Beziehung auf Bedürfnisse und Zwecke lebendiger, geschichtlich entwickelter Menschen, durch welche sich Arbeit überhaupt von willkürlicher, naturwüchsiger und beliebiger Wirkung unterscheidet, wird daher vom Kapitalverhältnis allmählich kassiert. Die Automatisierung des geschichtlichen Fortschritts dadurch, daß er an die Gesetzmäßigkeit der einfachen, physischen Reproduktion gekettet wird, macht aus ganz bestimmten Fähigkeiten der gesellschaftlichen Arbeit Naturkräfte, die gratis zu haben sind und nicht einmal mehr die Mühe kosten, einige Worte darüber zu verlieren. Der Preis für dieses Geschenk aber ist, wenn das Kapital kein vorübergehendes Verhältnis bleibt, sondern sich niederläßt, daß der Fortschritt einer hin zur Katastrophe wird. Was der Fortschritt durch seine Automatisierung an Zuverlässigkeit gewinnt, insofern seine Kontinuität von der Rücksicht auf die Absichten und Zwecke der Individuen dispensiert ist, bezahlt er mit seinem Leben. Die gleiche gesellschaftliche Maschinerie, die den Fortschritt rastlos und unerbittlich vorantreibt, weil sie die Mehrarbeit zur Bedingung der notwendigen Arbeit macht, vernichtet am Ende die Arbeit überhaupt, insofern sie den menschlichen Zweck liquidiert, unter welchen gesetzt die stoffliche Tätigkeit der Menschen, die

Verausgabung von Muskel- und Nervenkraft allein Arbeit ist: „In fact ist ja dieser ‚produktive' Arbeiter grade ebenso interessiert an dem Scheißdreck, den er machen muß, wie der Kapitalist selber, der auch den Teufel nach dem Plunder fragt" (Ro/184).

Der durchs Kapitalverhältnis gesetzte Gebrauchswert existiert also gegenständlich nicht in einem beliebig konsumierbaren Produkt, sondern er existiert in einem Produkt nur unter der Bedingung, daß dieses die Menschen von naturnotwendiger Arbeit befreit: „Auf Schaffen disponibler Zeit beruht die ganze Entwicklung des Reichtums" (Ro/301). Positiv heißt das: Entwicklung der Produktivkräfte, also Verlagerung der materiellen Produktion in die Naturprozesse hinein, damit dereinst „die Arbeit, wo der Mensch in ihr tut, was er Sachen für sich tun lassen kann, aufgehört hat" (Ro/231); negativ aber: Entwicklung von Arbeit verschiedener, also freier Tätigkeit. So ist der vom trivialen Gebrauchswert verschiedene, durchs Kapital gesetzte Gebrauchswert in sich selbst noch einmal unterschieden. Insofern das Kapital beständig die notwendige Arbeit zu reduzieren trachtet, ist es historische Produktivkraft. Insofern es gleichzeitig die Mehrarbeit als Bedingung der notwendigen, als pure Lebensnotwendigkeit für den Arbeiter, als Naturnotwendigkeit setzt, findet kein wirklicher Fortschritt statt, sondern nur Fortschritt als Möglichkeit der Revolution. Insofern das Kapital den Arbeitstag bis zur physiologischen Grenze ausdehnt, findet sogar historischer Rückschritt statt, weil die wenige disponible Zeit, die sich die Menschen in vorkapitalistischen Epochen bereits erobert hatten, in Arbeitszeit zurückverwandelt wird. In diesem Sinn gehört das Kapitalverhältnis der Vorgeschichte an, in welcher die Produktion von disponibler Zeit, die auch als „Zeit zur Produktion von Wissenschaft, Kunst etc." (Ro/305) betrachtet werden kann, sich stets auf Kosten der Produzenten vollzog:

„Es ist keineswegs der Entwicklungsgang der Gesellschaft, daß weil Ein Individuum seine Not befriedigt hat, es nun seinen Überfluß schafft; sondern weil Ein Individuum oder Klasse von Individuen gezwungen wird, mehr zu arbeiten als zur Befriedigung seiner Not nötig — weil *Surplusarbeit* auf der einen Seite —, wird Nichtarbeit und Surplusreichtum auf der andren gesetzt. Der Wirklichkeit nach existiert die Entwicklung des Reichtums nur in diesen Gegensätzen: der Möglichkeit nach ist eben seine Entwicklung die Möglichkeit der Aufhebung dieser Gegensätze. Oder weil ein Individuum nur *seine eigne* Not befriedigen kann, indem es zugleich die Not und ein Surplus über dieselbe für ein *andres* Individuum befriedigt. Bei der Sklaverei dies brutal. Erst unter der Bedingung der Lohnarbeit führt es zur *Industrie, industriellen Arbeit.*" (Ro/305 Fn.)

Im Kapitalverhältnis also verliert der kontinuierliche Rückschritt, an welchem alle Vorgeschichte ihre Identität hat — daß es den einen stets desto schlechter ging, je besser die anderen lebten —, auf doppelte Weise seine Widersprüchlichkeit: Zum einen, weil die notwendige Arbeit nicht mehr als anderer Mensch, sondern als Sache, als materielle Produktivkraft gesetzt wird; zum anderen aber, weil es keine Person mehr gibt, die von der Ausbeutung anderer profitiert und sich entwickelt. Auf jeden Fall also beendigt das Kapital die Vorgeschichte. Ob danach die Geschichte oder geschichtslose Barbarei anfängt, ist daher die praktisch zu entscheidende Alternative.

8. Vernunft als Pleite

(Der Widerspruch von Produktion und Zirkulation ist die Voraussetzung dafür, daß das Kapital Gebrauchswerte erzeugt.)

Es wurde bereits gezeigt, daß im Produktionsprozeß des Kapitals, wenn dieser mit dem Verwertungsprozeß identisch ist, keine Gebrauchswerte entstehen, obgleich doch *nur* gegenständliche Produkte.[58] Weil diesen, wo die Arbeit Sache war, die Bestimmung menschlicher Zwecke fehlt, war ihr Herstellungsprozeß von der blinden Wirkung der Natur tendenziell ununterscheidbar. In der Wirklichkeit sind die Voraussetzungen dafür, den Produktionsprozeß des Kapitals umstandslos als Verwertungsprozeß zu identifizieren, allerdings erst unter der Herrschaft der Monopole gegeben, deren außerökonomische Macht die Einheit von Produktionsprozeß und Verwertungsprozeß garantiert. Unter Konkurrenzbedingungen hingegen ist der Produktionsprozeß des Kapitals nicht nur Verwertungsprozeß (Werterhaltung und -vervielfältigung), sondern gleichzeitig sein Gegenteil, nämlich Entwertungsprozeß. Das Kapital nimmt darin die Gestalt von Gebrauchsgegenständen an und produziert Waren, die ideell, als Preise, zwar bereits Wert und Mehrwert enthalten, die aber, obgleich ideell Kapital, Ware nicht in der Bestimmung als Ware, sondern als Kapital, das Schicksal der ganz gemeinen Waren teilen, daß ihr Austausch gegen Geld eine dem Zufall überlassene Angelegenheit bleibt. Um sich zu verwerten, d. h. sich als Wert zu erhalten und zu vervielfältigen, muß das Kapital „erst aus der Form von Geld übergehn in die von Gebrauchswerten ...; dadurch aber verlöre es die *Form* als Wert; und muß nun von neuem in die Zirkulation treten, um diese Form des allgemeinen Reichtums von neuem zu setzen. Es ist jetzt nicht mehr einfach als Austauschender, [daß] der Kapitalist in den Zirkulationsprozeß tritt, sondern als *Produzent* gegenüber den andren Austauschenden als *Konsumenten*" (Ro/306). Daß dieser Austausch im Begriff des Kapitals enthalten ist, garantiert sein wirkliches Zustandekommen wenigstens so lange nicht, wie das Kapital noch nicht völlig mit seinem Begriff identisch, in sich selbst noch widersprüchlich ist. Die drei Prozesse, deren Einheit das Kapital bildet — Verwandlung von Geld in Gebrauchsgegenstände für die Produktion (Entwertung); der Produktionsprozeß selbst (Werterhaltung und -vervielfältigung); Verwandlung von Gebrauchsgegenständen in Geld (Realisierung von Wert und Mehrwert durch Austausch) —, „sind äußerliche, Zeit und Raum nach auseinanderliegend... Sie existieren *unabhängig* nebeneinander, trotz ihrer *innern Einheit*, und jeder als Voraussetzung des andren" (Ro/307). Diese Unabhängigkeit der einzelnen Momente des Kapitals gegeneinander, die in

Widerspruch zu deren innerer Einheit steht, bezeichnet genau den Bruch im System, durch dessen Risse der Gebrauchswert Luft schöpfen kann.

In den Widersprüchen zwischen den trotz ihrer inneren Einheit gegeneinander verselbständigten und unabhängigen Momenten erscheint stets wieder der fundierende Gegensatz von Gebrauchswert und Wert. Bei der Betrachtung des Produktionsprozesses des Kapitals als reinen Verwertungsprozesses war der Gebrauchswert hingegen deshalb weder existent noch begrifflich faßbar, weil gegeneinander verselbständigte Momente des Kapitals dort nicht in Erscheinung traten:

„Im Produktionsprozeß selbst – wo das Kapital fortwährend als Wert vorausgesetzt blieb [also der Gegensatz von Gebrauchswert und Wert, deren Verhältnis, unberücksichtigt blieb] – erschien seine *Verwertung* gänzlich abhängig nur vom Verhältnis seiner als vergegenständlichter Arbeit zur lebendigen Arbeit; d. h. vom Verhältnis des Kapitals zur Lohnarbeit. Aber jetzt als Produkt, als Ware erscheint es abhängig von der Zirkulation, die außerhalb dieses Prozesses liegt. (In der Tat, wie wir gesehn haben, in ihn als ihren Grund zurückgeht, aber ebensosehr aus ihm wieder hervorgeht.) Als Ware muß es 1) Gebrauchswert und als solcher Gegenstand des Bedürfnisses, Objekt der Konsumtion sein; 2) gegen sein Äquivalent – in Geld – umgetauscht werden. Im Verkauf kann sich erst der Neuwert realisieren." (Ro/307)

Dort aber – so wäre das Zitat zu ergänzen –, wo die Verwertung des Kapitals „gänzlich abhängig nur vom Verhältnis seiner vergegenständlichten Arbeit zur lebendigen Arbeit; d. h. vom Verhältnis des Kapitals zur Lohnarbeit" erschien, war dies Verhältnis nur noch „die stoffliche Beziehung eines seiner Elemente auf das andre" (Ro/209-210). Dort war das Kapital weder gesellschaftliches Verhältnis noch Produzent von Gebrauchswerten. Das Kapitalverhältnis reduziert den Produktionprozeß auf die stoffliche Beziehung seiner Elemente, lebendiger und vergegenständlichter Arbeit; es reduziert also die materielle Produktion auf blinde, maßlose Bewegung, der jede menschliche Bestimmung als äußere Schranke entgegentreten muß. Nur dann also, wenn die Kapitalverwertung unter eine sie quantitativ und qualitativ beschränkende Bedingung gesetzt ist, die ihrer prinzipiellen Maß- und Ziellosigkeit Widerstand entgegensetzt — und dies tat eben die Zirkulation, solange es sie noch als autonome Sphäre gab —, nur dann bringt sie Produkte hervor, die auch menschlichen Bestimmungen gehorchen.

Der Widerspruch von Zirkulation und Produktion ist wieder der von Gebrauchswert und Tauschwert, wobei die als Konsumtion gefaßte Zirkulation als Gebrauchswert und die als Verwertungsprozeß gefaßte Produktion als Tauschwert gilt, und umgekehrt: wenn das Produkt, obwohl es gebraucht würde, in der Zirkulation kein Äquivalent findet, dann gilt diese als Tauschwert und die Produktion als Gebrauchswert. Beide Sphären enthalten jeweils für sich allein schon Gebrauchswert und Tauschwert — wie Ware und Geld, bei dem man auch wieder den Gebrauchswert, das Gold nicht los wird.[59] In Gegensatz zueinander gesetzt erscheint der innere Gegensatz jeder der beiden Sphären als äußerer zwischen ihnen, nur hängt es dann, anders als bei Ware und Geld, von verschiedenen Umständen ab, welche Sphäre den Gebrauchswert und welche den Tauschwert darstellt:

„Zunächst, ganz oberflächlich betrachtet, ist die Ware nur Tauschwert, insofern sie zugleich *Gebrauchswert,* d. h. Objekt der Konsumtion ist (hier noch ganz gleichgültig, welcher Art von Konsumtion); sie hört auf Tauschwert zu sein, wenn sie aufhört Gebrauchswert zu sein (da sie noch nicht wieder als Geld existiert, sondern in bestimmter mit ihrer natürlichen Qualität zusammenfallenden Daseinsweise). Ihre erste Schranke ist also die *Konsumtion* selbst, das *Bedürfnis für sie.* (Von einem *nicht zahlungsfähigen* Bedürfnis, d. h. einem Bedürfnis nach einer Ware, das nicht selbst eine Ware oder Geld im Austausch zu geben hätte, kann nach den bisherigen Voraussetzungen noch in keiner Weise die Rede sein.) Zweitens aber muß ein Äquivalent für sie vorhanden sein und, da ursprünglich die Zirkulation als feste Größe vorausgesetzt war — als von einem bestimmten Umfang —, andrerseits aber das Kapital im Produktionsprozeß einen Neuwert geschaffen hat, scheint für diesen in der Tat kein Äquivalent vorhanden sein zu können. Indem also das Kapital aus dem Produktionsprozeß heraus- und wieder in die Zirkulation hereintritt, scheint es a) als *Produktion* eine Schranke an der vorhandnen Größe der *Konsumtion* zu finden – oder der *Konsumtionsfähigkeit*. Als ein bestimmter Gebrauchswert ist seine Quantität bis zu einem gewissen Punkt gleichgültig; allein auf einem bestimmten Grade – da es nur ein bestimmtes Bedürfnis befriedigt – hört es auf für die Konsumtion erheischt zu sein. Als *bestimmter, einseitiger, qualitativer* Gebrauchswert, z. B. Getreide, ist seine Quantität selbst nur bis zu einem gewissen Grade gleichgültig; ist es nur in bestimmter Quantität erheischt; d. h. in einem gewissen *Maß* ... b) Als *Neuwert* und *Wert* überhaupt aber scheint es Schranke zu haben an der Größe *vorhandner Äquivalente*, zunächst Geld, nicht als Zirkulationsmittel, sondern als Geld. Der Surpluswert (versteht sich vom ursprünglichen von selbst) erheischt ein Surplusäquivalent. Dies erscheint jetzt als zweite Schranke." (Ro/308-309)

Dies umso mehr, als das Kapital die Zirkulation „als notwendige Bedingung und Moment der ganzen Bewegung" (Ro/ 309) voraussetzt und der Austausch hier eben die Produktion in ihrer Totalität ergreift, keineswegs nur die überflüssigen Produkte. Es läßt sich daran die Bedeutung jener ebenso häufig beschriebenen wie niemals wirklich ernst genommenen Veränderung ermessen, die Horkheimer 1940 lakonisch mit den Worten konstatierte: „Das Dorado der bürgerlichen Existenz, die Sphäre der Zirkulation wird liquidiert."[60]

Der kapitalistische Produktionsprozeß, rein als Verwertungsprozeß gefaßt, kennt weder Maß noch Schranke, insofern sein Zweck die Produktion des Werts, des *allgemeinen* Reichtums ist. Dem Gebrauchswert hingegen ist das Maß inhärent, in welchem Bedürfnis nach ihm besteht. Allein das Maß des Bedürfnisses schon setzt die Maßlosigkeit der Kapitalverwertung unter einschränkende Bedingungen, solange sie Gebrauchswerte produzieren muß. Es drückt sich darin der Widerspruch aus, daß das Kapital den *allgemeinen* Reichtum doch als *besonderes* Produkt produziert. Eben dieser Widerspruch ist für die Existenz des allgemeinen Reichtums konstitutiv. Statt leere Abstraktion zu bleiben, wie heute, wo man statt Reichtum gleich Automobil sagen könnte[61], konkretisierte dieser sich, solange noch Konkurrenz und Zirkulation bestanden, im Zwang fürs Kapital, den Produktionszweig zu wechseln. So waren es eigentlich die Brüche, Pleiten und Krisen, an denen das Kapital seine historische Vernunft hatte. Sie setzen allerdings den Gegensatz von Produktion und Zirkulation in der von Marx bestimmten Weise voraus. Der Widerspruch zwischen dem maßlosen Verwertungsinteresse des Kapitals und den diese Maßlosigkeit beschränkenden Bedingungen erscheint dann darin, daß Zirkulation und Produktion einander alternierend in der Bestimmung des Tauschwerts oder Gebrauchswerts entgegengesetzt sind. Heißt dies einerseits, daß der Gebrauchswert selbst die von der materiellen Produktion scheinbar am weitesten entfernten ökonomischen Formbestimmungen voraussetzt, so heißt dies andererseits, daß der Gebrauchswert die Voraussetzung dafür ist, daß die abstrakteren, den Gebrauchswert nicht mehr unmittelbar enthaltenden ökonomischen Gebilde jene Selbständigkeit besitzen, die sie in Widerspruch zueinander treten läßt. Findet das Produkt kein Bedürfnis, so steht die Produktion als Tauschwert gegen die Zirkulation als Gebrauchswert. Findet das Produkt kein Äquivalent, so steht die Produktion als Gebrauchswert gegen die Zirkulation als Tauschwert. Stets sind es wieder die Kategorien Tauschwert und Gebrauchswert, unter denen die differenzierteren ökonomischen Gebilde in Widerspruch zueinander treten: „Alle Widersprüche der [einfachen] Zirkulation leben wieder auf in neuer Form" (Ro/ 309). Nur bleiben sie dann keine formellen mehr und verlangen also, daß man ihren Gehalt interpretiert:

„Diesmal aber ist dieser Widerspruch gesetzt nicht mehr wie in der Zirkulation nur so, daß er *ein bloß formeller Unterschied* ist, sondern das Gemessensein durch den Gebrauchswert ist hier fest bestimmt als das Gemessensein durch das Gesamtbedürfnis der Austauschenden für dies Produkt – d. h. durch das Quantum der Gesamtkonsumtion. Diese erscheint hier als *Maß* für es als Gebrauchswert und daher auch als *Tauschwert*. In der einfachen Zirkulation war es einfach zu übersetzen aus der Form des besondren Gebrauchswerts in die des Tauschwerts. Seine Schranke erschien nur darin, daß es aus erstrer [kommend], durch seine *natürliche Beschaffenheit* in einer besondren Form, statt in der Wertform existierte, in der es gegen alle andren Waren direkt austauschbar war. Jetzt aber ist gesetzt, daß in seiner *natürlichen Beschaffenheit* selbst das *Maß* seines Vorhandenseins gegeben ist. Um in die allgemeine Form übersetzt zu werden, darf der Gebrauchswert nur in einer bestimmten Quantität vorhanden sein; einer *Quantität, deren Maß nicht in der in ihm vergegenständlichten Arbeit* liegt, sondern *aus seiner Natur als Gebrauchswert* und zwar *als Gebrauchswert für andre* hervorgeht. Andrerseits der Widerspruch früher, daß das für sich seiende Geld dazu fortgehn mußte, sich gegen die lebendige Arbeit auszutauschen, erscheint nun noch größer, indem das Surplusgeld, um als solches zu sein, oder der Surpluswert, sich gegen Surpluswert austauschen muß. Hat als Wert seine Schranke also ebensosehr an der fremden Produktion, wie als Gebrauchswert an der fremden Konsumtion; hier sein Maß an dem Quantum des Bedarfs für das spezifische Produkt, dort an dem Quantum *vergegenständlichter Arbeit,* das in der Zirkulation existiert. Die Gleichgültigkeit des Werts als solchen gegen den Gebrauchswert ist damit ebenso in falsche Position gebracht, wie andrerseits die Substanz und das Maß des Werts als vergegenständlichte Arbeit überhaupt." (Ro/309-310)

Die Aufhebung der substantiellen Gleichgültigkeit zwischen Gebrauchswert und Tauschwert, ihrer bloß formellen Beziehung zueinander im Kapitalverhältnis produziert erst die Konfrontationslinie zwischen ihnen, und genau an dieser Konfrontationslinie ist die historische Funktion des Kapitals festzumachen. Insofern der Gegensatz zwischen Gebrauchswert und Tauschwert als der zwischen Produktion und Zirkulation kein bloß formeller mehr ist, hat er einen ganz spezifischen geschichtlichen Gehalt.

Der Gegensatz von Produktion als Gebrauchswert oder besonderem Reichtum und Zirkulation als Tauschwert oder allgemeinem Reichtum bedeutet 1) extensive Erweiterung der Warenproduktion: „Der an einem Punkt geschaffne *Mehrwert* erheischt die Schöpfung des Mehrwerts an einem *andren* Punkt, gegen den er sich austausche; wenn auch nur zunächst Produktion von mehr Gold und Silber" (Ro/311). Er bedeutet 2) intensive Erweiterung der Warenproduktion, Kapitalisierung aller Produktion:

„Die Tendenz den *Weltmarkt* zu schaffen ist unmittelbar im Begriff des Kapitals selbst gegeben. Jede Grenze erscheint als zu überwindende Schranke. Zunächst jedes Moment der Produktion selbst dem Austausch zu unterwerfen und das Produzieren von unmittelbaren, nicht in den Austausch eingehenden Gebrauchswerten aufzuheben, d. h. eben auf dem Kapital basierte Produktion an die Stelle früherer, von seinem Standpunkt aus naturwüchsiger Produktionsweisen zu setzen. Der *Handel* erscheint hier nicht mehr als zwischen den selbständigen Produktionen zum Austausch ihres Überflusses vorgehende Funktion, sondern als wesentlich allumfassende Voraussetzung und Moment der Produktion selbst." (Ro/311)

Produktion als Gebrauchswert gegen Zirkulation als Tauschwert bedeutet also Expansion des Kapitals als Verhältnisses, als ökonomischer Formbestimmung der Produktion. Weil die Zirkulation hier nur formelle Schranke und das Produkt als Gebrauchswert abstrakt vorausgesetzt ist, ist diese Form des Widerspruchs von Zirkulation und Produktion selbst nur formell. Die imperialistische Tendenz des Kapitals tritt hier als Durchsetzung seiner als allgemeine Form auf, seine zivilisatorische Tendenz hingegen als Schöpfung bestimmter neuer Bedürfnisse und Produkte.

Die Produktion als Tauschwert oder allgemeinen Reichtum gegen die Zirkulation als Gebrauchswert oder besonderen Reichtum gesetzt, ist die substantielle Seite des Widerspruchs, insofern der Gebrauchswert hier eine inhaltliche Bestimmung erfährt und dadurch der Begriff Produktion selbst kein abstraktes Formprinzip mehr bleibt. Die Beschränkung der Kapitalverwertung durch die Konsumtion verlangt, so sie überwunden werden soll, daß letztere selbst sich ändert,

„erheischt Produktion neuer Konsumtion; daß sich der konsumtive Zirkel innerhalb der Zirkulation ebenso erweitert, wie vorhin der produktive Zirkel. Erstens quantitative Erweiterung der bestehenden Produktion; zweitens: Schaffen neuer Bedürfnisse dadurch, daß vorhandne in einem größren Kreis propagiert werden; drittens: Produktion *neuer* Bedürfnisse und Entdeckung und Schöpfung neuer Gebrauchwerte ... Also Explorieren der ganzen Natur, um neue nützliche Eigenschaften der Dinge zu entdecken; universeller Austausch der Produkte aller fremden Klimate und Länder; neue Zubereitungen (künstliche) der Naturgegenstände, wodurch ihnen neue Gebrauchswerte gegeben werden. Die Exploration der Erde nach allen Seiten, sowohl um neue brauchbare Gegenstände zu entdecken, wie neue Gebrauchseigenschaften der alten; wie neue Eigenschaften derselben als Rohstoffe etc.; die Entwicklung der Naturwissenschaften daher zu ihrem höchsten Punkt; ebenso die Entdeckung, Schöpfung und

Befriedigung neuer aus der Gesellschaft selbst hervorgehenden Bedürfnisse; die Kultur aller Eigenschaften des gesellschaftlichen Menschen und Produktion desselben als möglichst bedürfnisreichen, weil eigenschafts- und beziehungsreichen – seine Produktion als möglichst totales und universelles Gesellschaftsprodukt – (denn um nach vielen Seiten hin zu genießen, muß er genußfähig, also zu einem hohen Grad kultiviert sein) – ist ebenso eine Bedingung der auf das Kapital gegründeten Produktion ... So schafft das Kapital erst die bürgerliche Gesellschaft und die universelle Aneignung der Natur wie des gesellschaftlichen Zusammenhangs selbst durch die Glieder der Gesellschaft. Hence the great civilizing influence of capital; seine Produktion einer Gesellschaftsstufe, gegen die alle frühren nur als *lokale Entwicklungen* der Menschheit und als *Naturidolatrie* erscheinen. Die Natur wird erst rein Gegenstand für den Menschen, rein Sache der Nützlichkeit; hört auf als Macht für sich anerkannt zu werden; und die theoretische Erkenntnis ihrer selbständigen Gesetze erscheint selbst nur als List, um sie den menschlichen Bedürfnissen, sei es als Gegenstand des Konsums, sei es als Mittel der Produktion zu unterwerfen. Das Kapital treibt dieser seiner Tendenz nach ebensosehr hinaus über nationale Schranken und Vorurteile, wie über Naturvergötterung, und überlieferte, in bestimmten Grenzen selbstgenügsam eingepfählte Befriedigung vorhandner Bedürfnisse und Reproduktion alter Lebensweise. Es ist destruktiv gegen alles dies und beständig revolutionierend, alle Schranken niederreißend, die die Entwicklung der Produktivkräfte, die Erweiterung der Bedürfnisse, die Mannigfaltigkeit der Produktion und die Exploitation und den Austausch der Natur- und Geisteskräfte hemmen.
Daraus aber, daß das Kapital jede solche Grenze als Schranke setzt und daher *ideell* darüber weg ist, folgt keineswegs, daß es sie *real* überwunden hat, und da jede solche Schranke seiner Bestimmung widerspricht, bewegt sich seine Produktion in Widersprüchen, die beständig überwunden, aber ebenso beständig gesetzt werden. Noch mehr. Die Universalität, nach der es unaufhaltsam hintreibt, findet Schranken an seiner eignen Natur, die auf einer gewissen Stufe seiner Entwicklung es selbst als die größte Schranke dieser Tendenz werden erkennen lassen und daher zu seiner Aufhebung durch es selbst hintreiben." (Ro/312-314)

Die emanzipatorische geschichtliche Funktion des Kapitalverhältnisses, die Marx wohl nirgends ausführlicher und genauer bezeichnet als an dieser Stelle, besteht also wesentlich darin, daß keine bloße Erweiterung der Produktion stattfindet, nicht nur quantitatives Surplus akkumuliert wird. Dies aber wird genau so lange verhindert, wie die Zirkulation als autonome Sphäre der Produktion entgegentritt. An dieser Klippe zerschellt die unmittelbare Identität von allgemeinem und besonderem Reichtum, insofern sich die Ware als endliches Ding bewähren muß, für das kein unendliches Bedürfnis besteht, weil die bedürftigen Menschen selbst endliche Wesen sind. In der Pleite spricht die Vernunft ein Machtwort. Sie lehrt das Kapital sozusagen Dialektik, indem sie ihm beweist, daß der allgemeine Reichtum, den es als Verwertungsprozeß produziert, mit dem besonderen Reichtum, den es als Produktionsprozeß produziert, nicht identisch ist. Das Kapital macht in der Krise die Bekanntschaft einer erkenntnistheoretischen Trivialität: daß das Allgemeine die mannigfaltige Besonderung dessen, was allgemein gesetzt werden soll, stets voraussetzt, und es sieht sich gezwungen, nicht nur sich selbst als allgemeinen Reichtum, sondern auch dessen logische wie reale Voraussetzung, nämlich die konkrete Mannigfaltigkeit vieler verschiedener Produkte und Genüsse zu produzieren. Solange der allgemeine und maßlose Reichtum sich am Maß irgendwelcher besonderer Menschen reiben muß, sind Allgemeinheit und Maßlosigkeit inhaltlich bestimmt als zivilisatorischer Fortschritt: Allgemeinheit als Mannigfaltigkeit des Besonderen, Maßlosigkeit als Fülle. Die Produktion als Selbstzweck ist fortschrittlich, solange sie auf die Zwecke irgendwelcher lebendiger Menschen als ihre Grenze stößt, weil die Bestimmung der Schranke der Produktion durch menschliche Zwecke die bestimmte Form ihrer Überwindung setzt: durch Produktion neuer Bedürfnisse, Produkte und Genüsse, also durch die Produktion von Emanzipationsgeschichte.

Daß diese historische Funktion des Kapitalverhältnisses ihren genauen geschichtlichen Augenblick hat, der vorübergeht, ist der Gehalt vom letzten Absatz der zitierten Passage. Im Anschluß an die Hymne auf den kapitalistischen Fortschritt macht Marx aufmerksam darauf, daß die Tendenz des ‚great civilizing influence' keineswegs mit der Realität zusammenfällt – nicht umsonst gebraucht Marx hier die englische Sprache, die wohl als ironischer Kommentar zum Pathos zu verstehen ist, mit welchem derselbe Satz in deutscher Sprache befrachtet wäre. Die Distanz zum Fortschrittsglauben, die Skepsis gegen ihn, die sich in der Diktion niederschlagen, werden durch die Prognose präzisiert, daß am Ende das Kapital selbst als größte Schranke dieser seiner zivilisatorischen Tendenz hervortreten werde, und diese Prophezeiung hat sich über alle Maßen erfüllt, seit das Kapital sich anschickte, die Menschen auf ihre kreatürlichen Bedürfnisse zu reduzieren. Die regressive Tendenz, die sich am sog. Freizeitverhalten am augenfälligsten studieren läßt, hat sich am Ende gegen die progressive durchgesetzt. Voraussetzung dafür war die Substitution der Zirkulation durch die Diktatur der Monopole: daß man den Leuten immer wieder neue Möbel verkaufen kann, die meistens schlechter sind als ihre alten.

Unter der historischen und daher vergänglichen Voraussetzung jedoch, daß der Produktion die Sphäre der Zirkulation mit einer gewissen Autonomie entgegentritt und das Kapital daher im Prozeß seiner rastlosen und maßlosen Selbstverwertung zwangsläufig die Konsumtion in dem Sinn modifiziert, daß sich der Kreis der Bedürfnisse erweitert, qualifiziert und differenziert, ist es legitim, die kapitalistische Produktion primär und skrupellos angesichts der Opfer, die sie fordert, als historisch fortschrittliche zu fassen. Ob diese Einschätzung des Kapitalverhältnisses geteilt wird oder nicht, ist übrigens für Marx das maßgebliche Kriterium bei der Beurteilung bürgerlicher Ökonomen:

„Die Ökonomen, die wie Ricardo die Produktion als unmittelbar identisch mit der Selbstverwertung des Kapitals auffasssen – also unbekümmert, sei es um die Schranken der Konsumtion, sei es um die existierenden Schranken der Zirkulation selbst, soweit sie auf allen Punkten Gegenwerte darstellen muß, nur die Entwicklung der Produktivkräfte und das Wachstum der industriellen Bevölkerung im Auge halten – die Zufuhr ohne Rücksicht auf die Nachfrage –, haben daher das positive Wesen des Kapitals richtiger gefaßt und tiefer, als die wie Sismondi die Schranken der Konsumtion und des vorhandnen Kreises der Gegenwerte betonen, obgleich der letztre tiefer die Borniertheit der auf das Kapital gegründeten Produktion, ihre negative Einseitigkeit begriffen hat. Der erstre mehr seine universelle Tendenz, der zweite seine besondere Beschränktheit." (Ro/314)

Politisch gesehen also hat Ricardo recht, wenn er die Möglichkeit der Krise bestreitet, und es verdient Beachtung, daß Marx ihm diesen wissenschaftlichen Irrtum als tiefe Einsicht konzediert. Ein großer Irrtum, wenn er an einem bestimmten Punkt der Geschichte das letzte Wort der Vernunft darstellte, galt gerade den Begründern des ‚wissenschaftlichen Sozialismus' für bedeutender als jene Theorie, die sich nicht einmal mehr irren kann, weil sie über ihren Gegenstand — Trivialitäten einmal ausgenommen — rein gar nichts mehr besagt.

Indem Ricardo die Gefahr der Krise abstreitet, ist er zwar Protagonist des fortschrittlichsten Bewußtseins seiner Zeit, macht aber als Ökonom einen gravierenden Fehler, weil er damit Gebrauchswert und Tauschwert identisch setzt. Er unterstellt, daß Produktion und Bedürfnis nach ihr den gleichen Gesetzen gehorchen. Nur dadurch aber, daß sie dies nicht tun, ist kapitalistische Produktion, die keinen Zweck als die Verwertung des Werts kennt, mit vernünftiger Produktion, die ihren Zweck an den Bedürfnissen lebendiger Menschen hat, wie durch eine Nabelschnur verbunden. Weil der Verwertungsprozeß des Kapitals kein restlos mit sich identischer ist, sondern sich in Produktion und Zirkulation qualitativ unterscheidet, kommt an dem Punkt, wo beide aufeinandertreffen, unkalkulierbar und eruptionshaft die Vernunft menschlicher Zwecke, die ihm sonst fremd ist, ins Spiel. Gerade in der Krise schlägt der kapitalistischen Produktion die Stunde der Wahrheit, bricht die Vernunft sich katastrophisch Bahn. In der Miniatur der Krise, die als Pleite des einzelnen Kapitalisten, der am Bedarf vorbei produziert hat und seinen Konkurrenten unterliegt, die Regel ist, hat die Vernunft selbst nur ihre bruchstückhafte Kontinuität. Weil die universelle Vernunft der kapitalistischen Produktion nur im Scheitern der partikularen erscheinen kann — das Ganze ist eben antagonistisch nicht nur dem Namen nach —, ist die Möglichkeit des Scheiterns der partikularen Vernunft die Voraussetzung dafür, daß die universelle existiert. Sie ist am Ende, seit die Avantgarde des Kapitals, die großen Konzerne, auch mit dauernden Verlusten überleben kann.

Real hat die historische Vernunft des Kapitalverhältnisses zur Voraussetzung die relative Autonomie der verschiedenen Gestaltungen des Kapitals, so daß dessen Verwertung kein mit sich rein identischer Prozeß ist. Sie hat also bezüglich des Kapitals selbst zur Voraussetzung, daß keineswegs „seine im *Produktionsprozeß* gesetzte Verwertung seine *reale* Verwertung ist" (Ro/314). Diese Identität besteht so lange nicht, wie der Austausch der Gesamtzufuhr an Produkten gegegen Geld von deren Gebrauchswert abhängt, „als Gebrauchswert aber von der Masse vorhandner Bedürfnisse für sie, Bedarfs derselben. Als Gebrauchswert aber ist sie absolut nicht gemessen durch die in ihr vergegenständlichte Arbeitszeit, sondern wird ein Maßstab an sie angelegt, der außerhalb ihrer Natur als Tauschwert liegt" (Ro/315). Unter der Bedingung der Nichtidentität von Gebrauchswert und Tauschwert stößt das in Produktion und Zirkulation entzweite Kapital auf folgende Schranken, die stets wieder Gestaltungen des Gegensatzes von Gebrauchswert und Tauschwert sind:

„1) Die *notwendige Arbeit* [Gebrauchswert] als Grenze des Tauschwerts des lebendigen Arbeitsvermögens oder des Salärs der industriellen Bevölkerung;
2) Der *Surpluswert* als Grenze der Surplusarbeitszeit [Gebrauchswert]; und, in bezug auf die relative Surplusarbeitszeit, als Schranke der Entwicklung der Produktivkräfte;
3) Was dasselbe ist, die *Verwandlung in Geld,* der Tauschwert überhaupt als Grenze der Produktion [Gebrauchswert]; oder der auf den Wert gegründete Austausch, oder der auf den Austausch gegründete Wert als Grenze der Produktion. Es ist dies:
4) wieder dasselbe als *Beschränkung der Produktion von Gebrauchswerten* durch den Tauschwert; oder daß der reale Reichtum eine *bestimmte,* von ihm selbst verschiedne Form, also nicht absolut mit ihm identische Form annehmen muß, um überhaupt Objekt der Produktion zu werden." (Ro/318-319)

Damit der Widerspruch sich in dieser Form darstelle, ist vorausgesetzt, daß in der Produktion tatsächlich Gebrauchswerte hergestellt werden; Gegenstände, die ihrer besonderen

Natur nach in die Konsumtion eingehen könnten, dies aber aus ökonomischen Gründen nicht tun. Sonst scheiterte die Verwertung nicht am Mißlingen des Formwechsels, sondern an der Wertlosigkeit der Produkte. Die Konsumtion ist aber zu einem relativ geringen Teil solche für den unmittelbaren Gebrauch, zum weitaus größeren Teil produktive. Nur in der Beschränkung ist daher das Verhältnis von Gebrauchswert und Tauschwert wirklich einfach zu fassen: Die verelendeten Arbeiter bedürfen der Produkte, die das Kapital auch gerne verkaufen will, sie können nur nicht bezahlen. Der Gebrauchswert ist hier als Naturverhältnis der Menschen zu den Dingen gefaßt, in welches sich der Tauschwert als Störenfried mischt. Gerade dies Naturverhältnis tritt aber durch die Entwicklung der kapitalistischen Produktion stufenweise in den Hintergrund, insofern ein stets größer werdender Teil der auf den Markt gebrachten Produkte nur mittelbar dem Gebrauch dient – ist doch der Umstand, daß zwischen die Menschen und die Objekte ihrer Bedürftigkeit von ihnen selbst hervorgebrachte Sachen treten, so daß der Mensch nicht mehr zu tun braucht, was er die Sache machen lassen kann, gerade der historische Fortschritt des Kapitals. Daß diese Sachen aber stets doch schließlich auf Dinge des unmittelbaren Gebrauchs durch die Menschen bezogen bleiben, ist Bedingung der historischen Vernunft von deren Produktion wie auch der Möglichkeit von Krisen. Das Zurücktreten des Gebrauchswerts als Naturverhältnis ist nur *eine* Voraussetzung der Emanzipation, das Fortbestehen desselben in all den Produkten, die für die individuelle Konsumtion vorläufig ungenießbar sind und Gebrauchswerte im strengen Sinn daher erst noch werden müssen, ist die andere – ohne Unmittelbarkeit keine Vermittlung. Ohne das wie immer auch vermittelte Naturverhältnis der Menschen zu den Dingen, welches im Akt des Konsums stets wieder ein unmittelbares ist, existierte der Gebrauchswert und also dessen Gegensatz zum Tauschwert nicht. Ohne diesen aber sind die verschiedenen Formen des Kapitals nicht zu denken, deren Widersprüche in der Krise das Kapital aus dem Himmel der reinen Selbstverwertung in die profane Natur zurückholen. Der Satz: „In allgemeiner Krise der Überproduktion ist der Widerspruch nicht zwischen den verschiednen Arten des Kapitals, sondern zwischen dem industriellen und loanable Kapital — zwischen dem Kapital, wie es als in den Produktionsprozeß direkt involviert und wie es als Geld selbständig (relativement) außer demselben erscheint" (Ro/316) setzt die widersprechenden Momente wieder unter den Kategorien von Gebrauchswert (industrielles Kapital) und Tauschwert (loanable Kapital) gegeneinander.

Solange das Kapital, seiner allgemeinen Tendenz folgend, die Bedürfnisse der lebendigen Menschen im Auge hat und darüber deren Zahlungsunfähigkeit vergißt, ist es einerseits wenigstens auf widersprüchliche Weise vernünftig, andererseits krisenanfällig. Entscheidend für Vernunft und Widerspruch ist die

„Konkurrenz der Kapitalien, ihre Gleichgültigkeit gegeneinander und Selbständigkeit voneinander, die dazu führt, daß das einzelne Kapital sich zu den Arbeitern des totalen übrigen Kapitals *nicht als Arbeitern* [sondern als Konsumenten] verhält: Hinc über die richtige Proportion hinausgetrieben wird. Es unterscheidet eben das Kapital von dem Herrschaftsverhältnis, daß der *Arbeiter* ihm als Konsument und Tauschwertsetzender gegenübertritt, in der Form des *Geldbesitzenden,* des Geldes, einfaches Zentrum der Zirkulation — eins der unendlich vielen Zentren derselben wird, worin seine Bestimmtheit als Arbeiter ausgelöscht ist." (Ro/323)

In der Fußnote zu dieser Passage wird deutlicher, was damit gemeint ist und welche Voraussetzung dabei mitzudenken ist: die nämlich, daß die Produktion auf die Bedürfnisse lebendiger Menschen, namentlich der Arbeiter, bezogen sein muß:

„Diese [durch die Produktion selbst erzeugte] Nachfrage als zahlende, Tauschwert setzende ist adäquat und genügend, solange die Produzenten unter sich selbst austauschen. Ihre Inadäquatheit zeigt sich, sobald das schließliche Produkt an dem unmittelbaren und schließlichen Konsum seine Grenze findet. Auch dieser *Schein* [daß der Arbeiter nicht Arbeiter, sondern Geldbesitzer ist], der über die richtige Proportion hinaustreibt, im Wesen des Kapitals begründet, das, wie bei der Konkurrenz näher zu entwickeln, sich von sich Repellierendes; viele gänzlich gegeneinander gleichgültige Kapitalien *ist*. Insofern der eine Kapitalist von andren *kauft*, Ware kauft, oder verkauft, stehn sie im einfachen Tauschverhältnis; verhalten sich nicht als Kapital zueinander. Die *richtige* (eingebildete) Proportion, worin sie gegeneinander austauschen müssen, um schließlich als Kapital sich verwerten zu können, liegt *außerhalb* ihrer Beziehung aufeinander." (Ro/323-324 Fn.)

Das heißt: Nur insofern das Kapital der Versuchung nicht widerstehen kann, die Arbeiter nicht als Arbeiter, sondern als Geldbesitzer zu betrachten; solange es als Produktionsprozeß auf den schließlichen Konsum endlicher Menschen bezogen bleibt – nur so lange findet es überhaupt eine Grenze; nur so lange ist es freilich auch im strengen Sinn Kapitalverhältnis, d. h. Herrschaftsverhältnis, welches die Arbeiter *auch* als ökonomische Subjekte setzt. Produziert das Kapital hingegen Rüstungsmaterial und anderen Plunder, so braucht es im Prinzip diese Grenze nicht zu finden. Die Kapitalisten müssen nur in der Lage sein – und als Monopolisten sind sie es –, sich dahingehend zu verständigen, daß sie in bezug auf den schließlichen Konsum nicht mehr gegeneinander konkurrieren.

Altes Schema: A produziere Investitionsgüter, B Konsumgüter. A kann an B nur verkaufen, wenn B an die Arbeiter verkaufen kann, und die Arbeiter können nur im Wert ihrer notwendigen Arbeit bei A und B kaufen. A und B können also den Wert der bei ihnen hängengebliebenen Mehrarbeit *nicht unmittelbar gegeneinander* austauschen, weil der Arbeiter als Tauschwertsetzender – er bekommt Tauschwert und gibt Gebrauchswert – das einfache Tauschverhältnis stört. Diese Störung, die freilich im Begriff des Kapitals selbst enthalten ist, stellt sich dar als Zwang, auf den Arbeiter als Besitzer von allgemeinem Reichtum zu schielen, der er ja auch ist – er bekommt als Lohn nicht Naturalien wie die Sklaven, sondern Geld –, aber eben nur formell. Formell verfügt der Arbeiter über allgemeinen, also schrankenlosen Reichtum, real freilich nur über den Wert seiner notwendigen Arbeit. Dadurch, daß das Kapital den Arbeiter, wo er ihm als Käufer entgegentritt, als Besitzer von allgemeinem Reichtum betrachtet, ist es als Produzent — anders als alle vorangegangenen Formen des Reichtums, zu welchen die Arbeiter als Sklaven gleichsam exterritorial standen — auf konkrete, profane menschliche Bedürfnisse eingeschworen: seine größten Errungenschaften sind nicht Kirchen, Moscheen und Paläste, sondern gigantische Schnürsenkelfabriken etc. Gerade dadurch aber ist es widersprüchlich und krisenanfällig: Die Verwertung des Werts muß sich durch die qualvolle Enge des Werts der notwendigen Arbeit zwängen. Kann B nicht an die Arbeiter verkaufen, so kann A auch nicht an B verkaufen, und es tritt eine Überproduktionskrise ein. Sie ist in jedem Boom schon vorgezeichnet, weil die Expansion sich stets über ihre Grenze, die sie am Wert der notwendigen Arbeit hat, hinwegsetzt, also eine Verletzung der richtigen Proportion darstellt. Die traditionelle Lösung der Krise war die Entwertung des Kapitals oder die imperialistische Erweiterung der Zirkulation.

Moderne Lösung: Das Kapital beschließt, sich vom Gebrauchswert, der ihm in Form des Werts der notwendigen Arbeit in die Quere kam, zu emanzipieren. A und B gründen also einen Fonds, der ihr Mehrprodukt aufkauft. Über den Umfang der Absatzgarantie durch diesen Fonds entscheidet ihre politische Macht. Das aufgekaufte Mehrprodukt wird dann vernichtet, und insofern dem ausgegebenen Geld kein Warenwert mehr entspricht, ist eine gewisse Inflationsrate die ständige Begleiterin dieser Lösung. Das Wertgesetz tritt damit als universelles, autonomes Regulativ der gesellschaftlichen Produktion zwar außer Kraft, bleibt aber zur Ausbeutung der Arbeiter, manipulierbar geworden und instrumentalisiert, bestehen. Die Arbeiter müssen nach wie vor unbezahlte Mehrarbeit leisten, nur daß sich diese in keinem Gebrauchswert darstellt, wodurch freilich die Kategorien notwendige Arbeit und Mehrarbeit selber hinfällig werden. Mit dem Hinfälligwerden dieser Distinktion aber werden die Arbeiter zu ausgehaltenen Sklaven, über deren Versorgung die

Willkür der Machthaber entscheidet[62]: Warum z. B. die Butter nicht billig verkauft wird und warum brachliegende Industriekapazitäten nicht nützlichen Zwecken zugeführt werden – das ist, seit nicht mehr der Markt sondern der Staat darüber entscheidet, auch nicht mehr ökonomisch zu begreifen.

Das Kapital regrediert – so könnte man vielleicht sagen – auf eine merkwürdige Form des einfachen Tauschverhältnisses, indem es sich gegen einen von ihm selbst in Regie genommenen Fonds austauscht und damit wie einst die Arbeiter gleichsam exterritorial zur Ökonomie stehen läßt, als moderne Sklaven; in den modernen Konzern*palästen,* die das 19. Jahrhundert nicht kannte, schlägt sich diese fortschreitende Regression als Baustil nieder. Dann aber gilt eine wesentliche Bestimmung von Marx nicht mehr: „Die *richtige* (eingebildete) Proportion, worin sie gegeneinander austauschen müssen, um schließlich als Kapital sich verwerten zu können, liegt *außerhalb* ihrer Beziehung aufeinander" (Ro/ 324 Fn.). Gute alte Zeit! Gelingt es nämlich den Kapitalisten – und wer sollte sie als Monopolisten daran hindern? –, jene richtige Proportion zum Objekt ihrer eigenen, willkürlichen Entscheidung zu machen, liegt sie also *nicht mehr* außerhalb ihrer Beziehung aufeinander, dann sind auch die Bestimmungen ‚richtig' und ‚falsch' als Attribute dieser Proportion nicht mehr zu verwenden, und sie ist der Beliebigkeit anheimgegeben. Im Disfunktionalen des außerhalb der Beziehung der Kapitalisten aufeinander Liegenden setzte sich sowohl die Vernunft menschlicher Bedürfnisse gegen das Verwertungsprinzip als auch die Vernunft von Emanzipationsgeschichte – welche das Verwertungsprinzip *auch* ist – gegen die Enge naturverhafteter menschlicher Bedürfnisse durch. Dies außerhalb der Beziehung der Kapitalisten aufeinander, also des Tauschverkehrs zwischen ihnen, Liegende ist der Gebrauchswert, unter dessen Bestimmung sich die notwendige von der Mehrarbeit und die vergegenständlichte von der lebendigen Arbeit unterscheidet, deren Inkommensurabilität Voraussetzung und Bedingung des Kapitalverhältnisses wie seiner zwangsläufigen Krisen ist. Ist dies Disfunktionale integriert, so gibt es auch den Bruch im kompletten Unsinn nicht mehr, an dem die Vernunft erscheinen könnte. Die „Dummheit von der Unmöglichkeit der Überproduktion (in andren Worten, die Behauptung der unmittelbaren Identität des Produktionsprozesses und Verwertungsprozesses des Kapitals)" (Ro/326) könnte dann eine der bestehenden Verhältnisse geworden sein, statt eine der Ökonomen, als die Marx sie noch vorfand. Dann wären historische Tendenzen des Kapitalverhältnisses auf den *einen* Begriff seiner maßlosen Destruktivität zu bringen, die Marx noch ausdrücklich unterschieden wissen wollte:

„Wir haben es hier nur noch damit zu tun, wie der *Verwertungsprozeß* des Kapitals zugleich sein *Entwertungsprozeß*. Wieweit es auch während es die Tendenz hat, *die Produktivkräfte ins Maßlose zu steigern, ebenso die Hauptproduktivkraft, den Menschen selbst,* vereinseitigt, limitiert, etc., gehört nicht an diesen Platz; überhaupt die Tendenz hat, die Produktivkräfte zu beschränken." (Ro/325)

Die logische Richtigkeit dieser Unterscheidung, die jeder auf seiner Seite hat, der die komplette Destruktion des Gebrauchswerts mit dem Hinweis bestreitet, es gäbe doch noch welche und außerdem sei das Kapital stets widersprüchlich, kann im Verlauf der Geschichte jedoch zu genau der politischen Dummheit werden, die Marx an Sismondi rügt.

9. Fortschritt und Regression

(Die als Gebrauchswert par excellence gesetzte Arbeit verlebendigt sich, insofern sie wesentlich Mehrarbeit ist. Gleichzeitig aber versachlicht sie sich zum Ding, von dem das Kapital Gebrauch macht.)

Der für das Kapitalverhältnis spezifische Gebrauchswert ist, wie schon gezeigt wurde, die lebendige Arbeit. Durch deren Bestimmungen erfährt das Naturverhältnis der Menschen zu den Dingen seine historische Konkretion; sie sind Kriterien des Urteils darüber, welche Dinge im emphatischen Sinn brauchbar sind und welche nicht. Umgekehrt aber wird durch diese historische Konkretion die lebendige Arbeit in das Naturverhältnis, von dem sie sich emanzipiert hat, zurückgezogen. Insofern eben nicht nur die lebendige Arbeit den Gebrauchswert, sondern auch umgekehrt der Gebrauchswert die lebendige Arbeit bestimmt, wird sie bloßes Mittel, „um die vergegenständlichte, tote Arbeit zu verwerten, mit belebender Seele zu durchdringen, um ihre eigne Seele an sie zu verlieren – und als Resultat einerseits den geschaffnen Reichtum als fremd, als eigen aber nur die Bedürftigkeit des lebendigen Arbeitsvermögens produziert zu haben" (Ro/365). Das Kapital tritt als lebendiges, wenngleich automatisches Subjekt dem lebendigen Arbeitsvermögen als einer Sache „selbständig und gleichgültig oder als seinem bloßen Gebrauchswert gegenüber" (Ro/356). Daraus, daß das lebendige Arbeitsvermögen als bloßer Gebrauchswert, als Sache gesetzt ist, resultiert die „*Fremdheit* der objektiven Arbeitsbedingungen gegen das lebendige Arbeitsvermögen, die bis zu dem Punkt fortgeht, daß diese Bedingungen der Person des Arbeiters in der Person des Kapitalisten – als Personifikationen mit eigenem Willen und Interesse – gegenübertreten" (Ro/356). Dies wiederum bedingt die „Fremdheit des Inhalts der Arbeit gegen den Arbeiter selbst" (Ro/356), d. h. „die lebendige Arbeit selbst erscheint als *fremd* gegenüber dem lebendigen Arbeitsvermögen, dessen Arbeit sie ist ..., denn sie ist abgetreten an das Kapital gegen vergegenständlichte Arbeit, gegen das Produkt der Arbeit selbst. Das Arbeitsvermögen verhält sich zu ihr als einer fremden, und wenn das Kapital es zahlen wollte *ohne* es arbeiten zu lassen, würde es mit Vergnügen den Handel eingehn" (Ro/366). Die Arbeitsbedingungen, selbst schon vergegenständlichte Arbeit, existieren als Kapital, als „Herrschaft über das lebendige Arbeitsvermögen, als mit eigner Macht und Willen begabter Wert ihm in seiner abstrakten, objektivlosen, rein subjektiven Armut gegenüber. Es hat nicht nur den fremden Reichtum und die eigne Armut produziert, sondern auch das Verhältnis dieses Reichtums als sich auf sich selbst beziehenden Reichtums zu ihm als der Armut, durch deren Konsum es neue Lebensgeister in sich zieht und sich von neuem verwertet" (Ro/357). Was dabei produziert wird, ist nicht nur

„das *Dasein* dieser objektiven Bedingungen der lebendigen Arbeit, *sondern ihr Dasein als selbständiger, d. h. einem fremden Subjekt angehöriger Werte, gegenüber diesem lebendigen Arbeitsvermögen.* Die objektiven Bedingungen der Arbeit erhalten subjektive Existenz gegenüber dem lebendigen Arbeitsvermögen — aus dem Kapital wird der Kapitalist; andrerseits das bloß subjektive Dasein des Arbeitsvermögens gegenüber seinen eignen Bedingungen gibt ihm eine nur gleichgültige objektive Form gegen dieselben — es ist nur ein *Wert* von besondrem Gebrauchswert *neben* den eignen Bedingungen seiner Verwertung als *Werten* von andrem Gebrauchswert." (Ro/366)

Durch die Setzung des Arbeiters als lebendige Arbeit und — dies ist nur ein anderer Aspekt derselben Sache — durch die Trennung der lebendigen Arbeit von den gegenständlichen Bedingungen ihrer Verwirklichung tritt einerseits die erstere aus der unmittelbaren Einheit beider — einem Naturverhältnis, Verhältnis von Sachen — überhaupt erst als lebendige Tätigkeit eines Subjekts heraus. Die Lebendigkeit ist zwar eine Natureigenschaft der Arbeit, von Natur aus aber nur latent, als Möglichkeit vorhanden und daher Produkt der Geschichte. Im Maße aber, wie sie sich verlebendigt, wird sie so nackt wie nie zuvor als Sache gesetzt, als bloßes Mittel unter anderen. Dieser geschichtliche Fortschritt zeigt daher

„auf den ersten Blick einen doppelseitigen Charakter — Auflösung auf der einen Seite niedrigerer Formen der lebendigen Arbeit — auf der andren Auflösung glücklicherer Verhältnisse derselben" (Ro/368). Indem der Arbeiter von den gegenständlichen Bedingungen seiner Arbeit getrennt wird und diese, wo sie sich verwirklicht, dem gehört, der über ihre gegenständlichen Bedingungen verfügt, wird er überhaupt erst etwas von der Arbeit und deren Bedingungen *Verschiedenes:* Subjekt, welches sich zur Natur, auch der Naturkraft seiner eigenen Arbeit, als von sich selbst unterschiedenen Objekten verhält. Die Arbeit wird so einerseits Sache, beliebig verfügbares, zur Disposition stehendes Mittel, andererseits Selbstbetätigung eines Tauschwert setzenden, formell freien Subjekts, und hat gerade nur in dieser Widersprüchlichkeit Gebrauchswert für das Kapital. Nur in der nackten und armen Bestimmung als Tätigkeit eines Subjekts steht die Arbeit in vollendetem Gegensatz zur tendenziell Kapital gewordenen gegenständlichen Welt, ist sie rein als Lebendigkeit gesetzt und kann kraft dieser die tote Arbeit beleben, den Verwertungsprozeß in Gang halten. Nur in Absehung von ihren konkreten Inhalten wie von ihren gegenständlichen Bedingungen hat sie die Allgemeinheit und Maßlosigkeit, die ihr als Substanz des Werts zukommt. Nur als Substanz des Werts wiederum besitzt sie ihre Lebendigkeit, die in der Differenz zur Natur, zum bloß natürlichen Stoffwechsel, der selbst ein sachlicher naturgesetzlicher Zusammenhang ist, besteht. Die Arbeit verlebendigt sich erst in der Geschichte als Mehrwert, also Akkumulation, Weltmarkt, Weltgeschichte produzierende. Die Arbeit hat nur Gebrauchswert für das Kapital, insofern sie selbst nicht nur Gebrauchswert für Subsistenz und unmittelbaren Genuß ist, d. h. nicht bloß notwendige Arbeit, die naturwüchsig an einen festen Kreis von Bedürfnissen gekettet ist. Indem die Menschen aus dem stationären Zustand der bedürftigen Kreatur heraus und in die Geschichte eintreten, verändert sich daher der Begriff des Gebrauchswerts: er bezeichnet kein einfaches Naturverhältnis der materiellen Produkte zu den Menschen mehr, nicht mehr Konsum und

Genuß bloß unmittelbar, sondern dieses niemals zu beseitigende Naturverhältnis, den nur um den Preis furchtbaren Leidens zu vernachlässigenden Konsum und Genuß als Momente der Emanzipationsgeschichte. Die lebendige Arbeit ist daher der Gebrauchswert par excellence insofern, als sie sich in der Produktion von Gegenständen des unmittelbaren Bedarfs nicht erschöpft. Indem aber ihre historisch neue Qualität, sich nicht mehr bloß in unmittelbaren Gebrauchswerten darzustellen, unmittelbar als Gebrauchswert erscheint, als Sache, als verfügbares Mittel, als Gegenstand der Konsumtion durch das Kapital, wird der alte Naturzusammenhang, worin die Arbeit nicht freie − vom unmittelbaren Naturzwang freie − Tätigkeit sondern Sache war, nicht nur mitgeschleift, sondern sogar verschärft. Wenn in den vorkapitalistischen Epochen die Ausbeutung darin bestand, daß die Unterdrücker sich die lebendige Arbeit samt ihren gegenständlichen Bedingungen als eine untrennbare Einheit aneigneten, so heißt dies auch, daß die lebendige Arbeit an sich dem unmittelbaren Zugriff, der Behandlung als Sache sich entzog. War der Naturzusammenhang selbst etwas Sachliches, so war doch die lebendige Arbeit darin, weil nicht identifizierbar, als Sache nicht direkt greifbar. Der Naturzusammenhang, in den sie nahezu unstörbar eingebettet war, war gewissermaßen die schützende Hülle, in der sie sich vor dem Eingriff der Herrschenden verbarg. Im Kapitalverhältnis hingegen, welches den Naturzusammenhang, in dessen Nischen sich menschlichere Bestimmungen der Arbeit − die „glücklicheren Verhältnisse derselben", von denen Marx spricht − vielleicht entwickelt haben mögen, zerstört, tritt die *lebendige Arbeit* rein als *Sache* hervor. Als Sache wiederum − dies mögen die Entfremdungsapostel bedenken − wird sie erst Gegenstand für die Menschen, ihrer bewußten Kontrolle unterworfenes Objekt. Insofern sie aber keine objektive Existenz hat außer im arbeitenden Subjekt, ist ihre sachliche Existenzweise widersprüchlich. Sie ist Sache und Subjekt, Mittel und Zweck in einem; die Menschen selbst sind einmal Subjekt, ein andermal Sache: wo sie Subjekt sind, arbeiten sie nicht, und wo sie arbeiten, sind sie nicht Subjekt, oder wo das Subjekt in der Sache ist, ist es nicht bei sich selbst, und wo es bei sich selbst ist, ist es nicht in der Sache. Es ist dies eine Bestimmung des Klassenverhältnisses – die Bürger als die ökonomischen Subjekte arbeiten nicht, auch wenn sie diesen Begriff für ihre Tätigkeit gerne reklamieren – wie auch der widersprüchlichen Existenzweise des Arbeiters selbst: die Dialektik von Herr und Knecht zerstückelt noch den Knecht in seinen eigenen Herrn und seinen eigenen Knecht. Wo der Arbeiter nicht arbeitet, ist er sein eigener Herr, wo er arbeitet, sein eigener Knecht für sich selbst als Herrn. Als Gebrauchswert wird die Arbeit im Naturzustand festgehalten, von dem sie sich als Mehrwert produzierende emanzipiert: sie ist nicht nur Mittel, sondern als Moment der Emanzipationsgeschichte selbst schon Zweck. In der kapitalistischen Realität freilich bezeichnet dieser Satz den Umstand, daß die lebendige Arbeit Mittel ist für sich selbst als vergegenständlichte als Zweck. Während die lebendige Arbeit der Möglichkeit nach keine Sache mehr ist, weil in stets geringerem Maß *notwendige,* d. h. in einen sachlich determinierten Zusammenhang gebannte und daher zunehmend historische – d. h. in der Geschichte entstandene, folglich veränderbare und vergängliche, also das Moment der Freiheit enthaltende – Bestimmungen der in Gesellschaft lebenden Menschen in sie einwandern, werden eben diese Bestimmungen von ihr abgezogen und treten ihr als Kapital gegenüber. Mit dem Kapitalverhältnis erreicht die Geschichte gewissermaßen einen kritischen Punkt: es ist unwiderruflich die Möglichkeit erloschen, daß sich menschliche Bestimmungen der Arbeit in dieser selbst naturwüchsig entwickeln, weil sie rein Sache geworden ist. Ihre menschlichen Bestimmungen sind fortan solche, die sie als Abschaffung ihrer selbst setzen. Diese sind in der Unterscheidung von vergegenständlichter und lebendiger Arbeit, die man in der Gegenwart als unverwüstliches Relikt beobachten kann, allein noch keineswegs enthalten: „Der Unterschied der vergangnen, vergegenständlichten, und der lebendigen, gegenwärtigen Arbeit erscheint hier nur als formeller Unterschied der verschiednen tempora der Arbeit, die einmal im Perfektum steht und das andremal im Präsens" (Ro/369). Als nur formell – oder nur sachlich, was dasselbe ist – verschiedene träte die Arbeit, komplett verrückt geworden, in ein tautologisches Verhältnis als Mittel zu sich selbst als Zweck. Die lebendige unterschiede sich von der vergegenständlichten nur als temporär versetzte, und unter der Herrschaft der Monopole, welche tendenziell die Identität von Produktionsprozeß und Verwertungsprozeß garantieren – also dafür sorgen, daß sich die lebendige Arbeit tatsächlich nur formell von der schon vergegenständlichten unterscheidet –, hat diese Spekulation alle Chancen der Realisierung. Voraussetzung dafür, daß die Arbeit als Gebrauchswert, als Sache lebendig ist, sich von den von ihr hervorgebrachten Gegenständen qualitativ unterscheidet und durch diese Differenz als geschichtsbildende Kraft hervortritt, ist die Existenz des Werts:

„Es ist also nicht einfach Austausch *vergegenständlichter Arbeit* gegen *lebendige* – die von diesem Standpunkt aus als zwei verschiedne Bestimmungen, Gebrauchswerte von verschiedner Form erscheinen, die eine als Bestimmung in objektiver, die andre in subjektiver Form –, welcher Kapital und daher Lohnarbeit konstituiert, sondern Austausch vergegenständlichter Arbeit als *Wertes,* an sich haltenden Werts, gegen lebendige als *ihren* Gebrauchswert, als Gebrauchswert nicht zu einem bestimmten, besondren Gebrauch oder Konsum, sondern als Gebrauchswert für den *Wert.*" (Ro/372-373)

In den modernen Arbeitsbeschaffungs- und Krisensteuerungsprogrammen, durch welche sich die kapitalistische Ökonomie vom Wertgesetz, an dem sie zugrunde gehen würde, emanzipiert, wird aber die Arbeit gerade wieder auf ihren trivialen Gebrauchswert reduziert. Die Willkür der Machthaber, die sie anordnen, macht sie zur Sklavenarbeit – wie überhaupt der Sozialstaat den Lohnarbeiter in die Sklaverei zurückführt. Wenn die Lohnarbeiter sich schinden mußten, um zu essen, gab es dafür im Wertgesetz einen objektiven Grund; wenn die modernen Sklaven schuften müssen, obwohl sie es aus objektiven Gründen gar nicht dürften, dann sind sie noch nicht einmal Opfer bitterer historischer Vernunft, sondern solche der vernunftlosen Willkür irgendwelcher Machthaber. Solange kein Verein freier Produzenten über die Produktion entscheidet, hat dies der Wert immer noch besser besorgt als die modernen Cliquen, welche die Welt verwüsten — und seien sie noch so sozial gesonnen.

10. Bestimmungen des Gebrauchswerts par excellence, als dieser noch gar nicht existierte

(Gegenüber dem vom Kapital als Prinzip von Geschichte gesetzten Gebrauchswert erschien der vorkapitalistische als profanes Ding, als Sache. Gegenüber der realen Verdinglichung dieses Prinzips von Geschichte im Kapitalismus jedoch erscheint der vorkapitalistische Gebrauchswert als lebendige Vernunft.)

In der vorangegangenen Passage wurde zu zeigen versucht, daß der Gebrauchswert der durchs Kapital gesetzten Arbeit, der spezifische Gebrauchswert, der Gebrauchswert im emphatischen Sinn, der Gebrauchswert par excellence den allgemeinen, exoterischen, trivialen Gebrauchswert mit sich herumschleppt; daß der durchs Kapital gesetzte Gebrauchswert von der Diskriminierung, die er über den trivialen verhängt, am Ende selbst eingeholt wird. Der durchs Kapital gesetzte Gebrauchswert mußte sich sozusagen im Spiegelbild seines trivialen Zwillingsbruders betrachten. Jetzt soll gezeigt werden, daß der triviale Gebrauchswert, wo er sich noch nicht im Gegensatz zum durchs Kapital gesetzten befindet, dessen Bestimmungen bereits antizipiert. Es sollen dabei Momente dieser Bestimmungen deutlich werden, die als entwickelte fast schon wieder verschüttet sind.

Es wurde bis jetzt gesagt, daß die Arbeit nur als durchs Kapital gesetzte Gebrauchswert im emphatischen Sinn besitzt. Dieser besteht darin, nach vollzogenem Austausch „als Gebrauchswert nicht für den Genuß, sondern als Gebrauchswert für Geld verzehrt zu werden" (Ro/375). Geld aber — daran gilt es jetzt sich zu erinnern — „ist selbst das Gemeinwesen" (Ro/134), das „reale Gemeinwesen" (Ro/137). Als durchs Kapital gesetzte besitzt die Arbeit Gebrauchswert für den Wert. Der Wert aber ist nur das an den Dingen erscheinende gesellschaftliche Verhältnis der Menschen zueinander. Als Tauschwerte sind die verschiedenen, unabhängig voneinander hergestellten Produkte privater Arbeit als gesellschaftliche Dinge gesetzt:

„In der Zirkulation als der Realisierung der Tauschwerte ist enthalten:
1) daß mein Produkt nur Produkt ist, sofern es für andre ist; also aufgehobnes Einzelnes, Allgemeines;
2) daß es nur für mich Produkt ist, soweit es entäußert worden, für andre geworden ist;
3) daß es nur für den andren ist, soweit er selbst sein Produkt entäußert; worin schon
4) liegt, daß die Produktion nicht als Selbstzweck für mich erscheint, sondern als Mittel." (Ro/111)

Bezeichnet also der durchs Kapital gesetzte Gebrauchswert der Arbeit die gesellschaftliche Bestimmung von deren Produkten, dann muß er auch in vorkapitalistischen Gesellschaftsformationen existiert haben, haben doch auch damals die Menschen in Gesellschaft produziert. Daher ist anzunehmen, daß der triviale Gebrauchswert ursprünglich den emphatischen involvierte und daß beide erst im Verlauf der Geschichte in ein Verhältnis zueinander getreten sind, worin sie sich voneinander unterscheiden und aufeinander beziehen, sich ineinander reflektieren. Der triviale Gebrauchswert — Gebrauchswert für unmittelbaren Konsum und Genuß — erscheint daher nur in der *gegensätzlichen* Beziehung zum emphatischen Gebrauchswert als triviales, selbstverständliches Ding ohne philosophische Mucken, als Gegenstand der Warenkunde. Für sich genommen, ist er jedoch wieder die Einheit der beiden Momente, in deren widersprüchlicher Beziehung untereinander im Kapitalverhältnis er nur das eine ist:

Für sich allein genommen ist er der Gegenstand *in* seiner gesellschaftlichen Bestimmung, im Kapitalverhältnis nur dieser selbst. Als nur er selbst, in seiner nackten Faktizität, rückt er den Menschen scheinbar ganz nahe. Keine Idee zwischen ihnen und dem Gegenstand hindert mehr daran, sich der Gegenstände zu bemächtigen und nach Belieben mit ihnen zu verfahren, und dies *ist* ein Fortschritt. Die Nähe und Unmittelbarkeit, in welche die Gegenstände rücken, ist aber im Kapitalverhältnis nur Möglichkeit und als Realität ebenso Ausdruck einer fast unüberbrückbar gewordenen Ferne. Indem die gesellschaftlichen Bestimmungen der Gegenstände — ihre Beziehung zu den in Gesellschaft lebenden Menschen — sich als Geld, abermals als Sache, ganz von diesen abgelöst haben, verharren sie selbst in absoluter Gleichgültigkeit und Beziehungslosigkeit zu den Menschen und sind für diese fast unerreichbar geworden. Daher Marxens unermüdliches Insistieren darauf, daß das als Sache erscheinende Geld ein gesellschaftliches Verhältnis ist. Die gesellschaftlichen Beziehungen der Menschen zur gegenständlichen Welt wurden in den vorkapitalistischen Epochen durch Ideen vermittelt, deren utopischem Gehalt — sie stellen zwar nur fürs Bewußtsein, aber immerhin eine menschliche Welt her — nachzutrauern die eigentümliche Faszination der ersten Zeilen von Lukács' *Theorie des Romans* ausmacht:

„Selig sind die Zeiten, für die der Sternhimmel die Landkarte der gangbaren und zu gehenden Wege ist und deren Weg das Licht der Sterne erhellt. Alles ist neu für sie und dennoch vertraut, abenteuerlich und dennoch Besitz. Die Welt ist weit und doch wie das eigene Haus, denn das Feuer, das in der Seele brennt, ist von derselben Wesensart wie die Sterne; sie scheiden sich scharf, die Welt und das Ich, das Licht und das Feuer, und werden doch niemals einander für immer fremd."[63]

Dasselbe Motiv findet sich bei Horkheimer, wenn dieser in ‚Zur Kritik der instrumentellen Vernunft' schreibt:

„Diese alten Lebensformen, die unter der Oberfläche der modernen Zivilisation schwelen, liefern in vielen Fällen noch die Wärme, die einem jeden Entzücken innewohnt, jeder Liebe zu einem Ding, die mehr um seiner selbst als um eines anderen Dinges willen besteht. Das Vergnügen, einen Garten zu pflegen, geht auf alte Zeiten zurück, in denen die Gärten den Göttern gehörten und für sie bebaut wurden. Der Sinn für die Schönheit in der Natur wie in der Kunst ist durch tausend zarte Fäden mit diesen abergläubischen Vorstellungen verknüpft."[64]

Solange der Fortschritt im Widerspruch zwischen auf der einen Seite „Auflösung niedrigerer Formen der Arbeit — auf der anderen Auflösung glücklicherer Verhältnisse derselben" (Ro/368) befangen ist, bleibt eben auch das Glück ein wesentlich konservatives, ja schon obsoletes Ding. Die schauderhaften Mythen moderner Regressionsphänomene sind daher nur die logische Konsequenz der versäumten Revolution, die den Widerspruch von Fortschritt und Glück hätte beseitigen sollen. Immerhin erscheint in Relation zur gegenwärtig herrschenden völligen Absenz von Vorstellungen überhaupt — oder deren Substitution durch moderne Wahnsysteme in Gestalt von Heilslehren wie Buddhismus etc., was dasselbe ist — noch der skurrilste authentische Aberglaube (nicht der aus zweiter Hand!) von erhabener Rationalität — stellt dieser doch fürs Bewußtsein eine wenngleich falsche, so doch entwicklungsfähige und in dieser Entwicklung korrigierbare Relation zu den Dingen her, die den Menschen gegenwärtig, zumal durchs Fernsehen, völlig abhanden zu kommen droht. Die Mythen, die in den vorkapitalistischen Gesellschaftformationen, weil von den Menschen geglaubt, auch materielle Produktivkraft waren, stehen selbst schon in einer erstaunlich nüchternen und ökonomischen Beziehung zum Geld. Dies geht aus einer beiläufigen Bemerkung von Marx hervor, die leider in keinem zwingenden Zusammenhang steht und auch nicht weiter entwickelt wird:

„Die erste Form des Wertes ist der *Gebrauchswert,* das Alltägliche, was die Beziehungen des Individuums zur Natur ausdrückt; die zweite der *Tauschwert* n e b e n dem Gebrauchswert, sein Gebieten über die Gebrauchswerte andrer, seine soziale Beziehung: selbst ursprünglich wieder Wert des sonntäglichen, über die unmittelbare Notdurft gehenden Gebrauchs." (Ro/93)[65]

Der „mystische Charakter der Ware" (I/85), das „Geheimnisvolle der Warenform" (I/86), ihr Auftreten als „sinnlich-übersinnliches Ding" (I/85), welches vom „bürgerlich rohen Blick des politischen Ökonomen" (I/72) nicht zu durchschauen ist, ihr „rätselhafter Charakter" (I/86) „voll metaphysischer Spitzfindigkeit und theologischer Mucken" (I/85), schließlich die „Magie des Geldes" (I/107) — in all diesen Bestimmungen drückt sich die Herkunft des Kapitalverhältnisses aus archaischen Gesellschaftsformationen aus, die es selbst nur scheinbar überwunden hat. Der Tauschwert ist im Ursprung Überfluß, und Überfluß ist die materielle Essenz des Tauschs wie des *sonntäglichen* Gebrauchs. Der Tauschwert als überflüssiger Gebrauchswert ist gleichzeitig die soziale Beziehung und das von kreatürlicher Bedürftigkeit emanzipierte, sonntägliche Bedürfnis. Der Tauschwert ist also im Ursprung eine Form des Gebrauchswerts, die es gegeben hat, seit man von Menschen sprechen kann, nur daß sie damals mit den Gebrauchsgegenständen unmittelbar zusammenfiel. Marxens auf das Verhältnis von Lohnarbeit und Kapital bezogner Satz: „Der historische Prozeß war die Scheidung bisher verbundner Elemente — sein Resultat ist daher nicht, daß eins der Elemente verschwindet, sondern daß jedes derselben in negativer Beziehung auf das andre erscheint" (Ro/402) gilt daher auch für das Verhältnis von trivialem und emphatischem Gebrauchswert, und er erlaubt den Rückschluß, daß die neu hinzugetretenen Momente nicht vom Himmel gefallen sind, sondern in anderer Form — eben nicht als isolierbare Momente — schon existiert haben. Stets war der Gegenstand nur in seiner Relation auf die Beziehungen der in Gesellschaft lebenden Menschen für diese da, und stets waren die Beziehungen der in Gesellschaft lebenden Menschen gegenständlich vermittelt — das haben erst die Apostel der ‚herrschaftsfreien Kommunikation' vergessen, die ihre Vorstellungen von der Weltgeschichte an der Erfahrung gegenstandslosen Seminargelabers bilden. Insofern in den vorkapitalistischen Gesellschaftsformationen die Momente nicht in negativer Beziehung aufeinander erschienen, waren sie und also ihre Beziehung zueinander nicht begrifflich faßbar, und deren Bestimmung blieb solche von etwas, das physisch – als Gebrauchswert und Wert in der Form von Geld und Ware – nicht existiert: Metaphysik als Lehre vom richtigen Verhältnis der Menschen zueinander und zur Natur. *Meta*physisch bleibt dies zwangsläufig so lange, wie es in der wirklichen Welt nicht realisiert ist, und die Gedanken, die auf es zielen, werden notgedrungen desto spekulativer, je weniger sie sich mit der Realgeschichte im Bunde wissen können.[66]

Marxens Intention ist es gerade, die ‚metaphysischen Spitzfindigkeiten' eines gesellschaftlichen Verhältnisses aufzudecken, welches sich selbst irrtümlich für rational hält. Er weist dem Kapital exemplarisch im Fetischkapitel nach, daß es die Metaphysik keineswegs überwunden hat. Gerade dies aber macht den Rest von Vernunft aus, den es aufzubieten hat, sind es doch gerade die ‚theologischen Mucken', durch welche der Gegenstand in ein – wenngleich falsches – Verhältnis zu den lebendigen Menschen tritt. Insofern die menschliche Bestimmung der Gegenstände als Fetischcharakter derselben erscheint, erscheint sie doch wenigstens noch und setzt mit der Erkenntnis, daß die Menschen mit der gegenständlichen Welt, von der sie sich unterscheiden, auch eine Einheit bilden, den Anspruch, daß beider Verhältnis und damit das Verhältnis der Menschen zueinander vernünftig und menschlich einzurichten ist. Die Begriffe der politischen Ökonomie gewinnen im Werk von Marx gerade dadurch ihre aufschließende Kraft, daß dieser deren metaphysisches Substrat nicht verleugnet, sondern es aufnimmt und materialistisch interpretiert. Es ist dies eben nicht nur Aberglaube, falsches Bewußtsein, sondern es ist *auch* die Gestalt der Wahrheit unter der Voraussetzung falscher gesellschaftlicher Verhältnisse. Das metaphysische Substrat des trivialen Gebrauchswerts, nämlich die in ihm *auch* enthaltene historisch-gesellschaftliche Bestimmung als Metaphysik, soll deshalb anhand des Kapitels ‚Formen, die der kapitalistischen Produktion vorausgehn' entwickelt werden. Im metaphysischen Substrat, als welches die Bestimmungen des emphatischen Gebrauchswerts in den vorkapitalistischen Formen nur erscheinen, sind sie unmittelbarer, drum freilich auch falscher enthalten als in der ausgeführten Darstellung des Kapitalverhältnisses, für dessen Darstellung freilich die gewußte falsche Unmittelbarkeit eine notwendige Voraussetzung ist.

Im Kapitalverhältnis erhält die Arbeit ihren spezifischen Gebrauchswert als lebendige durch die Trennung von den objektiven Bedingungen ihrer Verwirklichung, also „vor allem Loslösung des Arbeiters von der Erde als seinem natürlichen Laboratorium" (Ro/375). Dies bedeutet Auflösung des freien kleinen Grundeigentums als der „natürlichen Einheit der Arbeit mit ihren sachlichen Voraussetzungen" (Ro/375). In dieser Einheit hat der Arbeiter „unabhängig von der Arbeit eine gegenständliche Existenz. Das Individuum verhält sich zu sich selbst als Eigentümer, als Herr der Bedingungen seiner Wirklichkeit" (Ro/375). Daß die gegenständliche Welt den Menschen schon gehört, ohne durch Arbeit angeeignet zu sein, ist hier eine *Voraussetzung* der späteren Aneignung durch Arbeit. Die Gewißheit, daß die gegenständliche Welt für die Individuen da ist, ihre eigene Bedürftigkeit in dieser als Gegenstand des Bedürfnisses existiert, geht der geschichtlichen Entwicklung durch Arbeit voraus und ist in diese Entwicklung nicht ohne Rest aufzulösen. Dieser Rest, der so lange metaphysisch bleibt, wie die gegenständliche Welt noch nicht wirklich für die Menschen da ist, bildet übrigens im *Kapital I* den sozusagen archimedischen Punkt der Darstellung, und es ist höchst erstaunlich, daß dies bislang kaum bemerkt, allenfalls von inkompetenten Reaktionären als ‚Heilslehre' diffamiert wurde. Ganz am Anfang werden Produktionsmittel eingeführt, „die von Natur, ohne menschliches Zutun vorhanden sind, Erde, Wind, Wasser, Eisen in der Erzader, Holz im Urwald usw." (I/218). Später wird gezeigt, daß der paradiesische Zustand, worin die Menschen sich ohne eigene Arbeit nur bedienen müssen, nicht nur als ein das Kapitalverhältnis überhaupt erst ermöglichendes Moment fortdauert, sondern als Möglichkeit im Kapitalverhältnis erst wirklich wahr wird, und daß gerade dieses der Ökonomie enthobene, an ihren Begriffen und freilich auch der Wirklichkeit gemessen metaphysisch im Wortsinn zu nennende Verhältnis die Basis sowohl der realen Akkumulation als auch der begrifflichen Durchdringung derselben ist. Bekäme das Kapital nichts geschenkt wie Adam und Eva vor der Vertreibung aus dem Paradies – es könnte sich nicht vermehren: „Man sah, daß die aus Kooperation und Teilung der Arbeit entspringenden Produktivkräfte dem Kapital nichts kosten. Sie sind *Naturkräfte* der gesellschaftlichen Arbeit... Wie mit den Naturkräften, verhält es sich mit der Wissenschaft" (I/407) – die damit freilich, anders als Habermas meint, das Wertgesetz nicht außer Kraft setzt, sondern überhaupt erst ermöglicht. Weitere ähnliche Formulierungen (Hervorhebungen von mir): „Erst in der großen Industrie lernt der Mensch, das Produkt seiner vergangenen, vergegenständlichten Arbeit gleich einer *Naturkraft umsonst* wirken zu lassen" (I/409). „Im Verhältnis, worin diese Arbeitsmittel als Produktbildner dienen, ohne dem Produkt Wert zuzusetzen, oder nur teilweise konsumiert werden, leisten sie, wie früher erwähnt, denselben *Gratisdienst* wie *Naturkräfte,* Wasser, Dampf, Luft, Elektrizität usw. Dieser *Gratisdienst der vergangenen Arbeit,* wenn ergriffen und beseelt von lebendiger Arbeit, akkumuliert mit der wachsenden Stufenleiter der Akkumulation" (I/635). Das Vorantreiben potentiell paradiesischer Zustände, worin die Arbeit, die ein Gegenstand gekostet hat, nicht mehr zählt, ist daher die metaökonomische Basis, auf der das Wertgesetz seine Erfolge feiert und allein feiern kann. Ginge die Welt komplett in den Bestimmungen des Wertgesetzes auf und müßte das Kapital die Produktivkräfte, die es wirken läßt, bezahlen, so könnte es gar nicht akkumulieren. Es profitiert davon, daß eine jegliche Errungenschaft, nachdem sie einmal entwickelt wurde, sich hernach wie eine Naturkraft verhält, die gratis wirkt. Nichts anderes heißt Entwicklung der Produktivkräfte: daß eine historische Plackerei, wenn sie zum Resultat geführt hat, den Menschen fortan für immer erspart bleibt. Und nur dort, wo die Menschen partiell schon im Besitz gratis wirkender Naturkräfte sind, haben sie Zeit genug, sich vom Kapital ausbeuten zu lassen. Gerade eine wesentlich metaphysische Kategorie – *Naturkraft* – erlaubt das Kapitalverhältnis zu verstehen, welches in seinen eigenen Kategorien gedacht unbegreiflich bliebe. *Lebendige* Arbeit, deren metaphysische Substanz aus den Umschreibungen, mit denen Marx sie stets versieht, ersichtlich wird, ist deren Gegenstück. Der gerechte Tausch zeigt sich hier zwieschlächtig wie jedes Recht.[67] Daß dieses Recht an seinem eigenen Anspruch gemessen Unrecht ist – nur der Arbeiter muß ehrlich alles bezahlen –, ist seine negative Seite. Daß es Unrecht ist, insofern sich der Gebrauchswert dem Kalkül des Wertgesetzes entzieht, gibt andererseits allein Grund zu der Hoffnung auf einen Zustand, wo es nichts mehr zu rechten gibt, weil die abscheuliche Knauserei aufgehört hat. Im Ursprung bezeichnet der Gebrauchswert ein paradiesisches Verhältnis zu den Dingen, worin diese den Menschen gehören, ohne durch Arbeit angeeignet zu sein, wo der Mensch „abweidet, was er vorfindet" (Ro/376). Am Ende bezeichnet er eine gegenständliche Welt, die in historischer Arbeit dahin verändert wurde, daß die Menschen ohne Schinderei über die Gegenstände ihrer Bedürfnisse verfügen. Dieser Gedanke, ohne den das Wertgesetz als Ausbeutungsinstrument und als Schranke der Produktivkraftentwicklung nicht zu durchschauen ist, ist freilich weniger der politischen Ökonomie entsprossen. Er findet sich beispielsweise ganz prägnant formuliert in Fichtes Geschichtsphilosophie. Bei ihm ist das Telos der Vervollkommnung der Menschheit im historischen Prozeß ein Zustand, den in die entlegenste Vergangenheit projiziert zu haben er Rousseau vorwirft, weil er in Wirklichkeit nur durch Anstrengung und Arbeit zu erreichen ist. Verwirklicht aber ist er die Befreiung von aller mühseligen Arbeit: „Wird dieser Zustand als idealisch gedacht – in welcher Absicht er unerreichbar ist wie alles Idealische –, so ist er das goldene Zeitalter des Sinnengenusses ohne körperliche Arbeit, den die alten Dichter beschreiben."[68] Raffiniert gibt freilich die Apostrophierung dieses Gedankens als idealistisch – das Gegenteil ist wahr – dem Zensor zu verstehen, daß man es so ernst mit der Abschaffung der Arbeit nun auch wieder nicht meine. Es ist gerade diese Bestimmung des emphatischen Gebrauchswerts als Wert für den sonntäglichen Gebrauch, in der die Idee einer von Not und Elend befreiten Menschheit in metaphysischer Form enthalten ist, welche im Kapitalverhältnis verlorengeht. Eine weitere ist die Bestimmung des Gebrauchswerts nicht durch das Bedürfnis des vereinzelten, auf seine kreatürliche Existenz reduzierten Individuums, sondern durch ein Subjekt der Geschichte.

Insofern die gegenständliche Welt von vornherein für die Menschen da ist, deren Bedürftigkeit in jener als Gegenstand existiert, welcher teils erst durch Arbeit, die aber kein prinzipielles Hindernis darstellt, angeeignet werden muß, teils auch unmittelbar gepflückt werden kann,

„verhalten sich die Individuen nicht als Arbeiter, sondern als Eigentümer – und Mitglieder eines Gemeinwesens, die zugleich arbeiten. Der Zweck dieser Arbeit ist nicht *Wertschöpfung* – obgleich sie Surplusarbeit tun mögen, um sich *fremde,* i. e. Surplusprodukte, auszutauschen –; sondern ihr Zweck ist Erhaltung des einzelnen Eigentümers und seiner Familie, wie des Gesamtgemeindewesens. Die Setzung des Individuums als eines *Arbeiters,* in dieser Nacktheit, ist selbst *historisches* Produkt." (Ro/375)

Mit dieser Bestimmung vorkapitalistischer Arbeit ist auch der allgemeine, triviale Gebrauchswert, statt einfach auf Gegenständliches, Naturales reduziert zu sein, deutlich auf das Gemeinwesen bezogen, welches hier aber noch nicht aus der geschichtlichen Entwicklung erklärt werden kann, sondern dieser vorausgesetzt ist. Weil die Menschen ebenso, wie sie die Erde von vornherein als Eigentümer behandeln, so auch stets schon zu vielen in Gemeinschaft existieren müssen, ehe die Geschichte beginnt, „erscheint zunächst ein naturwüchsiges Gemeinwesen als erste Voraussetzung" (Ro/375). Es erscheint also

> „nicht als *Resultat,* sondern als *Voraussetzung der gemeinschaftlichen Aneignung* (temporären) und *Benutzung des Bodens...* Die natürliche Stammgemeinschaft, oder wenn man will, das Herdenwesen, ist die erste Voraussetzung – die Gemeinschaftlichkeit in Blut, Sprache, Sitten etc. – der *Aneignung der objektiven Bedingungen* ihres Lebens, und der sich reproduzierenden und vergegenständlichenden Tätigkeit derselben (Tätigkeit als Hirten, Jäger, Ackerbauer etc.). Die Erde ist das große Laboratorium, das Arsenal, das sowohl das Arbeitsmittel, wie das Arbeitsmaterial liefert, wie den Sitz, die *Basis* des Gemeinwesens... Die wirkliche *Aneignung* durch den Prozeß der Arbeit geschieht unter diesen *Voraussetzungen,* die selbst nicht *Produkt* der Arbeit sind, sondern als ihre natürlichen oder *göttlichen* Voraussetzungen erscheinen." (Ro/376)

Wie das Gemeinwesen stets schon das Eigentum an der Erde zur Voraussetzung hat, ist umgekehrt das Eigentum – „das Verhalten des Einzelnen zu den *natürlichen* Bedingungen der Arbeit und Reproduktion als ihm gehörigen, als den objektiven, als unorganische Natur vorgefundner Leib seiner Subjektivität" (Ro/376) – immer schon durch das Gemeinwesen vermittelt. Am sinnfälligsten läßt sich dies am Beispiel der asiatischen Produktionsweise entwickeln, wo der Zusammenhang nicht nur der Einzelnen, sondern der einzelnen Gemeinden mit dem Gemeinwesen durch Arbeiten hergestellt wird, welches jene für dieses leisten:

> „Ein Teil ihrer Surplusarbeit gehört der höhern Gemeinschaft, die zuletzt als *Person* existiert, und diese Surplusarbeit macht sich geltend sowohl in Tribut etc., wie in gemeinsamen Arbeiten zur Verherrlichung der Einheit, teils des wirklichen Despoten, teils des gedachten Stammwesens, des Gottes." (Ro/377)

Obwohl diese Arbeiten im Bewußtsein der Menschen für den Despoten oder den Gott geleistet werden, produzieren sie teilweise sogar ganz unmittelbar – nicht nur insofern, als sie die Gemeinsamkeit in Sitte und Sprache herstellen – die materiellen Produktionsbedingungen der einzelnen Gemeinden: „Die gemeinschaftlichen Bedingungen der wirklichen

Aneignung durch die Arbeit, Wasserleitungen, sehr wichtig bei den asiatischen Völkern, Kommunikationsmittel etc. erscheinen dann als Werk der höhren Einheit – der über den kleinen Gemeinden schwebenden despotischen Regierung" (Ro/377). Der Gott und sein weltlicher Statthalter, der Despot, antizipieren schon die Rolle des Geldes, welches gerade als „illusorische Bestimmung ... ein so enormes Instrument in der wirklichen Entwicklung der gesellschaftlichen Produktivkräfte" (Ro/137) ist. Ähnlich dem Gott ist das Geld das „*reale Gemeinwesen,* insofern es die allgemeine Substanz des Bestehens für alle ist, und zugleich das gemeinschaftliche Produkt aller" (Ro/137). Auch insofern ist das Geld der rechtmäßige Erbe des Despoten, als es unter Beibehaltung der Produktionsverhältnisse nur durch eine „despotische Regierung der Produktion und Verwalterin der Distribution" (Ro/73) zu substituieren wäre. Das Kapitalverhältnis hat Despotie und Aberglauben nicht abgeschafft, sondern ihnen eine nur schwer zu entziffernde sachliche Gestalt gegeben. Die Dialektik der Aufklärung, ihr Umschlagen in Mythos, resultiert nicht aus ihrem Durchgang durchs Extrem, sondern aus dem Umstand, daß sie nicht fortgesetzt wurde: aus mangelnder Radikalität.

Insofern der Tauschwert „selbst ursprünglich wieder Wert des sonntäglichen, über die unmittelbare Notdurft gehenden Gebrauchs" (Ro/93) ist, ist einerseits die Beziehung des Gebrauchswerts zum Geld evident. Andererseits ist deutlich, daß die entfaltete Bestimmung des Geldes als Keim bereits im vorkapitalistischen, trivialen Gebrauchswert steckt. Dieser Gebrauchswert ist die durch das Gemeinwesen vermittelte Erde. Als durchs Gemeinwesen vermittelte ist sie aber nicht mehr bloße Natur, sondern diese göttlich vermittelt: existierend wesentlich für den sonntäglichen, der Gottheit gewidmeten Verbrauch, welcher hier eine *Voraussetzung* und *Bedingung* der materiellen Produktion zur Befriedigung der unmittelbaren Notdurft ist. Was die Gegenstände über ihre bloße Gegenständlichkeit hinaushebt, ist daher hier schon eine *Voraussetzung* dafür, daß sie als Gegenstände angeeignet werden können. Kein Wunder also, wenn die gegenwärtige Reduktion auf blanke Faktizität am Ende konsequent zur Produktion von unmittelbarem Abfall führt. Der Gebrauchswert in den vorkapitalistischen Gesellschaftsformationen ist das, was die Natur unter die Bestimmungen der Emanzipation von derselben setzt: ein wesentlich geistiges Gebilde, welches natürlich falsch ist, weil nicht der Geist, sondern die materielle Produktion die Emanzipation vom Naturzustand real besorgt. Der Gebrauchswert des Geldes als Kapital ist die lebendige Arbeit, also Emanzipation vom Naturzustand als materieller Produktionsprozeß von Geschichte; nur erscheint diese lebendige Arbeit eben nicht als Subjekt, sondern als Sache, als Gegenstand der Konsumtion durch das Kapital. Viel weniger aber noch als ein rein geistiger ist Emanzipationsgeschichte ein rein sachlicher Prozeß. Menschen, die wollen aber noch nicht können und daher das Gewollte bloß phantasieren, sind immerhin ein akzeptabler Ausgangspunkt. Die Vorstellung von der Allmacht der Gottheit, zu welcher sich das für seine Mitglieder unbegreifliche Gemeinwesen überhöht, ist eine vernünftige Antizipation dessen, was die Menschheit vollbringen könnte, wenn sie sich als solidarisches Subjekt der Geschichte konstituiert.[69] Sie wird im Kapitalverhältnis kassiert, wo die gesellschaftliche Bestimmung eines Gegenstandes diesem nicht als Bewußtsein lebendiger Menschen, sondern abermals als Sache, als Geld entgegentritt und die an der Natur gesellschaftliche Bestimmungen setzende Tätigkeit der Menschen selbst als Sache erscheint. Das Kapital kommt daher tendenziell ohne Subjekt, ohne menschlichen Willen, Bewußtsein und Vorstellungen aus – die ‚Entideologisierung‘, die sich freilich mit dem Aufkommen perfekter Wahnsysteme bestens verträgt, ist keine Erfindung der Reaktionäre. Marxens Ideologiekritik ist daher nicht so sehr eine an gängigen falschen Vorstellungen – besonders großartige Gedanken über das, was sie so treiben, haben sich die Bürger nie gemacht; ihre Legitimation war nicht die Theorie, sondern der Profit –, sondern Kritik an der Absenz von Vorstellungen überhaupt, welche die bürgerliche Form von Ideologie ist. Ricardo hat nicht die falsche Vorstellung vom Zustandekommen der Wertform, sondern er hat *keine*. Marxens Kritik an der politischen Ökonomie zielt daher weniger auf deren falsches Bewußtsein als auf deren vulgärmaterialistische Gedankenlosigkeit den Dingen gegenüber:

„Der grobe Materialismus der Ökonomen, die gesellschaftlichen Produktionsverhältnisse der Menschen und die Bestimmungen, die die Sachen enthalten, als unter diese Verhältnisse subsumiert, als *natürliche Eigenschaften* der Dinge zu betrachten, ist ein ebenso grober Idealismus, ja Fetischismus, der den Dingen gesellschaftliche Beziehungen als ihnen immanente Bestimmungen zuschreibt und sie so mystifiziert." (Ro/579)

Das ganze Werk von Marx könnte man auf die Formel bringen, daß er versucht, an den als reine Sachen erscheinenden Dingen die gesellschaftlichen Bestimmungen, die sie enthalten, zu entziffern. Gerade an solchen Bestimmungen, ohne die kein Stück Natur Gebrauchswert für die Menschen ist, hat es in den vorkapitalistischen Epochen nicht gemangelt, wenngleich sie nicht als gesellschaftliche gewußt sondern als mythologische oder religiöse hingenommen wurden.

Auch in der antiken Form ist trotz ihrer Verschiedenheit von der asiatischen die Beziehung des arbeitenden Subjekts zu den natürlichen Voraussetzungen der Arbeit vermittelt durch die Gemeinde, durch sein eigenes Sein als „Staatsmitglied, durch das Sein des Staats – daher durch eine *Voraussetzung, die als göttlich etc. betrachtet wird*" (Ro/379). Weil das Grundeigentum wiederum eine Voraussetzung des Gemeinwesens ist, wird dort, wo das Gemeinwesen auf ein anderes trifft, selbst ein so metaökonomisches Ding wie der Krieg zu einer Voraussetzung der Aneignung: „Der Krieg ist daher die große Gesamtaufgabe, die große gemeinschaftliche Arbeit, die erheischt ist, sei es um die objektiven Bedingungen des lebendigen Daseins zu okkupieren, sei es um die Okkupation derselben zu beschützen und zu verewigen" (Ro/378). Die Produktion ist gerade hier – anders als man es wegen der Dominanz des trivialen Gebrauchswerts zu Beginn der Darstellung hätte vermuten können – nicht vorrangig solche von gegenständlichem Reichtum, sondern sie ist geradezu voluntaristisch durch den subjektiven Zweck des Gemeinwesens bestimmt. So fallen auch Tätigkeiten darunter, die im modernen Sinn keine ökonomischen sind, oder, anders formuliert, die materielle Produktion in dieser Nacktheit, als von allem übrigen gesonderter Bereich, existiert hier noch nicht: „Es ist nicht Kooperation in der wealth producing Arbeit, wodurch sich das Gemeindemitglied reproduziert, sondern Kooperation in der Arbeit für die gemeinschaftlichen Interesssen (imaginären oder wirklichen) zur Aufrechterhaltung des Verbandes nach außen und innen" (Ro/380).

Marx faßt die hier entwickelten Bestimmungen des trivialen Gebrauchswerts in den vorkapitalistischen Gesellschaftsformationen in der folgenden Passage zusammen:

„In allen diesen Formen, worin Grundeigentum und Agrikultur die Basis der ökonomischen Ordnung bilden, und daher die Produktion von Gebrauchswerten ökonomischer Zweck ist, die *Reproduktion des Individuums* in den bestimmten Verhältnissen zu seiner Gemeinde, in denen es deren Basis bildet – ist vorhanden: 1) Aneignung, nicht durch Arbeit, sondern als der Arbeit vorausgesetzt, der natürlichen Bedingung der Arbeit, der *Erde* als des ursprünglichen Arbeitsinstruments sowohl, Laboratoriums, wie Behälters der Rohstoffe. Das Individuum verhält sich einfach zu den objektiven Bedingungen der Arbeit als den seinen; zu ihnen, als der unorganischen Natur seiner Subjektivität, worin diese sich selbst realisiert; die hauptobjektive Bedingung der Arbeit erscheint nicht selbst als *Produkt* der Arbeit, sondern findet sich vor als *Natur;* auf der einen Seite das lebendige Individuum, auf der andren die Erde, als die objektive Bedingung seiner Reproduktion; 2) aber dieses *Verhalten* zu dem Grund und Boden, zur Erde, als dem Eigentum des arbeitenden Individuums – welches daher von vornherein nicht als bloß arbeitendes Individuum erscheint, in dieser Abstraktion, sondern im Eigentum an der Erde eine *objektive Existenzweise* hat, die seiner Tätigkeit *vorausgesetzt* ist, und nicht als deren bloßes Resultat erscheint, und ebenso eine Voraussetzung seiner Tätigkeit ist, wie seine Haut, seine Sinnesorgane, die er zwar auch im Lebensprozeß reproduziert, und entwickelt etc., die aber diesem Reproduktionsprozeß seinerseits vorausgesetzt sind – ist sofort vermittelt durch das naturwüchsige, mehr oder minder historisch entwickelte, und modifizierte Dasein des Individuums als *Mitglied einer Gemeinde* – sein naturwüchsiges Dasein als Glied eines Stammes etc. Ein isoliertes Individuum könnte sowenig Eigentum haben an Grund und Boden, wie sprechen. Es könnte allerdings an ihm als an der Substanz zehren, wie die Tiere tun. Das Verhalten zur Erde als Eigentum ist immer vermittelt durch die Okkupation, friedliche oder gewaltsame, von Grund und Boden durch den Stamm, die Gemeinde in irgendeiner mehr oder minder naturwüchsigen, oder schon historisch entwickeltern Form. Das Individuum kann hier nie in der Punktualität auftreten, in der es als bloßer freier Arbeiter erscheint. Wenn die objektiven Bedingungen seiner Arbeit vorausgesetzt sind als ihm gehörig, so ist es selbst subjektiv vorausgesetzt als Glied einer Gemeinde, durch welche sein Verhältnis zu Grund und Boden vermittelt ist. Seine Beziehung zu den objektiven Bedingungen der Arbeit ist vermittelt durch sein Dasein als Gemeindemitglied; andrerseits ist das wirkliche Dasein der Gemeinde bestimmt durch die bestimmte Form seines Eigentums an den objektiven Bedingungen der Arbeit." (Ro/384-385)

So führt die Darstellung des allgemeinen, trivialen Gebrauchswerts, der in Widerspruch zum emphatischen gesetzt als kreatürliches Bedürfnis oder als nackter Gegenstand desselben erschien, für sich allein betrachtet geradewegs zu einer wesentlich immateriellen und ganz pointiert gesellschaftlichen inhaltlichen Bestimmung, nämlich zu einem *bestimmten Verhältnis* der in Gesellschaft lebenden Menschen zueinander — so wie umgekehrt der emphatische Gebrauchswert, der in Gegensatz zum trivialen gesetzt als ein das Prinzip von Emanzipationsgeschichte beinhaltendes gesellschaftliches Verhältnis erschien, für sich allein genommen zur Sache wurde. (Vgl. vorangegangenes Kapitel.)

11. Unmittelbarkeit der gesellschaftlichen Bestimmungen, die bestimmte Natur als Gebrauchswert setzen, als Naturzwang

(Gebrauchswert ist in den vorkapitalistischen Gesellschaften zwar Natur, unter die Bestimmung der Emanzipation von derselben gesetzt. Als vom naturwüchsigen Gemeinwesen bestimmte ist aber diese Emanzipation selbst noch ein Stück Natur.)

Darüber, ob ein Stück Natur Gebrauchswert ist oder nicht, entscheidet in den vorkapitalistischen Gesellschaftsformationen das Verhältnis des Einzelnen zu seiner Gemeinde, „ein bestimmtes, ihm vorherbestimmtes objektives Dasein, sowohl im Verhalten zu den Bedingungen der Arbeit, wie zu seinen Mitarbeitern, Stammesgenossen etc." (Ro/386). Gerade als bestimmter, d. h. mögliche andere ausschließender Inhalt des gesellschaftlichen Verhältnisses der Menschen zur Natur ist der allgemeine Gebrauchswert vom Herrschaftsverhältnis gezeichnet, unter welches die naturwüchsige Verbundenheit mit dem selbst naturwüchsigen Gemeinwesen – es ist eine Naturvoraussetzung menschlichen Lebens – das Individuum subsumiert. Insofern dieses als Naturkategorie etwas von der Gemeinschaft, in der es immer existiert, auch Verschiedenes ist, stellt sich der scheinbar dem natürlichen Bedürfnis, wie gezeigt wurde aber dessen jeweils gesellschaftlich dominierender Form verpflichtete triviale Gebrauchswert als artifizielle Schranke für die freie Entfaltung der menschlichen Natur dar, während die Entwicklung des emphatischen Gebrauchswerts im Kapitalverhältnis insofern der menschlichen Natur zu ihrem Recht verhilft, als dessen Allgemeinheit die individuelle Verschiedenheit gewähren läßt. Der Umstand, daß, sobald „die Energie des Einzelnen mehr entwickelt ist – sein gemeinsamer Charakter mehr als negative Einheit nach außen erscheint und so erscheinen muß" (Ro/378), denunziert die Bestimmtheit des trivialen Gebrauchswerts als Manifestation eines Herrschaftsverhältnisses, worin an „freie und volle Entwicklung, weder des Individuums, noch der Gesellschaft" (Ro/386-387), nicht zu denken ist.

Produktion für den Gebrauchswert heißt bei Marx immer Produktion für den unmittelbaren Gebrauch im Gegensatz zu Produktion für den Markt. Der unmittelbare Gebrauch ist aber selbst nicht unmittelbar im Sinn eines Naturverhältnisses, worin die Vermittlung durch Gesellschaft ersatzlos gestrichen ist, sondern der unmittelbare Gebrauch ist derjenige, der den Individuen von der Gesellschaft unmittelbar verordnet wird – oder er ist Naturverhältnis in dem Sinn, daß die Beziehung des Individuums zu seiner Gemeinschaft noch naturwüchsig zwangshaft ist, weil diese Gemeinschaft selbst noch Naturverband. In solche Abhängigkeit führt übrigens die totalitäre Reklame der mächtigen Konzerne wieder zurück, insofern sie die bürgerliche Auflösung des bestimmten, trivialen Gebrauchswerts in ein Universum verschiedener Genüsse revoziert. Im Gegensatz zu vorkapitalistischen Verhältnissen bekommt man allerdings nur noch den etikettierten Gegenstand – ‚Frühstücksrama' – eingebleut, nicht dessen gesellschaftliche Bestimmung. Treibende Kraft der bürgerlichen Entwicklung vieler qualitativ verschiedener Gebrauchswerte war die Abstraktion von bestimmter, besonderer Qualität und deren logische, leider dann auch realgeschichtlich weitgehend realisierte Konsequenz der Rückfall in Unmittelbarkeit. Daß diese sich nun als eine von Dingen, nicht wie in vorkapitalistischen Verhältnissen als eine von gesellschaftlichen Bestimmungen darstellt, macht gerade die gegenwärtige Vertracktheit aus. Der triviale Gebrauchswert hypostasierte, wo er wirklich herrschte, gerade *nicht* die nackten Gegenstände, sondern er bezeichnete diese in ihren gesellschaftlichen Bestimmungen, die als vorherbestimmte und fixierte ihrerseits aber wiederum einen dinghaften, die lebendigen Menschen unter sie subsumierenden Charakter trugen – Stigma der Naturbefangenheit des Gemeinwesens:

„Wir finden bei den Alten nie eine Untersuchung, welche Form des Grundeigentums etc. die produktivste, den größten Reichtum schafft? Der Reichtum erscheint nicht als Zweck der Produktion, obgleich sehr wohl Cato untersuchen kann, welche Bestellung des Feldes die einträglichste, oder gar Brutus sein Geld zu den besten Zinsen ausborgen kann. Die Untersuchung ist immer, welche Weise des Eigentums die besten Staatsbürger schafft... So scheint die alte Anschauung, wo der Mensch, in welcher bornierten nationalen, religiösen, politischen Bestimmung auch immer als Zweck der Produktion erscheint, sehr erhaben zu sein gegen die moderne Welt, wo die Produktion als Zweck des Menschen und der Reichtum als Zweck der Produktion erscheint. In fact aber, wenn die bornierte bürgerliche Form abgestreift ist, was ist der Reichtum anders, als die im universellen Austausch erzeugte Universalität der Bedürfnisse, Fähigkeiten, Genüsse, Produktivkräfte etc. der Individuen? Die volle Entwicklung der menschlichen Herrschaft über die Naturkräfte, die der sogenannten Natur sowohl, wie seiner eignen Natur? Das absolute Herausarbeiten seiner schöpferischen Anlagen, ohne andre Voraussetzung als die vorhergegangne historische Entwicklung, die diese Totalität der Entwicklung, d. h. der Entwicklung aller menschlichen Kräfte als solcher, nicht gemessen an einem *vorhergegebnen* Maßstab, zum Selbstzweck macht? Wo er nicht reproduziert in einer Bestimmtheit, sondern eine Totalität produziert? Nicht irgend etwas Gewordnes zu bleiben sucht, sondern in der absoluten Bewegung des Werdens ist? In der bürgerlichen Ökonomie – und der Produktionsepoche, der sie entspricht – erscheint diese völlige Herausarbeitung des menschlichen Innern als völlige Entleerung, diese universelle Vergegenständlichung als totale Entfremdung, und die Niederreißung aller bestimmten einseitigen Zwecke als Aufopferung des Selbstzwecks unter einen ganz äußren Zweck. Daher erscheint einerseits die kindische alte Welt als das Höhere. Andrerseits ist sie es in alledem, wo geschloßne Gestalt, Form und gegebne Begrenzung gesucht wird. Sie ist Befriedigung auf einem bornierten Standpunkt; während das Moderne unbefriedigt läßt, oder wo es in sich befriedigt erscheint, *gemein* ist." (Ro/387-388)

Der gewußte Zweck der Produktion in den vorkapitalistischen Gesellschaften, der sich einerseits so wohltuend vom bewußtlosen Fetischismus moderner Verhältnisse abhebt, ist als den Individuen *vorherbestimmter* selbst noch ein Stück Natur und nicht wirklich schon die Befreiung von ihr, unter deren Bestimmungen er diese ideell setzt; und eben solche mitgeschleppte, undurchschaute und verdrängte, nicht wirklich überwundene Naturhaftigkeit zersetzt den emphatischen Gebrauchswert und läßt ihn schließlich auf ein merkwürdiges Naturverhältnis regredieren, insofern dessen Allgemeinheit sich am Ende nicht als Auflösung der Herrschaft des Besonderen, sondern als besondere Herrschaft über dasselbe herausstellt. Es ist von vornherein ein Widerspruch und dieser ein Stigma der Naturhaftigkeit des gesellschaftlich Allgemeinen, daß dieses als Besonderes – als Geld – erscheint. Der gegenwärtige Verfall des Gebrauchswerts resultiert keineswegs aus zu weit getriebener Emanzipation von Natur, wie die modernen Naturapostel meinen, sondern aus deren Abbruch und Mißlingen an einem bestimmten Punkt der Geschichte. Wie immer ist es nicht der Exzeß, sondern der Mangel an Radikalität, der zur Katastrophe führt.

In der vorbürgerlichen, auf den Gebrauchswert gerichteten Produktionsweise herrscht *„Einheit* der lebendigen und tätigen Menschen mit den natürlichen, unorganischen Bedingungen ihres Stoffwechsels mit der Natur" (Ro/389). Diese ursprünglichen Voraussetzungen der Produktion erscheinen als „Naturvoraussetzungen, ... ganz so wie sein lebendiger Leib, sosehr er ihn reproduziert und entwickelt, ursprünglich nicht gesetzt ist von ihm selbst, als *Voraussetzung* seiner selbst erscheint, sein eignes Dasein (leibliches) ist eine natürliche Voraussetzung, die er nicht gesetzt hat" (Ro/389). Weiter: „Wie das arbeitende Subjekt natürliches Individuum, natürliches Dasein – erscheint die erste objektive Bedingung seiner Arbeit als Natur, Erde, als sein unorganischer Leib; es selbst ist nicht nur der organische Leib, sondern diese unorganische Natur als Subjekt" (Ro/388). Der Mensch „verhält sich eigentlich nicht zu seinen Produktionsbedingungen; sondern ist doppelt da, sowohl subjektiv als er selbst, sowie objektiv in den natürlichen anorganischen Bedingungen seiner Existenz" (Ro/391).

Die Begrifflichkeit, in der die vorkapitalistische Produktionsweise zwangsläufig dargestellt werden muß, erweckt in den zusammengetragenen Zitaten den falschen Anschein, als handele es sich dabei um einen einfachen Prozeß zwischen einerseits Mensch, andererseits Natur, wobei der Mensch selbst nur ein besonderes Stück Natur ist. Steht die äußere Natur auch noch ganz am Anfang des Prozesses der „Formung, Unterwerfung der Objekte unter einen subjektiven Zweck; Verwandlung derselben in Resultate und Behälter der subjektiven Tätigkeit" (Ro/389), und ist sie somit als Laboratorium, Arsenal, anorganischer Leib hinreichend bestimmt, so tauchen beim Begriff des Menschen Schwierigkeiten auf. Dieser bleibt stets ambivalent, Gemeinschaft als Naturverband und Individuum als Naturkategorie zugleich. Einerseits ist das natürliche Individuum mit seiner Naturkraft und seinem kreatürlichen Bedürfnis die natürliche Substanz und materielle Basis des Gemeinwesens; andererseits aber ist das Individuum aus dem Verband, worin es immer existiert, hier gar nicht real zu lösen und daher nicht die natürliche Basis, sondern Denkbestimmung des auf diese Verhältnisse reflektierenden bürgerlichen Bewußtseins. Unmittelbar gegeben ist gerade nicht das Individuum, sondern seine Gemeinschaft mit anderen Individuen, in der es lebt und als Individuum im strengen Sinn noch gar nicht zu identifizieren ist: „Der Mensch vereinzelt sich erst durch den historischen Prozeß. Er erscheint ursprünglich als ein *Gattungswesen, Stammwesen, Herdentier*" (Ro/395). Das natürliche individuelle Dasein des Menschen, das Individuum als Naturkategorie, ist daher stets schon durch seine Beziehungen zu anderen Individuen vermittelt: „Eine natürliche Produktionsbedingung für das lebendige Individuum ist sein Zubehören zu einer *naturwüchsigen Gesellschaft,* Stamm etc. Dies ist z. B. schon Bedingung für seine Sprache" (Ro/391). Nur als durch Gesellschaft vermitteltes kann individuelles menschliches Leben existieren, in den Beziehungen vieler Individuen aufeinander. Solange die Gesellschaft nicht ihrerseits durch die Individuen vermittelt, sondern diesen vorgeschrieben ist wie dem Huhn die Hackordnung, tritt freilich das, was sie vermitteln soll, nämlich die Beziehungen vieler Individuen aufeinander, wodurch der Einzelne seine Universalität gewinnt, gar nicht ein. Sie verhindert dies, solange sie als Gesellschaft, als besondere Allgemeinheit über den vielen besonderen Beziehungen der Menschen zueinander und zur Natur existiert und diese daher nicht wahrhaft allgemein und universell sind.[70]

12. Eigentum und Freiheit

(Der Gebrauchswert als Bestimmung des Verhältnisses von Mensch und Natur setzt die Menschen als von Natur verschiedene, mit freiem Willen begabte Subjekte voraus. Der freie Wille aber bleibt so lange Metaphysik, wie die Menschen die objektive Welt nicht wirklich als Bedingungen ihrer subjektiven Tätigkeit setzen.)

Die gesellschaftlichen Bestimmungen, die ein Stück Natur als Gebrauchswert setzen, besitzen, wie gezeigt wurde, einen eigentümlich metaökonomischen, ja metaphysischen Charakter, welcher das auf sie reflektierende bürgerliche Bewußtsein zunächst nachhaltig verblüfft und die vorbürgerlichen Verhältnisse seinem Spott oder seiner Vergötzung aussetzt, weil es die eigentlich erstaunliche und erklärungsbedürftige Tatsache der Trennung von sachlichem Prozeß und dessen menschlicher Bestimmung als natürliche Voraussetzung seines Denkens bewußtlos hinnimmt. Das bürgerlich Bewußtsein wird die metaphysischen Bestimmungen der Produktion entweder als unverständlichen Aberglauben belächeln, weil es dem von ihm selbst verdrängten Umstand, daß die materielle Produktion kein sachlicher Prozeß ist — woran es durch die abergläubischen Vorstellungen schmerzhaft erinnert wird –, die Zähne zeigen muß; oder es wird diese Vorstellungen begierig aufgreifen und sie vergötzen, und dies — die Arbeit fürs Vaterland, für den Sieg — ist die faschistische Form der Wiederherstellung der Einheit von sachlichem Prozeß und dessen gesellschaftlicher Bestimmung. Im Massenwahn bis hin zur Begeisterung für den American way of life, und übrigens auch in der Reklame, deren stupider

Konkretismus zwar die gesellschaftlichen Bestimmungen durch Operationalisierung entsubstantiiert und verdinglicht zugleich (Freiheit ist, wenn man eine bestimmte Zigarette raucht, Schönheit, wenn man sich in bestimmten Desinfektionslaugen wässert), die aber gleichwohl diese Bestimmungen als abbreviativ in Mythologie zurückgeschlagene braucht, um den Gegenstand zu verzaubern – in allen diesen Erscheinungen bricht sich die innere Einheit von sachlichem Prozeß und dessen menschlicher Bestimmung naturwüchsig und wahrhaft katastrophisch Bahn. Im Wahn stellt das Subjekt für sein Bewußtsein eine Relation zur Realität her, die es aufgrund von deren wirklicher Beschaffenheit real nicht geben kann. Wahnhafte Züge tragen daher auch die die Welt den Menschen vermittelnden Vorstellungen der vorbürgerlichen Epochen, insofern die unbearbeitete Welt real keine menschliche, den Menschen wirklich vermittelte war. Gleichwohl sind diese Vorstellungen, wie Marx gegen Proudhon gewendet hervorhebt, Voraussetzungen und Bestimmungen des Stoffwechsels der Menschen mit der Natur: „Was Herr Proudhon die *außerökonomische* Entstehung des Eigentums nennt, worunter er eben das Grundeigentum versteht, ist das *vorbürgerliche* Verhältnis des Individuums zu den objektiven Bedingungen der Arbeit" (Ro/388). Die scheinbar jeder ökonomischen Vernunft spottenden Vorstellungen, von welchen die in den vorkapitalistischen Verhältnissen produzierenden Menschen beherrscht werden, sind also keineswegs absurde Hirngespinste, sondern sie bezeichnen sehr genau das jeweils herrschende Verhältnis der Menschen zur Natur. Darüber hinaus zeigt sich im vorbürgerlichen Verhältnis unübersehbar deutlich eine konstitutive Bedingung jeglicher Ökonomie, die im Kapitalverhältnis sukzessive in Vergessenheit geriet: daß der Stoffwechsel des Menschen mit der Natur ein Subjekt zur Voraussetzung hat, welches in diesem Stoffwechsel nicht restlos aufgeht; daß die Ökonomie eben kein einfacher Sachzusammenhang, sondern gesellschaftliches Verhältnis der Menschen ist. Weil Proudhon dies nicht begreift, reduziert er einerseits die Produktion vulgärmaterialistisch auf einen rein sachlichen Prozeß und muß dann deren gesellschaftliche Bestimmungen, die in den vorkapitalistischen Epochen dominieren, für außerökonomische erkären; andererseits verfährt er nominalistisch willkürlich mit den gesellschaftlichen Formbestimmungen, eben weil er deren Zusammenhang mit dem materiellen Prozeß nicht durchschaut, und die Frage der richtigen Einrichtung der gesellschaftlichen Verhältnisse stellt sich ihm ganz konsequent als die nach einigen Manipulationen an der Zirkulationssphäre, in letzter Instanz schon als die nach ‚gerechterer Verteilung' der irgendwie produzierten Gegenstände, zu welcher die revolutionäre Theorie dann in der Sozialdemokratie vollends verkam. Proudhon verfällt damit dem von der kapitalistischen Produktionsweise hervorgebrachten falschen Bewußtsein, als handele es sich bei der materiellen Produktion um keinen gesellschaftlichen, sondern einen rein sachlichen Prozeß. Die Verkehrtheit dieses Bewußtseins läßt sich aber gerade an den vorbürgerlichen Formen anschaulich zeigen. Materielle Produktion ist hier schon insofern eine gesellschaftliche Bestimmung, als sie stets *Eigentum* voraussetzt, welches wiederum nur als gesellschaftlich vermitteltes existiert:

„In bezug auf den Einzelnen ist z. B. klar, daß er selbst zur Sprache als *seiner eignen* sich nur verhält als natürliches Mitglied eines menschlichen Gemeinwesens. Sprache als Produkt eines Einzelnen ist ein Unding. Aber ebensosehr ist es [das] Eigentum." (Ro/390)

Am Eigentum lassen sich Einheit und Differenz von Mensch und Natur bestimmen. Eigentum ist zwar ein Stück Natur, aber ein solches, welches der Mensch als sein eigenes *identifiziert* hat, ein ihm selbst *eigentümliches* Stück Natur. Die Voraussetzung für den Unterschied in der Natur – solche, die einem Menschen eigentümlich ist, und solche, die dies nicht ist –, welcher für Gebrauchswert oder Eigentum als *bestimmte* Natur konstitutiv ist, ist die Tatsache, daß der Mensch sich als sich selbst, also als von der Natur verschieden weiß. Diese Verschiedenheit kann der Mensch nur anschauen, oder sie gewinnt für ihn nur objektive, gegenständliche, nicht nur in seinem flüchtigen subjektiven Empfinden bestehende Existenzweise im Unterschied zwischen einem *anderen* Menschen und der Natur. Eigentum als vom Menschen als sein eigenes, also als ihm eigentümlich wie von ihm auch verschieden identifiziertes Stück Natur setzt daher immer schon in Gesellschaft lebende, sich dadurch von bloßer Natur unterscheidende und nur also solche auf Natur reflektierende und ihr tätig zuleibe rückende Menschen voraus, und in genau diesem Sinn ist Eigentum selbst die erste Voraussetzung von Produktion, antizipiert jenes schon deren Bestimmungen. In ihrem Begriff ist enthalten, daß der bearbeitete Gegenstand als identischer festgehalten wird, so daß der Mensch sich nicht in der chaotischen Mannigfaltigkeit verliert, als welche sich die nicht unter die Bestimmungen eines Subjekts gesetzte Natur darstellt. Im Begriff der Produktion ist weiter enthalten, daß ein von Natur verschiedenes Subjekt an dieser seine eigenen von Natur verschiedenen subjektiven Zwecke setzt, sonst wäre sie vom Leben der Tiere, der bloßen Reproduktion der kreatürlichen Substanz nicht zu unterscheiden. Sie setzt daher als spontanes, produktives (nicht bloß reproduktives) Moment den menschlichen *Willen* als Ausdruck seiner, in den Anfängen der Geschichte freilich nur eingebildeten, wahnhafte Züge tragenden, aber auch als Wahn schon real wirksamen Emanzipation von Natur voraus – eine Kategorie, vor der Marx durchaus nicht zurückscheut im Gegensatz zu jenen seiner Interpreten, die mit der Kategorie des Willens auch schon den Anarchismus und die Sittenlosigkeit hereinbrechen sehen, weil sie häufig genug Verhältnisse verteidigen, in denen die Menschen nichts zu wollen haben. Die Erde als Eigentum des Menschen ist nicht nur „Laboratorium seiner Kräfte", sondern ebensosehr die *„Domäne seines Willens"* (Ro/396). Gebrauchswert ist die Erde keineswegs nur als Behälter der Gegenstände rezeptiver Bedürfnisse, sondern Gebrauchswert ist sie auch als Gegenstand, an dem sich in der tätigen Auseinandersetzung die im Menschen schlummernden Potenzen entfalten und entwickeln können. Wenngleich erst viel später im Kapitalverhältnis der Gebrauchswert als vom Naturzwang zur Reproduktion emanzipierte, virtuell schon freie Tätigkeit, als lebendige, nämlich durchs Kapital verlebendigte Arbeit bestimmt ist, so ist doch diese Bestimmung schon im Begriff des Eigentums antizipiert, insofern dieser die Natur unter die Willensbestimmung des Subjekts setzt. Die Marxsche Kritik am Feuerbachschen Materialismus, „daß der Gegenstand, die Wirklichkeit, Sinnlichkeit nur unter der Form des Objekts oder der Anschauung gefaßt wird; nicht aber als sinnlich menschliche Tätigkeit, Praxis; nicht subjektiv" (MEW 3/5), tangiert auch den Begriff des Gebrauchswerts, der ohne die gegenstandskonstitutive Leistung des Subjekts – und darin gibt Marx dem Idealismus gegen Feuerbach recht – nicht zu denken ist.

Ob Menschen über diese gegenstandskonstitutive Leistung, also über eine bestimmte Portion Freiheit gegenüber der Natur, diese unter die eigenen Bestimmungen zu setzen, verfügen, entscheidet in den vorkapitalistischen Epochen wesentlich darüber, ob sie selber Sklaven oder deren Halter sind. Was den Sklaven eigentumslos macht, ist gerade nicht eine Modifikation seines Verhältnisses zur Natur wie im Kapitalismus. Der Herrscher kann an diesem Verhältnis gewöhnlich wenig ändern, weil es naturwüchsig vorgegeben ist. Was den Sklaven zum Sklaven macht, ist seine Unfähigkeit, der Natur selbstherrlich, mit freiem Willen entgegenzutreten – welche Bestimmung hier freilich eine höchst abstrakte bleibt, so wie es damals wenig an den realen Verhältnissen der Menschen änderte, ob sie Objekte dieses oder jenes Herrschers waren:

„Die Grundbedingung des auf dem Stammwesen (worein sich das Gemeinwesen ursprünglich auflöst) ruhenden Eigentums – Mitglied des Stammes sein – macht den vom Stamm eroberten fremden Stamm, den unterworfenen, *eigentumslos* und wirft ihn selbst unter die *unorganischen Bedingungen* seiner Reproduktion, wozu sich das Gemeinwesen als den seinen verhält." (Ro/392)

„Wird der Mensch selbst als organisches Zubehör des Grund und Bodens mit ihm erobert, so wird er miterobert als eine der Produktionsbedingungen, und so entsteht Sklaverei und Leibeigenschaft..." (Ro/391)

Die Eigentumslosigkeit des Sklaven entsteht nicht dadurch, daß ihm das Stück Natur, auf dem er sitzt, entrissen wird, sondern dadurch, daß er *nicht* Mitglied des herrschenden Stammes ist, d. h. Eigentum ist hier wesentlich gesellschaftliche Kategorie. Wenn der Besitz von Eigentum als eine Qualität bestimmt wird, die ausschließlich dem Subjekt zukommt, so ist Voraussetzung für das Eigentum der *freie Wille,* der hier freilich die Gestalt blinder Willkür des naturwüchsigen Gemeinwesens hat und daran seine die Subjekte unter sich subsumierende Objektivität als Negation der Freiheit, die er auch setzt. Gleichwohl löst solche naturverhaftete Willkür das Subjekt aus dem Naturprozeß, dem es immer angehört, auch heraus und gestattet ihm hinsichtlich der anorganischen Voraussetzungen seiner Existenz das „wirkliche Setzen derselben als der Bedingungen einer subjektiven Tätigkeit" (Ro/393) — als Gegenstände der Tätigkeit eines Subjekts also, welches sich von der kreatürlichen Substanz, an der es erscheint, auch unterscheidet. Es unterscheidet sich von dieser Substanz, insofern es sich von Natur unterscheiden weiß. Dieser Unterschied ist wiederum die Voraussetzung, der Natur mit einem von dieser unterschiedenen und auch in die Physiologie seines Trägers nicht restlos auflösbaren Willen entgegenzutreten, und eben dieser Wille ist Voraussetzung von Produktion im strengen Sinn, insofern diese Hervorbringung von etwas Neuem und somit in die materiellen Bedingungen seiner Entstehung nicht restlos Auflösbarem ist. Was den Menschen von seiner kreatürlichen Existenz unterscheidet, ist sein Leben in Gesellschaft, in welcher allein er sich von Natur verschieden wissen kann und ihr real überlegen ist. Die produktive Spontaneität, an der Natur eigene subjektive Zwecke zu setzen, indem sie als Bedingung der subjektiven Tätigkeit gesetzt wird, ist ebenso wie die Arbeitsteilung, durch welche der Einzelne als lebendige Produktivkraft seine kreatürliche Beschränktheit durchbricht, Produkt des Lebens in Gesellschaft: „Als die erste große Produktivkraft erscheint das Gemeinwesen selbst" (Ro/395). Insofern der aus dem Leben in Gesellschaft resultierende Wille, der in der blinden Willkür, diese oder jene Prozedur für gottgewollt oder heilig zu erklären, seinen prägnantesten Ausdruck findet, sich gegen den Willen eines anderen Subjekts behaupten muß, ist „der *Krieg* ... daher eine der ursprünglichsten Arbeiten jedes dieser naturwüchsigen Gemeinwesen, sowohl zur Behauptung des Eigentums, als zum Neuerwerb desselben" (Ro/391). Vor allem seit sich die Kritik an der Gesellschaft, so radikal sie sich auch geben mag, auf „etwas Proletariatsjammer" reduziert, gegen den schon Engels mit gutem Grund heftig polemisierte (vgl. MEW 2/603 ff.), verdient der freie Wille als wesentliches Moment des Gebrauchswerts, der schon in allen vorkapitalistischen Eigentumsformen steckt, hervorgehoben zu werden. Was den Lohnarbeiter zum modernen Sklaven macht, ist eben dies, daß seine Tätigkeit unter der Herrschaft eines fremden Willens steht:

„In ihrer Kombination erscheint diese Arbeit ebensosehr einem fremden Willen und einer fremden Intelligenz dienend, und von ihr geleitet – ihre *seelenhafte Einheit* außer sich habend, wie in ihrer materiellen Einheit untergeordnet unter die *gegenständliche Einheit* der *Maschinerie,* des capital fixe, das als *beseeltes Ungeheuer* den wissenschaftlichen Gedanken objektiviert und faktisch das Zusammenfassende ist, keineswegs als Instrument zum einzelnen Arbeiter sich verhält, vielmehr er als beseelte einzelne Punktualität, lebendiges isoliertes Zubehör an ihm existiert." (Ro/374)

Die seelenhafte Einheit der Arbeit, der sachliche Prozeß als einer, der seine Seele am menschlichen Zweck und Willen hat, der ihn bestimmt, existiert im Kapitalverhältnis nicht für den Arbeiter als seine eigene. Der Zweck und Wille, die den sachlichen Prozeß beseelen, sind solche des Kapitalisten. Insofern im kapitalistischen Produktionsprozeß

„die vergegenständlichte Arbeit zugleich als *Nichtgegenständlichkeit* des Arbeiters, als Gegenständlichkeit einer dem Arbeiter entgegengesetzten Subjektivität gesetzt ist, als *Eigentum* eines ihm fremden Willens, ist das Kapital notwendig zugleich *Kapitalist* und der Gedanke von einigen Sozialisten, wir brauchten das Kapital, aber nicht den Kapitalisten, ist durchaus falsch... das Kapital ist wesentlich Kapitalist." (Ro/412)

Mag der Arbeiter auch halbwegs komfortabel versorgt sein, so verfügt er doch nur über Almosen statt über Gebrauchswerte, weil ihm die wesentliche Gebrauchswertqualität der gegenständlichen Welt, Domäne *seines* Willens zu sein, verschlossen bleibt. Was er mehr besitzt als die Gegenstände seiner kreatürlichen Bedürftigkeit, kann er als Objekt eines fremden Willens im Wortsinn nicht gebrauchen, selbst wenn er der juristische Eigentümer ist. Es ist dieser eigentlich triviale Sachverhalt, der alle subjektiv gut gemeinten Bemühungen sozialdemokratischer Stadtplaner, die Arbeiter mit ‚humaner' Architektur zu beglücken, in einem Desaster scheitern läßt. Die Verblüffung darüber ähnelt stets der naiven Frage an den verwöhnten Sklaven, an die verwöhnte Gattin oder das verwöhnte Kind, warum sie denn in aller Welt nicht glücklich seien, wo sie doch alles besäßen. Um so erstaunlicher ist solche Naivität, als die Bürger die Ohnmacht, die dem Menschen selbst den Komfort vergällt, am eignen Leib erfahren haben. Das zentrale Thema der Geistesgeschichte im 19. Jahrhundert reflektiert genau die progredierende Zentralisation und Konzentration des Kapitals, an deren Ende die Bürger, die sich 1789 mit Grund für das Subjekt der Geschichte hielten, sich unversehens als kümmerliche Statisten im historischen Prozeß, als mittelbare oder unmittelbare Angestellte der Monopole wiederfanden: „Und ein Motiv ... welches das ganze Jahrhundert durchzieht, den Osten und Westen, die absoluten und die parlamentarischen Monarchien, die Demokratien, die literarischen Bewegungen von der Romantik über den Realismus bis zum Symbolismus: das Motiv des Ennui, des Überdrusses, der Langeweile, der Lebensöde..."[71] Für Marx, der beispielsweise von der Gewalt sagt: „Sie selbst ist eine ökonomische Potenz" (I/779), ist der Gedanke, daß in der Ökonomie Dinge wie Freiheit, Wille, Bewußtsein eine Rolle spielen, durchaus selbstverständlich. Erst später wurde die Misere des Kapitalverhältnisses sozialfürsorgerisch darauf reduziert, daß die Arbeiter kein angemessenes Stück vom großen Kuchen abbekämen, und dieses Mißverständnis schleppt sich selbst bei jenen Gruppierungen fort, die im Gegensatz zur Sozialdemokratie zwar die Revolution proklamieren, für diese aber keine andere Legitimation als materielles Proletarierelend geltend machen können und dieses folglich dort, wo es so drastisch nicht zu finden ist, beschwören. Die wenig überzeugende Beweisführung, wie schlecht es den Menschen in materieller Hinsicht in der BRD geht, müßte viel weniger strapaziert werden, wenn das in der Analyse der Wertform entschlüsselte Prinzip von Ausbeutung im Kapitalismus verstanden würde: Ausbeutung heißt vor allem, daß die Arbeiter um die Geschichte, die sie machen, betrogen werden, um die geschichtsbildende Kraft ihrer als Mehrarbeit gesetzten lebendigen Arbeit, die erstmals wirklich die gegenständliche Welt als Bedingung der subjektiven Tätigkeit des Menschen setzt, sie real zur Domäne seines Willens macht; ob die Arbeiter dabei satt zu essen haben, ist wichtig, aber es ändert nichts am Prinzip:

„So wenig aber bessere Kleidung, Nahrung, Behandlung und ein größeres Peculium das Abhängigkeitsverhältnis und die Exploitation des Sklaven aufheben, so wenig die des Lohnarbeiters. Steigender Preis der Arbeit infolge der Akkumulation des Kapitals besagt in der Tat nur, daß Umfang und Wucht der goldnen Kette, die der Lohnarbeiter sich selbst geschmiedet hat, ihre losere Spannung erlauben." (I/646)

Die gegenwärtige Agitation selbst nicht-revisionistischer Gruppen setzt dagegen den Arbeiter immer schon als Objekt des Sozialstaats voraus. Stets soll er dagegen revoltieren, daß er nicht genug bekommt — als ob es so sicher wäre, daß die vernünftige Einrichtung der gesellschaftlichen Verhältnisse im Weltmaßstab wirklich jedem zwei Klos und einen Farbfernseher bescheren würde. Zu fragen wäre, wie man von Menschen, die man nur unter der Bestimmung des gefräßigen Objekts ansprechen zu können meint, erwarten kann, daß sie rebellieren. Zu fragen wäre weiter, woher die Ängstlichkeit wohl resultiert, die Arbeiter als Subjekte anzusprechen, die allen Grund hätten, Verhältnisse niederzureißen, worin sie nach wie vor, und durch die — sei's auch großzügigen — Almosen des Sozialstaats mehr denn je, zu Objekten erniedrigt werden. Wenn es Gründe gibt, die Menschen gegenwärtig als willenlose Objekte zu betrachten – und der sozialfürsorgerische und pädagogische Ton, dessen man sich kaum noch erwehren kann, legt die Vermutung nahe, daß solche Gründe existieren –, dann könnte dies heißen, daß der das Kapitalverhältnis bestimmende fortschreitende Rückschritt die Menschheit auf eine Entwicklungsstufe geführt hat, in Relation zu welcher sich das Herrschaftsverhältnis der Sklaverei noch als emanzipatorische Errungenschaft ausnimmt. Im Herrschaftsverhältnis ist nämlich die Auflehnung gegen dasselbe als der beherrschte fremde Wille schon gesetzt, auf dessen Existenz heute offenbar selbst jene nicht vertrauen wollen, die manifest an die Nachholbarkeit der proletarischen Revolution glauben. Im Fehlen des beherrschten fremden Willens hingegen offenbart sich ein Verhältnis, welches noch nicht mal Herrschaftsverhältnis, also immerhin eines zwischen Menschen ist:

„Zum Tier, Boden etc. kann au fond kein Herrschaftsverhältnis stattfinden durch die Aneignung, obgleich das Tier dient. Die Aneignung fremden *Willens* ist Voraussetzung des Herrschaftsverhältnisses. Das Willenlose also, wie Tier z. B., kann zwar dienen aber es macht den Eigner nicht zum *Herren.*" (Ro/400)

Wenn umgekehrt auch die Verfassung des Aneigners Rückschlüsse auf die unterworfenen Subjekte erlaubt, dann zwingt die ungeheure Schäbigkeit der modernen Machthaber zu dem Schluß, daß die Unterdrückten heute nicht mal mehr Sklaven sind, und in der dritten Welt geht es ihnen auch materiell weit schlechter noch als jemals diesen.

Das merkwürdige Verhältnis, worin es Herrschaft, aber keine Herren mehr gibt, bestimmt die jüngere Geschichte: In der Weltwirtschaftskrise wurden die lebendigen Menschen als Ausbeutungsobjekte ökonomisch entbehrlich und damit überflüssig. Der Faschismus zog aus dieser ökonomischen Entwicklung nur die politische Konsequenz. Dort, wo er am perfektesten herrschte, im KZ, gab es keine Sklaven. Am

Sklaven nämlich interessiert gerade seine Lebendigkeit. Es ist gerade seine Differenz zum toten Gegenstand, die ihn zum Diener, Arbeiter oder zur Konkubine macht. Er ist begehrtes Objekt, weil er nicht nur Objekt, sondern lebendiges Objekt ist und als solches Quelle der Freuden und Genüsse seines Herrn. Der Faschist aber will nicht auf Kosten anderer sich freuen und genießen – im Gegensatz zum Adligen oder Großbürger haben der kleinbürgerliche Gefreite aus Braunau und seine wildgewordenen Bürokraten dies ebensowenig je gelernt wie jenes amerikanische Staatsoberhaupt, dessen bescheidenes Glück allem Anschein nach im ausgiebigen Gebrauch der Fäkalsprache bestand. Der Faschist kann nicht ausbeuten zu seinem eigenen Zweck, er kann nur vernichten. Er betrachtet seinen Gegner also nicht unter dem Aspekt des Nutzens, den er aus ihm ziehen kann, sondern er betrachtet ihn unter dem Bild des Todes – so, wie dies Feuerbach zufolge die philosophierende Abstraktion seit je mit der Natur tat[72] –, und im KZ formte er als tätiges Subjekt folgerichtig diesen Gegner nach seinem Bild. Seit die Kleinbürger sich das kommunistische Verdikt über den ‚kleinbürgerlichen Anarchismus' zu eigen machten und die Herrschaft nicht abschafften sondern antraten, wurde diese Herrschaft wirklich gefährlich, weil sie die Aussichtslosigkeit und Hoffnungslosigkeit des Kleinbürgertums teilt. An keines Herren Bedürfnissen und Gelüsten findet sie mehr eine Schranke und einen Grund. Das Grundlose aber kann nur als Absolutes bestehen, nach dessen Rechtfertigung sich jede Frage verbietet, und die absolute Herrschaft manifestiert sich nirgends als in der willkürlichen Vernichtung. In dieser emanzipiert sich das Subjekt total von jedem natürlichen Zweck, von jeglicher Notwendigkeit. Es gehorcht nur seinem subjektiven Willen – und fällt ganz in Natur zurück. Seitdem ist der Tod das übermächtige Schicksal der Lebenden, und Heidegger hat dies auf den Begriff gebracht: „Das eigentliche Sein zum Tode ... ist der verborgene Grund des geschichtlichen Daseins."[73] Wie in vorgeschichtlichen Zeiten parieren die modernen Menschen die übermächtige Gefahr durch

Mimesis. Anders allerdings als in vorgeschichtlichen Zeiten grollen sie nicht selbst wie der Donner, sondern weil sie nicht den Donner sondern den Tod fürchten, sagen sie schon zu Lebzeiten gar nichts mehr. Sie stellen sich tot, weil sie als Lebendige nur die Vernichtung zu erwarten hätten. Daher die Sterilität, die leichenhafte Starre des Lebens in den Metropolen. Der Verzicht auf jegliche spontane Lebendigkeit, die ungeheuerliche Demut, mit der man das stumpfsinnige Dahinvegetieren lustlos erträgt, kann nur als antizipierender Gehorsam vor der allgegenwärtigen Übermacht des Todes verstanden werden. Sie war in der Gestalt des nuklearen Vernichtungspotentials der USA, an dem die lockeren Finger eines Nixon herumspielten, immerhin handfest genug, um dem damaligen Verteidigungsminister Anlaß zu dem Befehl an alle Truppenteile zu geben, keine ungewöhnlichen Kommandos des Präsidenten auszuführen.

Im Umstand, daß nun nicht mehr das Glück der Menschen auf dem Spiele steht, sondern ihr nacktes Leben, hat sich jene untergründige Barbarei im Kapitalverhältnis durchgesetzt, auf die Marx eher beiläufig zu sprechen kommt, dann aber schon in Formulierungen, die dem aufmerksamen Leser kalte Schauer über den Rücken jagen müßten – so beispielsweise, wenn er das kapitalistische Populationsgesetz bestimmt: „Dies Gesetz der kapitalistischen Gesellschaft klänge unsinnig unter Wilden, oder selbst zivilisierten Kolonisten. Es erinnert an die Reproduktion individuell schwacher und vielgehetzter Tierarten" (I/672). Dies heißt freilich nicht, daß es den Menschen in vorbürgerlichen Verhältnissen besser ergangen wäre. Die mit dem Eigentum gesetzte Emanzipation war nur der Heiligenschein eines Naturverhältnisses, aus dem es für das Individuum kein Entkommen gab. Der erwähnte freie Wille war im doppelten Sinne keiner. Zum einen war sein Träger nicht wirklich Subjekt, sondern Naturverband. Er unterscheidet sich von Gesellschaft und erst recht vom Verein freier Produzenten insofern, als beide das freie Individuum voraussetzen, Gesellschaft nur formell und daher als ihr Gegenteil, der Verein freier Produzenten real.

Der Naturverband kennt aber den Einzelnen nur als Exemplar seiner Gattung: „In diesem Gemeinwesen ist das objektive Dasein des Einzelnen als Eigentümer ... vorausgesetzt und zwar unter gewissen Bedingungen, die ihn an das Gemeinwesen ketten, oder vielmehr einen Ring in seiner Kette machen" (Ro/396). Zum anderen wird die Erde für den Menschen nicht schon dadurch zur Domäne seines Willens, daß er einen solchen hat; er muß auch können. Wo der Wille sich nicht auf wirkliche materielle Produktivkräfte gründet, bleibt er abstrakt und belanglos, realitätsferner Wahn. Als ohnmächtiger kann er sich der Natur nicht vermitteln, als unvermittelter bleibt er selbst ein Stück Natur. Die Vielfalt und Buntheit vorbürgerlicher Willensbekundungen der Menschen modifiziert nur unwesentlich das eine zentrale Produktionsverhältnis, das Grundeigentum. Darin ist der Mensch an ein bestimmtes Stück Natur gekettet, dem mindestens ebenso ein bestimmter Mensch wie dem Menschen ein bestimmtes Stück Natur eigentümlich ist. Der Mensch verhält sich hier nicht als Subjekt zur Natur als Objekt, „sondern ist doppelt da, sowohl subjektiv als er selbst, wie objektiv in diesen anorganischen Bedingungen seiner Existenz" (Ro/391). Als Eigentumsverhältnis kann das hilflose Kleben an Grund und Boden erst nachträglich begriffen werden, eigentlich erst an dem Punkt, wo das Kapitalverhältnis schon kritisiert werden kann im Hinblick auf einen Verein freier Menschen. Die Allgemeinheit des Begriffs setzt immer die Mannigfaltigkeit der Sache voraus, die erst vom Kapitalverhältnis produziert wird. Die mit dem Eigentumsverhältnis gesetzte Differenz von Mensch und Natur bleibt so lange abstrakt, willkürlich und leer, wie die Natur einfach nur das unbekannte Andere, aber kein Konkretum vieler Bestimmungen und Beziehungen ist. Diese erschließen sich den Menschen erst im historischen Prozeß der Entwicklung ihrer Produktivkräfte, als deren Gegenstand sich die Natur und als deren Subjekt sich der Mensch konkretisiert. Die einander in der Geschichte ablösenden Eigentumsformen sind, obzwar gesellschaftliche Bestimmungen, nichts anderes als Formen des Verhältnisses von Mensch und Natur. Im Grundeigentum ist die Natur noch ganz abstrakt und undifferenziert Bedingung der Produktion. Die Momente, die es beinhaltet, „Eigentum am Rohmaterial, wie am Urinstrument, der Erde selbst, wie an den spontanen Früchten derselben" (Ro/398), sind hier für die Betroffenen noch nicht zu unterscheiden. Ihre Unterscheidung ist wesentlich Denkbestimmung des auf sie reflektierenden bürgerlichen Bewußtseins. Im Eigentum am Instrument, welches vom fortbestehenden Grundeigentum separiert ist, treten schon verschiedene Beziehungen der Menschen zur Natur als getrennte und identifizierbare nebeneinander. Die größere Differenziertheit und Konkretheit des Naturverhältnisses – welches also erst durch Geschichte als Konkretum real wird – drückt sich in der entwickelteren Produktivkraft des Menschen, seiner Kunstfertigkeit aus und in der arbeitsteiligeren Produktion des ganzen Gemeinwesens, welche das notwendige Komplement zur Kunstfertigkeit des Einzelnen ist. Die Emanzipation von Natur als Ablösung des Arbeiters von der Erde ist hier schon in einem, wenngleich borniertem Sinn Realität geworden, insofern der Mensch nicht mehr an ein bestimmtes, unverrückbares Stück Natur gekettet ist, wohl aber an einen bestimmten Gegenstand, sein Instrument, welches aber, anders als Grund und Boden, wesentlich eine selbst schon produzierte Produktionsbedingung ist. Im historischen Prozeß erst löst sich der Mensch von einem ihm vorherbestimmten Stück Natur, und diese Lösung ist Voraussetzung für ihn, nicht einem bestimmten Stück Natur, sondern der Natur insgesamt als der Domäne seines Willens entgegenzutreten. Erst im Kapitalverhältnis hat die Natur aufgehört, nur in bestimmter Form für den Menschen zu existieren; erst der Lohnarbeiter ist an keine andere Natur mehr gekettet als an seinen Leib. Die ganze äußere Natur steht bereit, daß er Gebrauch von ihr mache, ihr Gebrauchswert ist universell geworden: Der Lohnarbeiter kann alles, weil er frei ist – sowohl von der Kette eines Naturverbandes als auch vom Kleben an einem bestimmten Stück Natur, als dessen Eigentümer ihn seine Zwangsmitgliedschaft im Naturverband setzt. „In der bürgerlichen Gesellschaft steht der Arbeiter z. B. rein objektivlos, subjektiv da; aber die Sache, die ihm *gegenübersteht*, ist das *wahre Gemeinwesen* nun geworden, das er zu verspeisen sucht, und von dem er verspeist wird" (Ro/396). Die Macht des Arbeiters scheitert nur daran, daß ihm die erstmals in der Geschichte wirklich als Bedingung seiner subjektiven Tätigkeit gesetzte gegenständliche Welt als Kapital entgegentritt, als von einem ihm fremden Willen besessen, den Marx mit Grund das *wahre* im Unterschied zum *realen* Gemeinwesen nennt (vgl. Ro/408 unten). Die Macht des realen Gemeinwesens, worunter alle vorbürgerlichen Formen zu verstehen sind, bleibt stets eine angemaßte: die Modifikationen an der Herrschaft der Naturbedingungen, welche das reale Gemeinwesen bewirkt, haben nur ornamentalen Charakter; sie schmücken den Sonntag, aber sie ändern nichts an der immergleichen Plackerei mit Erde und Vieh. Das reale Gemeinwesen hat daher selbst nur eine belanglose, unwesentliche, unverbindliche Existenzweise, insofern es parasitär und beziehungslos an einem Naturprozeß hängt, den es weder bestimmt, noch wesentlich modifiziert, noch gar hervorgebracht hat. All diese Leistungen kann erst das wahre Gemeinwesen, das Kapitalverhältnis nämlich für sich reklamieren, in welchem die Beziehungen der Individuen untereinander tatsächlich zur entscheidenden Produktionsbedingung geworden sind und daher die Produktion nicht bloß an der Erde kratzt, scharrt und pflückt, sondern sie wirklich verändert. Erstmals in der Geschichte bewirkt das Gemeinwesen hier wirklich eine entscheidende Veränderung im wesentlichen Verhältnis der Menschen zur Natur – nur eben ist das Gemeinwesen mit den Produzenten nicht identisch, sondern steht ihnen als sie verschlingender Moloch unversöhnlich gegenüber. Es sind nur Nuancen, die das Kapitalverhältnis von der befreiten Menschheit einerseits, von der Barbarei andererseits trennen. Die Entwicklung des Tauschwerts besorgt zweierlei,

„sowohl die Auflösung der *Eigentumsverhältnisse der Arbeit an ihren* Existenzbedingungen auf der einen Seite, als die selbst unter die *objektiven Bedingungen der Produktion rangierte Arbeit;* lauter Verhältnisse, die ebensosehr ein Vorherrschen des Gebrauchswerts und der auf den unmittelbaren Gebrauch gerichteten Produktion, wie eines unmittelbar selbst noch als Voraussetzung der Produktion vorhandnen realen Gemeinwesens ausdrücken." (Ro/408)

Ebenso wie das ursprüngliche Eigentum des Arbeiters an seinen objektiven Existenzbedingungen nicht das verlorene Paradies bezeichnet, sondern umgekehrt auch die furchtbare Subsumtion des Arbeiters unter diese seine ihm eigenen objektiven Existenzbedingungen involviert, so schließt auch die Dominanz des vorbürgerlichen Gebrauchswerts als Zweck der Produktion die archaische Unfähigkeit ein, sich zur Erde als universellem Gebrauchswert zu verhalten. Derselbe Prozeß, der die vermeintliche vorbürgerliche Idylle zerstört und den Arbeiter von der Erde losreißt, ihn expropriiert, macht ihn daher umgekehrt überhaupt erst potentiell zum Subjekt der Geschichte:

„Daß die *äußerste Form der Entfremdung,* worin, im Verhältnis des Kapitals zur Lohnarbeit, die Arbeit, die produktive Tätigkeit zu ihren eignen Bedingungen und ihrem eignen Produkt erscheint, ein notwendiger Durchgangspunkt ist – und daher *an sich,* nur noch in verkehrter, auf den Kopf gestellter Form schon enthält die Auflösung aller *bornierten Voraussetzungen der Produktion,* und vielmehr die unbedingten Voraussetzungen der Produktion schafft und herstellt, daher die vollen materiellen Bedingungen für die totale, universelle Entwicklung der Produktivkräfte des Individuums, wird später betrachtet werden." (Ro/414-415)

Mit diesem Satz endet das Kapitel über vorbürgerliche Formen der Produktion, und die darin ausgesprochene Erwartung der sozialistischen Revolution war – das darf nie vergessen werden – der Schlüssel zum Verständnis auch der vorbürgerlichen Geschichte. Erst aus der Kritik des Kapitalverhältnisses entstehen Bestimmungen, unter welche gesetzt die auf den Gebrauchswert gerichtete Produktionsweise begreifbar, ihre Überlegenheit und Inferiorität in Relation aufs Kapitalverhältnis begrifflich faßbar wird. Es ist dieses komplizierte Verhältnis unbedingt zu beachten, wenn die berechtigte Kritik an der Allherrschaft des Werts und am Zerfall des Gebrauchswerts, aus welcher selbst die verrückte Ideologie der ‚naturreinen' biologisch-dynamischen Anbauweise ihre verheerende Kraft bezieht, von ihrer obskurantistischen Schwester, welche im Faschismus triumphierte, unterschieden werden soll. Es ist eben nicht die Rückkehr zur Natur oder zu naturgebundeneren Formen der Produktion — auf welche der Spießertraum vom Häuschen im Grünen hinausläuft —, sondern es ist die gelungene Emanzipation von denselben, aus welcher eine brauchbare Welt entstehen würde. Momente, worin diese von den vorbürgerlichen Formen der Produktion bereits antizipiert wurde, *werden* zu solchen erst an der Schwelle zwischen der Vorgeschichte und dem wirklichen Eintritt der Menschheit in die Geschichte. Falsch sind die irreführend als ‚künstlich' bezeichneten Bedürfnisse, die den Menschen von der Reklame eingeimpft werden, nicht weil sie artifiziell, sondern weil sie nur allzu natürlich sind. Falsch ist nicht die Vielfalt der Produkte, sondern der Umstand, daß hinter allen nur die geschichtslos monotone Leier von Essen, Wohnen, Kleidung, Körperpflege steckt. Die Ideologie von der Überlegenheit des einfachen, naturverbundenen, bedürfnisarmen Lebens, von der die linken Landkommunen leben, kann jedenfalls die Marxsche Theorie nicht für sich reklamieren:

„Der Reichtum besteht *stofflich* betrachtet nur in der Mannigfaltigkeit der Bedürfnisse ... *Luxus* ist Gegensatz zum *Naturnotwendigen*. Notwendige Bedürfnisse sind die des Individuums, reduziert selbst auf ein Natursubjekt." (Ro/426)

III. Kapitel

(Zerstörung des Gebrauchswerts durch die Aufhebung der kapitalistischen Produktionsweise innerhalb der kapitalistischen Produktionsweise selbst)

1. Zerstörung des Gebrauchswerts par excellence durch die Konstituierung des Kapitals zum reellen Gemeinwesen

(Weil das Kapital das reale Gemeinwesen nur formell, nicht wirklich überwunden hat, tritt ihm ein solches zur Seite: der Staat als moderne Archetype des vorkapitalistischen realen Gemeinwesens, welcher allgemeine Gebrauchswerte konkret setzt. Sowie das Kapital sich selbst als reelles Gemeinwesen konstituiert und seinerseits konkrete und allgemeine Gebrauchswerte setzt, ist sein spezifischer Gebrauchswert nicht mehr die lebendige Arbeit als geschichtsbildende Kraft.)

Das Kapitalverhältnis emanzipiert die Menschen von einem bestimmten, ihnen vorherbestimmten Verhältnis zur Natur. Über die Form von deren Aneignung entscheidet nicht mehr ein über der Produktion schwebendes Gemeinwesen, sondern die Produktion selbst. Das Kapitalverhältnis ersetzt die Willkür des realen Gemeinwesens, ein Stück Natur als Gebrauchswert für seine subjektiven Zwecke zu setzen durch die Vernunft, nur jenes Stück Natur als Gebrauchswert zu setzen, welches einem objektiven Prozeß, nämlich der stetigen Erweiterung der materiellen Produktion dient. Insofern Produktion hier zur universellen Aneignung der Natur geworden ist, schreibt das Kapital den Produzenten ihr besonderes Verhältnis zur Natur nicht vor. Erstmals in der Geschichte haben sie die Freiheit, keine ganz bestimmten Gebrauchswerte, sondern universellen Reichtum zu produzieren. Insofern aber diese Freiheit vom gesellschaftlichen Charakter der Produktion bloß abstrahiert, statt darin bewußt ihre Substanz und ihren Grund zu finden, bleibt sie dem Zwang des realen Gemeinwesens blind verhaftet. Die Auflösung des Zwangsverhältnisses, des durch den Zwang eines Naturverbandes vermittelten Verhältnisses zur Natur, bleibt formell, glückt nicht wirklich, und das reale Gemeinwesen, welches die Individuen unter sich subsumiert, bleibt als nicht wirklich überwundene Stufe der geschichtlichen Entwicklung latent bestehen, auf welche das Kapitalverhältnis jederzeit wieder regredieren kann, namentlich in Krisenzeiten, wie in der faschistischen Volksgemeinschaft. Die „despotische Regierung der Produktion" (Ro/73), von der das Kapitalverhältnis tendenziell emanzipiert, flankiert dessen Entwicklung und hat ihm bislang immer unter die Arme gegriffen, wenn es aus eigener Kraft nicht mehr weiter konnte. Nicht nur war sie Geburtshelferin des Kapitals in Gestalt des absolutistischen Staates, sondern trat überall dort als Produzent auf, wo Gebrauchswerte notwendig wurden, für die es keinen Markt gab. Das Bedürfnis nach solchen notwendigen Gebrauchswerten war freilich vom Kapital als der übergreifenden Bestimmung selbst produziert worden.

Im Maße, wie das Kapital die Produktivkräfte entwickelt, erweitert es auch deren Begriff. In den autarken, nur im engen regionalen Rahmen produzierenden Gemeinwesen waren Produktivkräfte nur solche, die unmittelbar an der Formung des Arbeitsgegenstandes ansetzten. Im Kapitalverhältnis hingegen, wo der universelle Austausch zu einer Voraussetzung der materiellen Produktion geworden ist, erhalten z. B. die Mittel für Transport und Kommunikation, die sich bis ins Zeitalter des Kaufmannskapitals nur parasitär zur materiellen Produktion verhielten, den Rang von Produktivkräften: „Die Verbeßrung der Transport- und Kommunikationsmittel fällt ebenfalls in die Kategorie der Entwicklung der Produktivkräfte überhaupt" (Ro/422). Transport- und Kommunikationsmittel werden also zu notwendigen Gebrauchswerten, deren Notwendigkeit von der materiellen Produktion selbst hervorgebracht wurde. Es zeichnet nun aber diese Gebrauchswerte aus, daß sie nicht unmittelbar vom Kapital produziert werden können. Sie bilden eine Form des capital fixe, „die eigne Gesetze der Verwertung hat" (Ro/422). Der Inhalt dieser Gesetzte besteht eben darin, daß sich die allgemeinen Bedingungen der Produktion, obgleich sie notwendige Gebrauchswerte sind, nicht auf dem Markt als Werte realisieren lassen und daher eines Produzenten bedürfen, der über oder neben den Gesetzen des Werts steht. Kommunikationsmittel, Straßen etc. fallen daher „ursprünglich dem Gemeinwesen, später lange Zeit den Regierungen anheim" (Ro/423). Das Kapitalverhältnis produziert sowohl die Vereinzelung und Isolierung der Individuen voneinander als auch erstmals in der Geschichte die Universalität von deren Beziehungen zueinander — in letzter Instanz den Weltmarkt. Erst das Kapitalverhältnis stiftet jene realen Beziehungen der Menschen untereinander, die den Namen Gesellschaft ernsthaft verdienen. Das Gemeinsame, was die realen Beziehungen der Menschen untereinander vermittelt, kann aber das Kapital nur als Wert dulden — als allgemeine, abstrakte Form der Produkte, die kein Besonderes als eben nur das konkrete Allgemeine, die allgemeinen Bedingungen der Produktion ausschließt —, solange es selbst jede besondere und konkrete allgemeine Form der Produktion als seine Schranke niederreißen muß. Das Kapital darf sich auf keinen allgemeinen, konkreten und verbindlichen Gebrauchswert festnageln lassen. Es setzt den seinen als abstraktes Prinzip von Geschichte, der jede bestehende Form des Verhältnisses der Menschen zur Natur nur als zu überwindende Schranke setzt, und die Abstraktheit des Gebrauchswerts par excellence, der inhaltlich nicht näher bestimmten, als reine Subjektivität gesetzten Arbeit ist die Voraussetzung dafür, daß diese nicht nur bestimmte Dinge, sondern *alles* tun kann. Die Abstraktheit der allgemeinen Form ist hier die Bedingung der universellen Mannigfaltigkeit des Inhalts. Wenn Marx schreibt:

„Das Kapital setzt die *Produktion des Reichtums* selbst und daher die universelle Entwicklung der Produktivkräfte, die beständige Umwälzung seiner vorhandnen Voraussetzungen, als Voraussetzung seiner Produktion. Der Wert schließt keinen Gebrauchswert aus; also keine besondre Art der Konsumtion etc., des Verkehrs etc. als absolute Bedingung ein... Seine Voraussetzung selbst – der Wert – ist gesetzt als Produkt, nicht als über der Produktion schwebende, höhre Voraussetzung." (Ro/439-440)

– so wäre diese Argumentation durch einen Schritt zu ergänzen, der nur logisch aus ihren eigenen Voraussetzungen folgt: Der Wert schließt doch *einen* Gebrauchswert aus, nämlich sich selbst als allgemeinen *und* konkreten. Der Wert kann sich in jedem Gebrauchswert darstellen, aber er kann es nicht, ohne dabei seine Allgemeinheit zu verlieren. So kann er sich nicht in allgemeinen Gebrauchswerten darstellen, die nicht privat angeeignet werden können. Solange der Wert in Gegensatz zu jeglichem realen Gemeinwesen gesetzt ist – historisch, solange sich das Kapital gegen vorbürgerliche Formen der Produktion durchsetzt und sie auflöst –, kann er sich nicht in solchen Gebrauchswerten darstellen, die das reale Gemeinwesen unmittelbar voraussetzen, weil sie nicht individuell angeeignet und gebraucht werden können. Als „vergegenständlichten gesellschaftlichen Zusammenhang" (Ro/914-915) duldet das Kapitalverhältnis einerseits nur das Geld. Andererseits aber produziert es erstmals in der Geschichte ein ungeheures Bedürfnis nach eben solchen ‚vergegenständlichten gesellschaftlichen Zusammenhängen', nach allgemeinen Bedingungen der Produktion. Sie werden daher vom Staat als notwendigem Komplement des Kapitals produziert, welches durch das Verbot, das es seinem Begriffe nach über die Konkretisierung allgemeiner Gebrauchswerte verhängt, das Fortbestehen eines von ihm tendenziell überwundenen realen Gemeinwesens nicht nur dulden muß, sondern dieses selber setzt – freilich in Gegensatz zu sich selbst. Die Abneigung der Liberalen gegen den Staat mag sich auch gegen diesen als Wundmal der kapitalistischen Entwicklung richten, als Stigma der unvollkommenen, mißglückten Emanzipation vom Terror und Schrecken, den das reale

Gemeinwesen stets gegen seine Mitglieder gerichtet hat. Zunächst aber richtet sich die Aversion gegen den Staat gegen seine scheinbar ökonomisch parasitäre Existenz. Das Geld, womit er die allgemeinen Produktionsbedingungen bezahlt, nimmt er sich nach archaischer, vorkapitalistischer Manier durch unmittelbaren Zwang. Die Arbeit, zu der er die Bürger zwingt, ist

„Surplusarbeit, die der Einzelne, sei es in der Form der Fronde, sei es in der vermittelten der Steuer über die unmittelbare Arbeit, die notwendig zu seiner Subsistenz ist, tun muß. Aber soweit sie nötig ist, für die Gemeinde, und für jeden Einzelnen *als Glied* derselben, ist sie keine Surplusarbeit, die er verrichtet, sondern ein Teil seiner *notwendigen* Arbeit, der Arbeit, die notwendig ist, damit er sich als *Gemeindeglied* und damit das Gemeinwesen reproduziert, was selbst eine allgemeine Bedingung seiner produktiven Tätigkeit ist." (Ro/425)

Es existiert also auch im Kapitalverhältnis eine Notwendigkeit, die aus dessen Logik herausfällt. Damit aber ist sie tendenziell willkürlicher Dezision anheimgegeben, insofern das Kapitalverhältnis die historische Vernunft repräsentiert. Im zahlungsfähigen Bedürfnis, in der Nachfrage am Markt hatte der individuell konsumierbare Gebrauchswert ein objektives Maß. Mit diesem ist die Notwendigkeit des kollektiven Gebrauchswerts nicht zu messen. Die Frage, welche Arbeit zur Reproduktion des Gemeinwesens notwendig sei, ist im Kapitalverhältnis nicht rational zu entscheiden. Stets reichten die getroffenen politischen Entscheidungen sehr viel weiter als das Bewußtsein ihrer Träger. Die politischen Entscheidungen waren übrigens vernünftig gerade dort, wo sie im Interesse ihres Kontrahenten, des Kapitals getroffen wurden, z. B. beim Bau von Eisenbahnlinien, Telegraphenleitungen etc. Die großen Errungenschaften und Vehikel der allgemeinen Produktivkraftentwicklung im 19. Jahrhundert waren Produkte des Widerspruchs von kapitalistischer Logik und politischer Dezision, der aber selbst seinen genau bestimmbaren und vergänglichen Punkt in der Geschichte hat. Er ist Ausdruck dessen, daß sich das Kapitalverhältnis selbst noch nicht zu seiner höchsten Vollkommenheit entwickelt hat:

„Alle *allgemeinen Bedingungen der Produktion,* wie Wege, Kanäle etc., sei es, daß sie die Zirkulation erleichtern oder gar erst möglich machen, oder auch die Produktivkraft vermehren..., unterstellen, um vom Kapital unternommen zu werden, statt von der Regierung, die das Gemeinwesen als solches repräsentiert, höchste Entwicklung der auf das Kapital gegründeten Produktion. Die Ablösung der *travaux publics* vom Staat und ihr Übergehn in die Domäne der vom Kapital selbst unternommenen Arbeiten zeigt den Grad an, wozu sich das reelle Gemeinwesen in der Form des Kapitals konstituiert hat. Ein Land, z. B. die United States, kann selbst in produktiver Beziehung die Notwendigkeit von Eisenbahnen fühlen; dennoch kann der unmittelbare Vorteil, der für die Produktion daraus hervorgeht, zu gering sein, als daß die Auslage anders als *à fonds perdu* erschiene. Dann wälzt das Kapital sie auf die Schultern des Staats, oder, wo der Staat traditionell ihm gegenüber noch eine superiore Stellung einnimmt, besitzt er noch das Privilegium und den Willen, die Gesamtheit zu zwingen, einen Teil ihrer *Revenu,* nicht ihres Kapitals, in solche allgemein nützlichen Arbeiten [zu stecken], die zugleich als *allgemeine* Bedingungen der Produktion erscheinen, und daher nicht als *besondre* Bedingung für irgendeinen Kapitalisten – und solange das Kapital nicht die Form der Aktiengesellschaft annimmt, sucht es immer nur die *besondren* Bedingungen seiner Verwertung, die *gemeinschaftlichen* schiebt es als Landesbedürfnisse dem ganzen Land auf." (Ro/429-430)

Marx hält einen Zustand für denkbar, worin sich das Kapital alle Lebensbereiche unterworfen hat:

„Die höchste Entwicklung des Kapitals ist, wenn die allgemeinen Bedingungen des gesellschaftlichen Produktionsprozesses nicht aus dem *Abzug der gesellschaftlichen Revenu* hergestellt werden, den Staatssteuern – wo Revenu, nicht Kapital, als labour funds erscheint und der Arbeiter, obgleich ein freier Lohnarbeiter ist wie jeder andre, doch ökonomisch in einem andren Verhältnis steht –, sondern aus dem *Kapital als Kapital.* Es zeigt dies den Grad einerseits, worin das Kapital sich alle Bedingungen der gesellschaftlichen Produktion unterworfen, und daher andrerseits, wieweit der gesellschaftliche reproduktive Reichtum *kapitalisiert* ist und alle Bedürfnisse in der Form des Austauschs befriedigt werden; auch die als *gesellschaftlich gesetzten* Bedürfnisse des Individuums, d. h. die, die es nicht als einzelnes Individuum in der Gesellschaft, sondern gemeinschaftlich mit anderen konsumiert und bedarf – deren Weise der Konsumtion der Natur der Sache nach eine gesellschaftliche ist –, auch diese durch den Austausch, den individuellen Austausch, nicht nur konsumiert werden, sondern auch produziert." (Ro/431)

In den ausführlich zitierten Passagen stecken einige Schwierigkeiten, die im Hinblick auf den Gebrauchswert der Klärung bedürfen:
    1) Was heißt es, wenn sich das reelle Gemeinwesen als Kapital konstituiert?
    2) Welche Rolle spielen die Aktiengesellschaften dabei?
    3) Was bedeutet es, wenn die als gesellschaftlich gesetzten Bedürfnisse des Individuums kapitalisiert werden?

Zunächst heißt dies alles, daß die Vollendung des Kapitalverhältnisses im Gegensatz zu ihm selbst als Entwicklungsprinzip steht. Das sich entwickelnde Kapitalverhältnis konnte sich nicht als reelles Gemeinwesen konstituieren, weil es in Widerspruch zu einem jeglichen solchen stand. Seine historische Funktion ebenso wie seine eigene Produktionsbedingung war die Auflösung eines jeden reellen Gemeinwesens, dessen spezifisches und also spezifisch borniertes Verhältnis zur Natur ihm nur als zu überwindende Schranke galt. Das Kapital duldete keine Willkürherrschaft über der Produktion. Deren eigener, stetiger Progreß war ihr einziges Maß und ihre einzige Bedingung. Das Kapital setzte daher die lebendige Arbeit, die stets mehr produziert als das Natursubjekt, an dem sie haftet, als seinen besonderen Gebrauchswert. Es löst den Zusammenhang der Menschen untereinander aus der Domäne subjektiver Willkür heraus und macht ihn zu einem sachlichen, „und sicher ist dieser sachliche Zusammenhang ihrer Zusammenhangslosigkeit vorzuziehen oder einem auf Bluturenge Natur und Herrschafts- und Knechtschaftsverhältnisse gegründeten nur lokalen Zusammenhang" (Ro/79). Insofern sich das Kapital aber als reelles Gemeinwesen konstituiert, setzt es Zwecke, die außer der Produktion selbst liegen. Es setzt den allgemeinen Reichtum als besonderes *und* konkretes Ding. Es gibt das Prinzip auf, ein jedes Produkt nur als vergängliches Moment seiner Entwicklung zu betrachten. Es gibt daher *seinen* Gebrauchswert, den Gebrauchswert par excellence, die lebendige Arbeit preis. Der Umschlag der Versachlichung von Geschichte in die Willkürherrschaft der Syndikate ist als nachdrücklicher Hinweis darauf zu verstehen, daß Geschichte stets ein Subjekt mit Willen und Bewußtsein voraussetzt: aus der ‚invisible hand' wurde am Ende der Führer, und aus der Abstraktheit des allgemeinen Reichtums wurden ganz erschreckend konkrete Autobahnen.

Das Kapitalverhältnis setzte die Privatheit und Unabhängigkeit der einzelnen Produzenten voraus. Es duldete deren Zusammenhang nur als über den Markt vermittelten. Bereiche, die den unmittelbaren Zusammenhang der Einzelnen voraussetzen, ihre gemeinsame Entscheidung, waren ihm daher tabu. Die Unabhängigkeit des Zusammenhangs der Einzelnen *von* ihnen war die zentrale Bedingung der Produktion, und eben daran hatte sie Vernunft und Objektivität. Wenn das Kapital seinen Herrschaftsbereich auf die unmittelbar ‚gesellschaftlich gesetzten Bedürfnisse des Individuums' ausdehnt, so muß es sich zuvor entscheidend verändert haben, und diese entscheidende Veränderung ist mit dem Aufkommen der Aktiengesellschaften tatsächlich eingetreten. Die Aktiengesellschaft als ,,kombinierter Kapitalist'' (I/353), als ,,Kapitalistengesellschaft'' (I/656), als ,,assoziierter Kapitalist'' (II/236), als ,,praktische Brüderschaft der Kapitalistenklasse'' (III/263) emanzipiert sich vom Wertgesetz schon insofern, als dies *unabhängig* voneinander produzierende Privatarbeiten voraussetzt. An Stelle des Wertgesetzes installiert das Aktienkapital die alte, von ihm einst überwundene despotische Regierung der Produktion in neuer Form:

,,Die altgerühmte Freiheit der Konkurrenz ist am Ende ihres Lateins und muß ihren offenbaren skandalösen Bankrott selbst ansagen. Und zwar dadurch, daß in jedem Land die Großindustriellen eines bestimmten Zweigs sich zusammentun zu einem Kartell zur Regulierung der Produktion.'' (III/453)

Die ,,Aufhebung der kapitalistischen Produktionsweise innerhalb der kapitalistischen Produktionsweise selbst'' (III/454) als Regression des Kapitalverhältnisses durch seine Vollen-

dung hat stattgefunden, obgleich sich dies gerade unter Marxisten bislang kaum herumgesprochen hat, und deren Konsequenzen für den Gebrauchswert sind hier zu prüfen.
Wenn der Wert als universelles, autonomes und objektives Regulativ der Produktion zu bestehen aufgehört hat, so hat er auch aufgehört, die lebendige Arbeit als seinen Gebrauchswert zu setzen. Der Gebrauchswert des Kapitalverhältnisses (im doppelten Sinn) ist daher nicht mehr die produktive Emanzipation vom Naturzwang durch die geschichtsbildende Kraft der als Mehrarbeit gesetzten Arbeit. Mit dieser inhaltlichen, qualitativen Bestimmung des Kapitalverhältnisses entfällt aber auch das objektive Urteilskriterium, welches besondere materielle Ding ein Gebrauchswert ist und welches nicht.[74] Wie in längst überwunden geglaubten Zeiten läßt sich von jeglicher Arbeit nur noch sagen, ihr Zweck sei „die Erhaltung des einzelnen Eigentümers und seiner Familie, wie des Gesamtgemeindewesens" (Ro/375) – wobei nur der Einzelne kein Eigentümer mehr ist. So regrediert der historische Beruf des Kapitals am Ende auf die bloße Selbsterhaltung seiner als reelles Gemeinwesen. Vom endlosen Ausschlachten und zwanghaften Wiederholen dieser bettelarmen und trivialen Bestimmung, die durch Termini wie ‚Gleichgewichtsbedingung' einen wissenschaftlichen Anstrich erhalten soll, leben Funktionalismus und Systemtheorie in den Sozialwissenschaften, und dieser ihr substantieller Gehalt ist durchaus ernst zu nehmen. Indem das Kapitalverhältnis sich selbst als reelles Gemeinwesen konstituiert, verliert es seine spezifische, qualitative historische Bestimmung. Sein Zweck ist nicht mehr das Niederreißen aller Schranken der Produktion, sondern das nackte Überleben als einmal etabliertes System. Funktionalismus und Systemtheorie sprechen diese historische Entwicklung mit aller gebotenen Schärfe aus, wenn sie die Gesellschaft als Naturkategorie – als nach Gleichgewicht strebendes System (dessen Schema man von der klassischen Mechanik plagiiert hat) – setzen und die Menschen als Rollenträger, welche von dem modernen Naturverband, dem sie angehören, total determiniert sind.

Die vorhandene, nur nicht als solche gewußte Einsicht in die moderne Entwicklung macht den eigentümlichen Reiz solcher sozialwissenschaftlichen Arbeiten aus, die etwa die Paarungsriten der suburbanen, weißen amerikanischen Mittelklasse mit derselben Methode untersuchen wie die eines exotischen, primitiven Stammes und in dieser Hinsicht auch interessante Vergleiche anstellen. Die Regression der bürgerlichen Gesellschaft auf einen modernen Naturverband war die Voraussetzung dafür, daß Durkheim durch seine Untersuchungen über den Totemismus in Australien befähigt wurde, mit der ihm eigenen borniesten Sachkunde auch über europäische Verhältnisse zu sprechen, und der Strukturalismus, der sich bei der Erforschung von naturwüchsigen Gemeinwesen sein Rüstzeug holte, verdankt dem gleichen Regressionsphänomen seine wissenschaftliche Karriere. Der symbolische Interaktionismus, dessen zentrale These daneben wie ein Märchen klingt, sagt übrigens in letzter Konsequenz dasselbe. Hier verkehren die Menschen nur durch Symbole miteinander, ohne Repression, und die Symbole sind nicht von der verhängnisvoll über den Menschen schwebenden Gesellschaft determiniert, wie bei den Funktionalisten, sondern freier Übereinkunft der Individuen entsprossen. Beschließen drei Leute, der Himmel sei grün, so ist er es eben auch. Der Verzicht auf Wahrheit, der durch den Verlust der gegenständlichen Welt gesetzt ist, macht die schöne neue Welt der herrschaftsfreien Kommunikation in der Theorie nochmals zu dem Irrenhaus, welches sie wirklich schon ist. Zwei Wahnsinnige, die einander für Louis XIV. und Alexander den Großen halten und sich also so verhalten wie Volk und Führer im Faschismus, sind das Paradigma, an dem sich die Theorie des symbolischen Interaktionismus gebildet hat. In seinem Begriff ist schon die völlige Unmöglichkeit von Verständigung enthalten – darum redet er so viel von ihr. Wenn Menschen sprechen, bleibt sie immer nur symbolisch. Symbolische Interaktion heißt zweierlei: einmal Verkehr vermittels Symbolen, dann aber auch bloß symbolischer Verkehr, und zwar dann, wenn das Reale, wovon das Symbol etwas Verschiedenes sein soll, wirklich so unauffindbar bleibt wie in dieser Theorie. Seine Nichtexistenz beinhaltet totalitäre Herrschaft, welche das notwendige Komplement des interaktionistischen Reichs der Freiheit ist. Haben die Begriffe, insofern sie auf Symbole reduziert sind, keinen zwingenden Zusammenhang mit den Gegenständen mehr, so sind sie so willkürlich, blind und beliebig, wie es der Mythos eines naturwüchsien Gemeinwesens war. Beliebigkeit und Willkür der Bestimmungen sind aber keine Voraussetzungen für Freiheit, sondern Voraussetzungen dafür, daß der Stärkere sie willkürlich, nach Belieben setzt.

Die Ablösung des Wertgesetzes durch das Gesetz des Stärkeren hat einen ziemlich genau bestimmbaren Punkt in der Geschichte.[75] Von ca. 1871 an wird in Europa der individuelle Kapitalist als fortgeschrittenste, als historisch adäquate, als tonangebende und damit prägende Figur – zunächst allmählich, dann immer schneller – durch Aktiengesellschaften ersetzt. Technologische Fortschritte vor allem in der Schwerindustrie, deren Boom sich wiederum dem zügigen Ausbau der Eisenbahnen verdankt, führen dazu, daß konkurrenzfähige Produktion nur noch in Betriebseinheiten möglich ist, deren Wert das von einem individuellen Kapital akkumulierbare Quantum weit übertrifft. Der Umstand, daß das Kapital als Lieferant allgemeiner Produktionsbedingungen für die Regierung fungiert, schlägt auf dessen eigene ökonomische Form zurück. „Der Gebrauchswert" – seine besondere Natur, nicht individuell, sondern nur kollektiv konsumiert werden zu können – „spielt selbst als ökonomische Kategorie eine Rolle" (Ro/540). Als Produzent für unmittelbar gesellschaftlich gesetzte Bedürfnisse wird es selber vergesellschaftet. Wo früher viele kleine Produzenten konkurrierten, teilen sich nun wenige große Aktiengesellschaften den Markt. Ihre geringe Zahl, die erweiterten Möglichkeiten direkter Kommunikation und der Umfang der gefährdeten Investitionen legen es nahe, sich auf Kosten Dritter zu einigen, statt gegeneinander zu konkurrieren. Die Gefahr ruinösen Preisverfalls infolge enorm gestiegener Produktivität drängt auf Absprachen, und die Gleichförmigkeit der Produkte verschiedener Aktiengesellschaften ebnet ihnen – zunächst nur in der Rohstoffindustrie – den Weg. Die Aktiengesellschaften organisieren sich also in Kartellen, wo die Aufteilung der Absatzmärkte, die jeweilige Produktionsquote, die Lieferbedingungen und die Preise gemeinsam festgelegt werden. Sie bilden Syndikate, die den gemeinsamen Verkauf übernehmen und den Verkäufern als Monopole gegenüberstehen. Sie fusionieren schließlich zu Trusts unter einem einzigen Eigentumstitel, oder sie bilden Konzerne, wo ihre Eigentumstitel erhalten bleiben, sie faktisch aber von einer Holdinggesellschaft abhängig werden. Als Monopole können sie dem obsolet gewordenen Konkurrenzkapital – zunächst der kleinen, weiterverarbeitenden Industrie – ihre Bedingungen unmittelbar diktieren. Bei seiner eigenen Vergesellschaftung greift das Kapital zunächst auf jene seiner Formen zurück, in der es gegenüber dem an einen besonderen Stoff gefesselten Industriekapital die höhere Allgemeinheit repräsentiert: auf das Geldkapital. Die Direktorien der großen Banken bilden erstmals eine Regierung der Produktion, die souverän über lokalen, regionalen oder Branchenschranken steht. Über die Produktion der Betriebe, an denen die Bank maßgebliche Beteiligungen erworben hat, entscheidet nicht mittelbar das Wertgesetz, sondern unmittelbar der Wille eines Souveräns.

Insofern dieser hier noch an der Abstraktheit der höheren Allgemeinheit des Kapitals haftet, ist die Entwicklung noch nicht vollendet. Erst in faschistischen Lenkungsorganen Speerscher Prägung hat sich das Kapital vollends als reelles Gemeinwesen konstituiert.

Mit der Konstitution des Kapitals zum reellen Gemeinwesen, mit seiner Konzentration und Zentralisation, verliert die alte Regierung, namentlich der Parlamentarismus und die politischen Parteien, ihren vernünftigen Existenzgrund. Parteien waren notwendig gewesen, damit die vielen kleinen, nur vermittelt über den Markt in Beziehung zueinander stehenden Produzenten ihre unmittelbar gemeinsamen Interessen politisch darstellen konnten. Das Parlament war der Markt, auf dem dann praktikable Kompromisse ausgehandelt wurden. Die Vielzahl ökonomisch und daher auch politisch mächtiger Subjekte gab der bürgerlichen Klassenherrschaft den begründeten Schein einer allgemeinen, von den Bürgern delegierten und kontrollierten. Die wenigen nach der Vergesellschaftung des Kapitals übriggebliebenen Subjekte, die Monopole, bedürfen hingegen der Parteien und Parlamente nicht mehr, um sich über ihre gemeinsamen Interessen zu verständigen. Wo im direkten Kontakt zwischen den bereits schwer unterscheidbar gewordenen Magnaten von Industrie, Banken und Politik Fragen offenbleiben, springen die Industrieverbände mit ihren Spitzenorganisationen ein. In überbetrieblichen Machtgruppierungen dieses Zuschnitts fallen die wichtigen Entscheidungen. Parlamente und Parteien bestehen zwar weiter, aber nicht mehr, um die gemeinsamen Interessen der vielen kleinen, voneinander isolierten autonomen Produzenten zu repräsentieren, sondern um die deklassierten Massen in Gefolgschaftsanhänger zu verwandeln. Die Demagogie moderner Waschmittelwahlkämpfe hat in dieser Zeit ihren Ursprung. Die gleichzeitigen Wahlrechtsreformen indizieren keinen Fortschritt der Demokratisierung, sondern sie sind eine höfliche Verneigung vor dem Umstand, daß diese auf parlamentarischem Wege nun endlich unerreichbar geworden ist. Damit waren aber die nur kollektiv konsumierbaren Produkte nicht mehr Gegenstand von Willensentscheidungen freier Bürger, sondern sie wurden Objekt der Willkür des Kapitals. Die Souveränität der Regierung gegenüber dem Kapital konfrontierte dieses mit menschlichen Zwecken, die sich, um die Zustimmung der Bürger zu erhalten, vernünftig begründen lassen mußten. Insofern das alte Kapitalverhältnis zwischen den Produzenten keinen objektiven Zusammenhang duldete als den sie unmittelbar voneinander isolierenden Wert, zwang es sie auch dazu, ihre allgemeinen Interessen, die ihren Zusammenhang positiv voraussetzen, subjektiv und gemeinsam zu bestimmen: Weil die Objektivität, der Wert, dort, wo sie allgemein ist, nur abstrakt sein darf, bedarf es zu ihrer Konkretisierung des Subjekts. Objektiv ist das Gesellschaftlich-Allgemeine nur als Wert – Autobahnen oder Eisenbahnen setzten hingegen die Entscheidung eines Subjekts voraus, weshalb Lenins Kritik an Marx unberechtigt ist, der zwar von *einem* Kapital, aber *vielen* Staaten spricht: der Konkretion des Allgemeinen ist ein subjektives Moment *wesentlich*, kein bloß zufälliges Attribut. So ist der Staat wesentlich kein Objektives, als welches er in der Rede vom Staat im allgemeinen erschien. Daher klebt an den öffentlichen Bauten des 19. Jahrhunderts immer noch ein sichtbares Stück menschlicher Wille, während die des 20. Jahrhunderts, für die das Kapital als reelles Gemeinwesen verantwortlich zeichnet, nur die unmittelbare Identität von Sachzwang und Willkür repräsentieren, weil nun die Sache unmittelbar, nicht mehr bloß ihr abstraktes Entwicklungsprinzip, über die Menschen herrscht. Die obersten Führer gleichen trotz ihrer Gefährlichkeit und Machtfülle immer noch und mehr denn je den Hanswürsten, als welche die antiken Helden der Geschichte in den Hollywood-Monumentalfilmen zwar unfreiwillig, aber ganz realistisch dargestellt werden. Die Machthaber können ihre Herkunft vom Stammesoberhaupt, vom Haustyrann sozusagen nicht verleugnen. Sie können zwar als Vollzugsorgane des logischen Ganges der Geschichte maßloses Unheil anrichten, in diesen eingreifen aber können sie nicht. Der bewußte Eingriff in den verhängnisvollen logischen Gang der Geschichte setzt die Menschheit als solidarisches historisches Subjekt voraus, also die Abschaffung aller Führer.

Im Maße, wie sich das Kapital als reelles Gemeinwesen konstituiert, etabliert es sich als reines Machtverhältnis – im Kampf um Marktanteile auf Kosten unmittelbarer Profite drückt sich dies auch ökonomisch aus. So ist sein Gebrauchswert nun, was der Erhaltung und Mehrung seiner Macht dient. Die Tautologie dieser Bestimmung schließt aus, daß irgendwelche Vernunft in ihr herrscht. Sie ist kein Bestimmungsverhältnis, weil darin sich der Bestimmungsgrund von seinem Objekt wenigstens unterscheiden müßte. So fällt mit dem Untergang des Werts auch der Gebrauchswert in die Bestimmungslosigkeit archaischer Formen der Produktion zurück, aus welcher er sich mit der bürgerlichen Emanzipationsstufe der Menschheit für einen kurzen Augenblick erhob. Der Wert als das *wahre* Gemeinwesen setzte als seinen Gebrauchswert die lebendige Arbeit, deren abstrakte Allgemeinheit nur die praktische Kritik an jeglicher vorherbestimmten, konkreten Besonderheit war. Das Bilderverbot über dem Allgemeinen war die Voraussetzung freier Entwicklung einer reichen Mannigfaltigkeit von Produkten und Bedürfnissen. Der Wert, der sich unter Preisgabe seiner selbst zum *reellen* Gemeinwesen konstituiert hat, setzt tautologisch als seinen Gebrauchswert alles, was seiner posthumen Selbsterhaltung nützt. Der organisierte Kapitalismus beseitigt nicht die Gesetzlosigkeit, die man irrtümlich immer der liberalen Ära zuschreibt, sondern er macht diese zu seinem eigenen Gesetz. Die Größten aus Industrie, Handel und Politik – obsolete Unterscheidungen – haben sich zwar gegen den Rest der Welt verbündet, sind aber untereinander so wenig einig wie eine Gang, wenn es ans Verteilen der Beute geht. Weil sie selbst aber das Gesetz des Wertes und die Spielregeln freier Konkurrenz außer Kraft gesetzt haben, bedeutet solcher Bruderzwist totalen Krieg mit gleichermaßen ökonomischen wie politischen und militärischen Mitteln.[76] Als erstes ging in den 70er Jahren des 19. Jahrhunderts die Freihandelsära zu Ende, nachdem sie nur 20 Jahre gedauert hatte. Die Schutzzollpolitik brachte nicht nur den kosmopolitischen Glanz des bürgerlichen Zeitalters zum Ermatten, sie etablierte auch den politischen Eingriff in die Ökonomie oder den Eingriff der Ökonomie in die Politik als Gewohnheitsrecht. Der Verzicht auf unmittelbare Gewalt, der im Konkurrenzkapitalismus eine wichtige Produktionsbedingung gewesen war, wurde ökonomisch überflüssig. Erstes Opfer solchen Verfalls verbindlicher Formen im gesellschaftlichen Verkehr der Menschen, solcher Verwilderung der Sitten wurde die Dritte Welt. Allein Frankreich verfünfzehnfachte zwischen 1860 und 1900 seinen überseeischen Besitz. Auf nichts an-

deres als blanke Macht konnte sich dessen Unterwerfung und Ausplünderung berufen. Der Erste Weltkrieg schließlich verifizierte im historischen Maßstab die Binsenweisheit, daß vor einer Gang nicht nur die designierten Opfer, sondern auch die Kumpane, ja die Bosse selbst nicht sicher sind. Auch ein maßgeblicher Teil der Arbeiterbewegung hatte mit der imperialistischen Politik de facto, nämlich durch Duldung kooperiert und sich mit dürftigen Almosen abspeisen lassen. Für den folgerichtigen Verrat der II. Internationale, die nicht nur in Deutschland für die Bewilligung der Kriegskredite stimmte, hatten die Arbeiter dann in Schlachten zu büßen, worin es ihnen fast ebenso schlecht erging wie den Unterdrückten in der Dritten Welt.
Die Ablösung des Wertgesetzes durch blanke Cliquenherrschaft wird von Wirtschaftskrisen solcher Dimensionen begleitet, wie sie die Welt zuvor nicht kannte. Auf den Boom der Gründerzeit nach dem deutsch-französischen Krieg folgt 1873 eine Krise, die samt Depression bis 1879 anhält. Nach nur dreijähriger Prosperität folgt 1882 wieder eine Krise, die bis 1886 dauert. Die Krise verwandelt sich aus einer befristeten Unterbrechung der ökonomischen Entwicklung in deren reguläre Verlaufsform. Die Menschen erleben sie nicht als periodisch eintretendes Verhängnis, sondern als alltägliche, permanente Daseinsform.[77] Die Arbeitslosigkeit der Massen, die als Unterstützungsempfänger allmählich ihre Überflüssigkeit zu spüren bekommen und ihre bloße Existenz keinem unveräußerlichen Naturrecht mehr, sondern der Gnade der Wohlfahrtsbehörden verdanken, tut indessen der wirtschaftlichen Entwicklung so wenig Abbruch wie der Ruin und das trostlose Schicksal der vielen kleinen Unternehmer. Die Krisen beschleunigen nicht nur die Konzentration und Zentralisation des Kapitals, sie treiben auch die Entwicklung der Produktivkräfte infernalisch voran. Der Faszination des technologischen Fortschritts erlagen auch die sozialdemokratischen Fraktionen der Arbeiterbewegung, obwohl er damals schon, angesichts der sich zuspitzenden imperialistischen Krisen, nur als nacktes Datum euphorisierend wirken konnte.

Bei jeglichem Gedanken an den Gebrauchswert der Produkte des technologischen Fortschritts, eingedenk dessen also, was sie für die lebendigen Menschen bedeuten, hätte sich die Begeisterung in Bestürzung verwandeln müssen. Sie stärkten nur die Herrschaft des Kapitals, die gerade im Begriff war, sich in ein Regime von Gangstern zu verwandeln, unter dem sich die Barbarei etabliert. In den Kolonialgebieten ist sie evident, in Europa sind ihre Manifestationen zunächst von subtilerer Art. Im geschmacklosen Pomp der Gründerzeit, mit dem sich der berüchtigte Parvenu ausstaffiert, deutet sich die Verwahrlosung selbst der Herrschenden an. Gediegene Gegenstände, die menschlichen Zwecken genügen, sind tendenziell selbst für sie unerreichbar geworden, weil es sie objektiv nicht mehr gibt. Die zivilisatorischen Errungenschaften der bürgerlichen Epoche fallen der sich anbahnenden Kulturindustrie zum Opfer, die als gesellschaftliches Produkt und Bedürfnis schon existiert und nur noch auf ihre adäquaten technischen Medien wartet. Im Ersten Weltkrieg verliert sich dann sehr plötzlich die dezente Subtilität der Barbarei. Hier wurde die gesellschaftliche Bestimmung der Produktionsrekorde in der Stahlindustrie – ihr Gebrauchswert – greifbar. In der Form von automatischen Schnellfeuergeschützen mit Reichweiten bis zu 120 Kilometer, als gepanzerte Schiffe und U-Boote gewann die jährliche Stahltonnage ihre menschliche Bedeutung. Verbrennungsmotoren fanden als Antriebsaggregate von Tanks, Schützenpanzern, Bombern und Jagdflugzeugen zu ihrer wahren Bestimmung. Kombiniert mit dem Elektromotor, ermöglichten sie das U-Boot. Feldtelefone und die ersten Funkgeräte erlaubten schnelleres Zuschlagen, und das nunmehr zu seiner vollen Länge ausgebaute Eisenbahnnetz besorgte den gewaltigen Nachschub. Die chemische Industrie war mit neuen Sprengstoffen und mit Giftgas dabei. Es zeigte sich mit aller Deutlichkeit, daß von einem bestimmten Zeitpunkt ab jeder weitere Fortschritt in der Entwicklung der Produktivkräfte, dem keine Umwälzung der gesellschaftlichen Verhältnisse vorausging, einer hin zum Abgrund sein würde, weil mit dem Verfall der Souveränität des Wertgesetzes der Gebrauchswert einer jeden wissenschaftlichen, technologischen oder industriellen Entwicklung der Bestimmungslosigkeit, also seiner willkürlichen Setzung durch die Herrschenden, anheimgegeben war. Das Wertgesetz garantierte zumindest, daß die Produktivkräfte als Voraussetzungen der Kapitalakkumulation gesetzt blieben, als Bedingungen stets wachsender Produktion. Die Dampfmaschine war zwar nicht in den besten, aber doch immerhin in zuverlässigen Händen. Das kann von der nuklearen Energie niemand behaupten. Solange nicht sicher ist, ob die Menschheit sich mit ihrer Hilfe befreien oder entleiben wird, hätte man sie besser nicht entdeckt.

2. Zerstörung des Gebrauchswerts par excellence durch die Vergegenständlichung des Kapitalverhältnisses im capital fixe

(Gebrauchswert setzt das Kapital als prozedierendes Verhältnis. Es setzt ihn also nur so lange, wie es selbst noch nicht als gegenständliches Resultat des prozedierenden Verhältnisses vollendet ist.)

Es wurde im vorangegangenen Abschnitt versucht zu zeigen, daß das Kapital durch seine Konstitution zum reellen Gemeinwesen seinen Gebrauchswert im emphatischen Sinn verliert, insofern das Wertgesetz dem Gesetz des Stärkeren weicht. Als ultima ratio des gesellschaftlichen Lebens der Menschen setzte das Wertgesetz alle Aktionen der Menschen in eine bestimmte Beziehung zu einem gemeinsamen Zweck, der fortschreitenden Entwicklung des Reichtums – im Gegensatz zu den vorkapitalistischen Gesellschaftsformationen, wo sich die Entwicklung von Politik, Wissenschaft und Kunst in einer von der materiellen Produktion vollkommen geschiedenen Sphäre abspielte. „Das Kapital erst hat den geschichtlichen Progreß gefangen genommen in den Dienst des Reichtums" (Ro/484). Eben durch seine Relation zur materiellen Produktion aber wurde der geschichtliche Progreß erst wirklich und damit begrifflich faßbar. Nur in der Relation zur Notwendigkeit ist die Befreiung von ihr erkennbar und bestimmbar. Diese Relation als Voraussetzung von Vernunft war im Wertgesetz gegeben, und dessen Substitution durch das Gesetz des Stärkeren zerstört also die Voraussetzungen geschichtlichen Fortschritts. Die Emanzipation der Machthaber von der Bedingung, daß sie nur als Produzenten der Produktivkraftentwicklung herrschen dürfen, zerschlägt die vergleichsweise großartige Vernunft kapitalistischer Klassenherrschaft, an deren Stelle nun die blinde Willkür tritt. Diese Willkür ist freilich so wenig der freie Wille eines Individuums, wie dieser auch keineswegs die Basis der vorkapitalistischen willkürlichen Herrschafts- und Knechtschaftsverhältnisse war. Die Willkür und Selbstherrlichkeit vorkapitalistischer Herrschaft über Menschen war stets identisch mit der Ohnmacht gegenüber der gegenständlichen Welt und gegenständlichen Prozessen, und diese Ohnmacht reproduziert sich im Spätkapitalismus auf einem Niveau, welches noch den trivialsten Grund aller Herrschaft, nämlich daß es den Herrschern besser geht als den Beherrschten, hinfällig werden läßt: nach einem Krieg mit Nuklearwaffen, den die Machthaber zwar anzetteln (darin besteht ihre Macht), aber nicht mit Sicherheit verhindern können (darin besteht ihre Ohnmacht), gäbe es nicht einmal mehr Kriegsgewinnler. Die Ohnmacht gegenüber Gegenständen und gegenständlichen Prozessen, die stets das Komplement von Willkürherrschaft über Menschen ist, ist auf dem gegenwärtigen Niveau der Entwicklung der Produktivkräfte zu einer tödlichen Gefahr für alle Beteiligten geworden. Die Herrschaft von Menschen über Menschen impliziert die Ohnmacht der Menschheit gegenüber der Natur. Seit aus dieser die zweite geworden ist, dreht sich die Frage nach der richtigen Einrichtung der gesellschaftlichen Verhältnisse der Menschen nicht mehr um das größtmögliche Glück aller, sondern um das nackte Leben.

Die Ablösung des Kapitals als verbindlichen historischen Produktionsverhältnisses setzt auf der einen Seite die Willkürherrschaft der Cliquen, auf der anderen die Übermacht des Gegenstandes. Im Maße, wie das Kapital alles von ihm Verschiedene verschlungen hat und absolut geworden ist, bricht seine Einheit als sachlich vermitteltes, gesellschaftliches Herrschaftsverhältnis auch auseinander in die Willkürherrschaft irgendwelcher Machthaber und die Übermacht von Sachen: es ist Willkürherrschaft als reelles Gemeinwesen und es ist übermächtige Sache als capital fixe.[78]

Im capital fixe erhält das Kapital „erst seine adäquate Gestalt als Gebrauchswert" (Ro/587), im capital fixe ist das Verhältnis gewissermaßen selbst Gegenstand geworden, und umgekehrt wird hier der Gebrauchswert „ein formbestimmendes Moment, d. h. bestimmend für das Kapital seiner Formseite nach, nicht seiner stofflichen nach" (Ro/577). Wurde bisher immer gesagt, daß das Kapital die lebendige Arbeit als geschichtsbildende Kraft als seinen Gebrauchswert setzt und also die Gegenstände nur als Momente der lebendigen Arbeit ebenfalls Gebrauchswert besitzen, so besitzt das capital fixe demgegenüber selbst schon Gebrauchswert: „Sein Gebrauchswert ist eben die Vermehrung der Produktivkraft der Arbeit, die Verminderung der notwendigen Arbeit, die Vermehrung der Surplusarbeit und daher des Surpluswerts" (Ro/652). Im capital fixe wird der Gebrauchswert des Kapitalverhältnisses, die lebendige Arbeit als prozedierende Emanzipation vom Naturzusammenhang, worin sie notwendig ist, als Resultat greifbar in einem Gegenstand. Das capital fixe ist „im emphatischen Sinn *Produktionsmittel*" (Ro/582). Als Produktionsmittel im emphatischen Sinn ist es aber vom gewöhnlichen Produktionsmittel auch sehr verschieden: „In den Produktionsprozeß des Kapitals aufgenommen, durchläuft das Arbeitsmittel aber verschiedene Metamorphosen, deren letzte die *Maschine* ist oder vielmehr ein *automatisches System der Maschinerie*" (Ro/584). Im System der Maschinerie ist das Produktionsverhältnis, welches die lebendige Arbeit als solche setzt, die sich selbst abschafft, Sache geworden, aber die Sache als Subjekt: „In der Maschinerie tritt die vergegenständlichte Arbeit der lebendigen Arbeit im Arbeitsprozeß selbst als die sie beherrschende Macht gegenüber, die das Kapital als Aneignung der lebendigen Arbeit seiner Form nach ist" (Ro/585).

Im capital fixe existiert das Kapital gewissermaßen in vollendeter Gestalt. Hier löst es als Sache ein, was es als Verhältnis immer schon versprach: daß eines schönen Tages „die Arbeit, wo der Mensch in ihr tut, was er Sachen für sich tun lassen kann, aufgehört hat" (Ro/231). Was das Kapital als Verhältnis nur als Tendenz kannte, ist im capital fixe gegenständliches Resultat geworden: „Die Vermehrung der Produktivkraft der Arbeit und die größte Negation der notwendigen Arbeit ist die notwendige Tendenz des Kapitals, wie wir gesehn. Die Verwirklichung dieser Tendenz ist die Verwandlung des Arbeitsmittels in Maschinerie" (Ro/585). Die Vollendung des Kapitalverhältnisses, seine Verwandlung in einen Gegenstand entspringt nur dem logischen Gang seiner Entwicklung. An ihrem Ende verläßt das Kapital als Produktionsverhältnis die historische Szene. Die Abschaffung der Arbeit, die das Kapital geleistet hat, entzieht der Herrschaft von Menschen über Menschen den im Verhältnis der Menschen zur Natur liegenden ökonomischen Grund, und der Zwang, stetig und ohne Rücksicht auf die lebendigen Menschen die Produktivkräfte zu entwickeln, regrediert zur Herrschaft sans phrase wie in vorgeschichtlichen Zeiten, als sich die Herrschaft zwar konstatieren aber nicht verbindlich begründen ließ. Nur ist die Regression stets unausdenkbar viel schlimmer als der ursprüngliche Zustand, zu dem sie angeblich zurückführt. Die Willkürherrschaft unter den Primitiven war noch verhältnismäßig harmlos. Den Untaten selbst der Kannibalen waren durch die Reichweite ihrer Füße, ihrer Waffen und die Kapazität ihres Magens enge Grenzen gesetzt. Erst die Willkürherrschaft, auf die eine hochkapitalistische Gesellschaft regrediert, kann 6 Millionen Menschen planmäßig und weitere 44 Millionen Menschen außerplanmäßig vernichten. Die sinnlose Willkürherrschaft in vorbürgerlichen Zeiten stand immerhin unter dem Bann der Hilflosigkeit, mit der die noch ganz in Natur befangenen Menschen ihr Leben reproduzierten. Man kann sie daher verstehen, wenn man die ihrerseits unbegreifliche, schlicht vorgegebene Prämisse akzeptiert, daß die Emanzipation von blinder Naturbefangenheit nur durch einen Prozeß zu erreichen ist, den man Fortschritt nennt und den man sich als schleppendes und stolperndes Waten durch ein Meer von Blut, Schweiß und Tränen vorstellen muß.

Die moderne Willkürherrschaft hingegen beginnt an dem Punkt der Geschichte, wo die Befangenheit der Menschen in Natur materiell aufgehört hat: wo die Produktivkräfte so weit entwickelt sind, daß alle glücklich leben könnten, ohne daß der Eine den Anderen zu diesem Zweck erniedrigen, unterdrücken, ausbeuten oder gar abschlachten muß. Damit aber wird sie völlig unbegreiflich, wie sich exemplarisch am deutschen Faschismus, dem Inbegriff und Vorbild moderner Willkürherrschft zeigen läßt. Er ist gerade kein auf der Menschheit lastendes Verhängnis, kein unabwendbares Schicksal wie die historische Arbeit, die stets ihre furchtbaren Opfer gefordert hat. Seine Verbrechen können sich auf keine unbegreifliche, weil von den Menschen nicht selbst gesetzte, sondern ihnen vorausgesetzte Bedingung ihres Lebens herausreden. Der Faschismus ist nicht etwa wie der Zwang zur Arbeit, wie die Kriege naturwüchsiger Gemeinwesen ein Produkt der Natur, welche die Menschen nicht selbst gemacht haben, sondern er ist Produkt einer Geschichte, welche die Menschen sehr wohl selbst gemacht haben. Und eben daran, daß der Faschismus grundlos verbrochen wurde, daß er nicht unter der Herrschaft eines von den Menschen zunächst unabhängigen Naturzwanges entstand, muß sich die Theorie die Zähne ausbeißen. Theorie setzt immer den Gegenstand unter die Denkbestimmungen der Vernunft. Sie kann ihn daher nur erreichen, wenn er selbst diese Vernunft, zumindest partiell und gebrochen, verkörpert. Wenn Marx das Kapitalverhältnis als Ausbeutungsverhältnis begreift und kritisiert, begründet er es zugleich vernünftig als ein Produktionsverhältnis, das die Entwicklung der Produktivkräfte, welche für die Abschaffung der Ausbeutung eine notwendige Voraussetzung ist, vorantreibt. Das falsche gesellschaftliche Verhältnis der Menschen, wofür diese selbst verantwortlich sind, findet hier seinen Grund und seine Erklärung im falschen Verhältnis der Menschen zur Natur, wofür jene nicht verantwortlich sind: weder haben sie die Natur so eingerichtet, daß man sich an ihr abplagen muß, um sie essen zu können, noch haben sie sich selbst als hilflose Naturwesen in die Welt gesetzt. Ratio und Rationalisierung hängen hier offenbar eng zusammen, und jede Kritik setzt die Rechtfertigung des kritisierten Gegenstandes immer schon voraus. Kritik rechtfertigt ihren Gegenstand allein schon durch die Hoffnung, die sie in seine Veränderbarkeit setzen muß. Veränderbar aber ist das gesellschaftliche Verhältnis nur unter der Bedingung, daß sein falscher Zustand auf einen Grund zurückgeführt werden kann, der von ihm selbst noch einmal verschieden ist: auf ein besonderes Verhältnis der Menschen nicht zueinander, sondern zur Natur. Sonst müßten sich die Menschen wie Münchhausen am eigenen Schopf aus dem Sumpf ziehen, wenn sie ihr Verhältnis zueinander vernünftig einrichten wollen. Der für jede Gesellschaftstheorie konstitutive Widerspruch, daß die Menschen nicht Subjekt ihrer eigenen Geschichte sind und gleichzeitig dies doch sein könnten, ist auflösbar nur durch die Konstruktion eines von den Menschen zunächst unabhängigen, aber von ihnen veränderbaren objektiven Grundes, der für das falsche Verhältnis der Menschen zueinander ursächlich verantwortlich ist. Das Subjekt muß sich gleichsam auf höhere Gewalt berufen, wenn es noch keineŋ ist und doch die Möglichkeit beansprucht, eines zu werden. Und keine Gesellschaftstheorie, die immer jene vernunftlose Sequenz von Katstrophen, die man Weltgeschichte nennt, unter die Denkbestimmungen der Vernunft setzen muß – keine Gesellschaftstheorie kommt umhin, dem Angeklagten mildernde Umstände in Form von höherer Gewalt zuzubilligen. Auf diese aber kann sich der Faschismus nicht berufen, und deshalb ist er unbegreiflich. Die Theorie sucht stets nach Gründen. Für die planmäßige Vernichtung von 6 Millionen Menschen, die noch nicht einmal zum Vorteil irgendeines Anderen ausgebeutet, sondern einfach nur vernichtet wurden, gibt es aber solche nicht. Zwar lassen sich unendlich viele Funktionszusammenhänge anführen, aber sie bilden nur eine unendliche Tautologie, weil sie aus dem Zirkel des einfach vorausgesetzten, immer schon konstituierten Gesellschaftlichen nirgends ausbrechen können. Nach der Verwandlung des Kapitals in capital fixe hat das Herrschaftsverhältnis der Menschen untereinander nichts mehr mit der Ökonomie als dem Verhältnis der Menschen zur Natur zu tun. So gibt es keinen Grund mehr, der vom Begründeten – eben dem Herrschaftsverhältnis – noch verschieden ist. Damit entfällt die erste Voraussetzung aller Theorie, die heute offensichtlich am Ende ist. Die Gleichgültigkeit des gesellschaftlichen Verhältnisses gegen das Verhältnis der Menschen zur Natur äußert sich darin, daß die materielle Produktion zum nur mehr stofflichen Prozeß wird, zum Prozeß nur zwischen Gebrauchswerten. Wo es *nur* Gebrauchswerte gibt, gibt es aber keinen Gebrauchswert mehr, denn dieser existiert nicht ohne das die Natur unter seine eigenen subjektiven Zwecke setzende Subjekt: „Das Verhältnis des Kapitals als des die verwertende Tätigkeit sich aneignenden Werts, ist in dem fixen Kapital, das als Maschinerie existiert, zugleich gesetzt als das Verhältnis des Gebrauchswerts des Kapitals zum Gebrauchswert des Arbeitsvermögens" (Ro/585).

So existiert kein Verhältnis der Menschen untereinander und zur Natur mehr, welches selbständig Gebrauchswert setzt, so, wie es das Kapitalverhältnis tat. Den Menschen bleibt angesichts des endlosen Endes vom Kapitalverhältnis keine Alternative als die, entweder gemeinsam die gegenständliche Welt als ihren Gebrauchswert zu setzen oder von „sachlichen Mächten, ja übermächtigen Sachen" (Ro/545) erschlagen oder auch geduldet zu werden – von Sachen, an denen selbst die Machthaber als bloße Anhängsel erscheinen. Der Dissoziation des Kapitalverhältnisses in Willkürherrschaft und übermächtige Sache würde entsprechen, daß die Einheit des Klassenkampfes nicht mehr gegeben ist. Er zerfiele in die Brechung der Willkürherrschaft, in die militärische Zerschlagung der modernen Söldnerbanden einerseits, andererseits in das Setzen der Sachen als Gebrauchswerte. Das Setzen der Sachen als Gebrauchswerte setzt die Beseitigung des Hungers in der Dritten Welt voraus, setzt also die Beseitigung der die Dritte Welt ausplündernden Willkürherrschaft wie auch der übermächtigen Sachen in den Metropolen voraus. Nur in diesem Zusammenhang darf an eine Formulierung von Marx erinnert werden, die sonst Gefahr liefe, als Reklamespruch für die Freizeitindustrie mißverstanden zu werden:

„Die wirkliche Ökonomie – Ersparung – besteht in Ersparung von Arbeitszeit...; diese Ersparung aber identisch mit Entwicklung der Produktivkraft. Also keineswegs *Entsagen vom Genuß,* sondern Entwicklung von power, von Fähigkeiten zur Produktion und daher sowohl der Fähigkeiten, wie der Mittel des Genusses. Die Fähigkeit des Genusses ist Bedingung für denselben, also erstes Mittel desselben und diese Fähigkeit ist Entwicklung einer individuellen Anlage, Produktivkraft. Die Ersparung von Arbeitszeit gleich Vermehren der freien Zeit, d. h. Zeit für die volle Entwicklung des Individuums, die selbst wieder als die größte Produktivkraft zurückwirkt auf die Produktivkraft der Arbeit." (Ro/599)

Anmerkungen

Die Marx-Zitate sind der einfacheren Handhabung wegen im Text selbst nachgewiesen, durch Angabe des MEW-Bandes und der Seitenzahl. Davon abgewichen wird bei Zitaten aus den *Kapital*-Bänden, die durch römische Ziffern bezeichnet sind (I = MEW 23, II = MEW 24, III = MEW 25); außerdem bei den *Grundrissen der Kritik der politischen Ökonomie,* Berlin 1953, die durch den Kürzel ‚Ro' (Rohentwurf) gekennzeichnet sind; bei den *Resultaten des unmittelbaren Produktionsprozesses* (Verlag Neue Kritik), die als ‚Resultate' kenntlich gemacht sind, und bei der *Kritik der politischen Ökonomie* von 1859, die nach der separaten, roten Ausgabe zitiert und als ‚Kritik' bezeichnet wird.

1 Wem diese Formulierung zu aphoristisch klingt, der vergleiche Klaus Grenzdörfer, „Probleme der Produktivitätsmessung in der empirischen Wirtschaftsforschung", in: *Das Argument* Nr. 73. Als Beleg für diese These können auch Versuche der modernen Nationalökonomie gewertet werden, das Bruttosozialprodukt – eine objektive Wertgröße – als Indikator wirtschaftlichen Fortschritts durch aggregierte, d. h. mehr oder minder willkürlich zusammengezimmerte Größen zu ersetzen. Voraussetzung solcher Aggregierungsverfahren, deren sich bezeichnenderweise die okkulte Zunft der Zukunftsforscher schon seit längerem bedient, ist das schlichte Vergessen eines der elementarsten Grundsätze der Logik, den man spätestens in der zweiten Volksschulklasse gelernt hatte: daß nur schon Identisches vergleichbar ist, daß man also nicht Äpfel und Briketts zusammenzählen darf, wenn die Rechenoperation noch einen Sinn haben soll. Vergleichbar sind daher die Arbeitsprodukte nur als identisch gesetzte, als Werte. Daß die moderne Ökonomie die Wertbestimmungen kraftlos fallenläßt und trotzdem emsig weiterrechnet, daß sie also zwischen Begriffsrealismus und Nominalismus duselig hin und her taumelt, weder den einen noch den anderen erbittert festhalten und darüber zu einem begründeten Urteil über seine Unwahrheit und Beschränktheit gelangen kann, daß sie also ein eklektizistisches und willkürliches Konglomerat ist, dessen wesentliche Leistung darin besteht, aktuelle Machtstrukturen zu innervieren – dies macht es unwahrscheinlich, daß immanente Kritik an ihr überhaupt noch möglich ist, geschweige denn, daß sie sich lohnen würde.

2 Was hier nur angedeutet werden kann, wird im II. Kapitel, 10. Absatz ausgeführt.

3 Vgl. dazu Adler/Langbein/Lingens-Reiner, *Auschwitz. Zeugnisse und Berichte*, Frankfurt 1962; H. G. Adler, *Theresienstadt 1941 – 1945. Das Antlitz einer Zwangsgemeinschaft*, Tübingen 1955, M. Broszat (Hrsg.), *Kommandant in Auschwitz. Autobiographische Aufzeichnungen des Rudolf Höß*, München 1963; R. Henkys, *Die nationalsozialistischen Gewaltverbrechen*, Stuttgart/Berlin 1964; H. Jäger, *Verbrechen unter totalitärer Herrschaft*, Freiburg 1967; E. Kogon, *Der SS-Staat. Das System der deutschen Konzentrationslager*, München 1974; H. Langbein, *Menschen in Auschwitz*, Wien 1972; G. Reitlinger, *Die Endlösung. Hitlers Versuch der Ausrottung der Juden Europas 1939 – 1945*, Berlin 1956.

4 Unter diese Bestimmung, die Reduktion der Menschen auf Natur, fällt auch die repressive Entsublimierung und Enttabuisierung, die der Faschismus zum Programm erhob. Im Heft 1 der nationalpolitischen Aufklärungsschriften *Grundzüge der nationalsozialistischen Weltanschauung*, Berlin 1936, lesen wir: „Die Muffigkeit der bürgerlichen Sphäre, der von Zierat überladene Schwulst und die Hohlheit ihrer Ausdrucksmittel, die körperliche und seelische Vergiftung durch den Marxismus, die sich durch einen Glauben mit einer artfremden und daher unheilvollen Morallehre eingeschlichen haben, müssen rücksichtslos über Bord geworfen werden... Die Verbundenheit mit der freien Natur muß in der Jugend, in allen Deutschen wieder geweckt werden. Die falsche Scham, die Heuchelei gegenüber natürlichen Lebensvorgängen muß fallen" (S. 29). Den KZ-Opfern wurde die ‚falsche Scham' am gründlichsten ausgetrieben. Sie gingen nackt in den Tod.

5 Inwiefern der die materielle Produktion transzendierende metaphysische Zweck eine Voraussetzung derselben ist, wird im II. Kapitel, 12. Absatz entwickelt.

6 Daß die Speisen besser *sind,* wenn sie nicht nur gegessen werden, sondern sich mit ihnen auch einige Vorstellungen verbinden, wenn also bei der Mahlzeit nicht nur die Kiefer, sondern auch das Gehirn aktiv ist, ist keine idealistische Konstruktion. Zum einen ist evident, daß man differenzierte Genüsse nur haben kann, wenn man zu differenzieren gelernt hat und also fähig ist, die vielen verschiedenen Geschmacksempfindungen, aus denen eine gelungene Speise komponiert ist, als einzelne zu erinnern. Zum anderen dürfte der unbestreitbare Verfall der guten Küche wohl damit zusammenhängen, daß heute so geistreiche philosophische Erörterungen der Gaumenfreuden, wie sie etwa in der *Physiologie des Geschmacks* von Anthelme Brillat-Savarin, erschienen 1825, vorliegen, nicht mehr angestellt werden. An die Stelle dieses Buches, welches, nebenbei bemerkt, auch verschiedene raffinierte Rezepte enthält, sind heute Kochbücher getreten, die nur noch aufwendige Farbreproduktionen und ein paar Handlungsanweisungen enthalten, über den Geschmack aber kein Wort mehr verlieren.

7 Vgl. Günther Anders, *Die Antiquiertheit des Menschen*, München 1956, S. 193-203. Die Bedeutung dieses Buchs insgesamt für eine Theorie des Gebrauchswerts bzw. für eine Theorie von dessen gegenwärtig zu beklagendem Verlust ist übrigens zu gewichtig, um hier darauf eingehen zu können.

8 Das hier angesprochene Verhältnis wird später im Exkurs über Begriff und Sache thematisiert.

9 Die ersten und wohl wichtigsten Formulierungen dieses Gedankens finden sich in den Arbeiten von Hans-Jürgen Krahl, die 1971 unter dem Titel *Konstitution und Klassenkampf. Zur historischen Dialektik von bürgerlicher Emanzipation und proletarischer Revolution* im Verlag Neue Kritik, Frankfurt, erschienen sind. Krahl schreibt dort unter anderem: „Wenn Entfremdung und Verdinglichung heute Kategorien sind, deren Gültigkeit für den Kapitalismus zweifelhaft wird, so muß das notwendig in einer wesentlichen Veränderung der Warenform gesucht werden. Deren Elemente, Gebrauchswert und der an dessen Naturalform usurpativ erscheinende Wert, müssen in eine qualitativ veränderte Konstellation getreten sein. Die Warenform, in der der Gebrauchswert tendenziell schon stets abstirbt, die, zur Allegorie wird, trägt die Tendenz zur Zersetzung in sich ... Das Stadium der immanenten Selbstzersetzung der Warenform zugunsten des totalitären Tauschs ist erreicht, nicht nur hat endgültig die Verpackung über das Produkt gesiegt – der Gebrauchswert ist zerstört –, wir konsumieren Reklame, wenn wir essen und trinken, und ernähren uns doch davon." (S. 84)

10 Vgl. Engels' Polemik gegen „etwas Proletariatsjammer", den die deutschen Sozialisten offenbar schon damals erfunden hatten (MEW 2/ 604 ff.). Sie antizipierten damit das Standesbewußtsein der heutigen Mittelschicht, welches in der Sozialisationstheorie seinen prägnantesten Ausdruck gefunden hat. Die deutschen Sozialisten von damals und die Mittelschicht von heute – beide behaupten, daß es den niederen Volksklassen elend gehe, was richtig ist. Sie behaupten dies aber in der Annahme, daß es ihnen selbst gut gehe, was falsch ist. Die Unterschicht wird so zur Konstruktion, vermittels derer der Mittelstand seine schwere Profilneurose kurieren kann. Die Unterschicht gibt dem Mittelstand Selbstbewußtsein und Arbeit. Die niederen Volksklassen müssen selbstverständlich gehoben werden, und zwar auf das Niveau der Mittelschicht. Von solcher Hubarbeit lebt es sich heute gar nicht schlecht, und die mit ihr verbundene Ideologie ist Balsam auf die Wunden der deklassierten Bürger: sie dürfen sich einbilden, am Fortschritt der Menschheit zu wirken, und auch noch glauben, sie selbst hätten die letzte Sprosse schon erklommen. Dies heißt nichts anderes, „als daß die Middle-class-Herrschaft das Ende der Weltgeschichte ist – allerdings ein angenehmer Gedanke für die Parvenus von vorgestern" (Ro/545).

11 Dort, schon bei Nietzsche und später bei Spengler, Klages, Heidegger und den Brüdern Jünger finden sich freilich Gedanken, welche sich Marxisten – ob nun aus Rigidität oder Berührungsangst – meistens verboten, obwohl sie fast danach schreien, von Marxisten gedacht und von diesen dann auch vernünftig interpretiert zu werden. Die ängstliche Sorge, auf der richtigen Linie zu liegen, trieb den Marxismus teilweise in dieselbe Sterilität, durch welche sich die Sozialwissenschaften positivistischer Provenienz hervortun. Die Angst vor dem Verlust der Identität als Wissenschaftler hier fand dort ihr Pendant in der Angst vor dem Verlust der Identität als Sozialist. Sie ist Folge des generellen Denkverbots im Spätkapitalismus, dessen Macht sich auch seine Widersacher kaum ganz entziehen können. Es drückt sich vor allem in den ritualisierten Realitätsvermeidungsstrategien aus, welche die einschlägige Literatur so überaus schwer genießbar machen: mühsame, holperige Rekapitulation längst bekannter, zu ledernen Gemeinplätzen gewordener Erkenntnisse einerseits, andererseits Langzeitforschungsprogramme, deren Verwirklichung ihr Erfinder mit Sicherheit nicht mehr erleben wird. Gedanken, die sich nicht x-fach belegen lassen oder erst am St-Nimmerleins-Tag fertig sind, werden einfach nicht gedacht.

Die Begründer des wissenschaftlichen Sozialismus haben es in dieser Angelegenheit anders gehalten, und Engels z. B. war seiner selbst wie auch seiner Sache sicher genug, einen Reaktionär von Gesinnung, nämlich Balzac, als Schriftsteller und Berichterstatter über die Gesellschaft dessen sozialer gesonnenen Zeitgenossen vorzuziehen.

12 Dies dürfte auch daran liegen, daß „Marx von den Dogmatikern dahingehend revidiert wurde, daß der historisch transitorische Charakter der kapitalistischen Produktionsweise insgeheim stillgelegt wurde, daß nur die verdinglichte Erscheinungswelt der kapitalistischen Gesellschaft, aber nicht ihr Wesen der geschichtlichen Dynamik unterworfen sein sollte (Wandel der Erscheinungen, ontologische Konstanz des Wesens, unveränderte Produktionsweise)". (Krahl, a.a.O., S. 123)

13 Vgl. Krahl, a.a.O., S. 76 f.

14 Vor allem der deutsche Faschismus hat gezeigt, daß die unmittelbar materiellen Interessen der Arbeiter mit ihren wahren Interessen nicht mehr ohne weiteres identisch sind. Rein ökonomisch im vulgärmaterialistischen Sinn nämlich hat sich der Faschismus für die deutschen Arbeiter durchaus rentiert. Dank der Ausplünderung der besetzten Länder aßen sie bis in die letzten Kriegsmonate hinein besser und reichlicher als ihre antifaschistischen Kollegen. War dies dann am Ende auch eine Henkersmahlzeit, so blieb doch denen, die sie entbehren mußten, das Sterben noch lange nicht erspart. Von den Opfern des deutschen Faschismus stellten die deutschen Arbeiter, die als Soldaten durchaus begeistert und erfolgreich für ihn kämpften, noch das geringste Kontingent. Seit die Arbeiter in einem entwickelten kapitalisti-

schen Land nicht mehr die Ärmsten sind und die Arbeiter in den wenìger entwickelten Ländern und in der Dritten Welt noch unter sich haben, ist ihr Kampf um unmittelbare materielle Verbesserungen nicht selbstredend auch schon fortschrittlich. Die Diskriminierungen, denen die ausländischen Arbeiter in der BRD unterworfen werden, helfen freilich, die materielle Lage der deutschen Arbeiter, wenngleich in engen Grenzen, unmittelbar zu verbessern, und sie werden deshalb auch von den Gewerkschaften wohlwollend toleriert. Gleichwohl tragen sie unverkennbar faschistoide Züge.

15 Systematischer und vollständiger liegt eine solche Phänomenologie bei Baran/Sweezy, *Monopolkapital* (Frankfurt 1973) vor. Die einschlägigen Kapitel (X und XI, S. 270 ff.), die den relativ flachen polit-ökonomischen Teil des Buches weit übertreffen, stehen in der großen Tradition der amerikanischen Soziologie, der von Veblen, Riesman und Mills. Sie sprechen Erkenntnisse aus, die man vor lauter sozialer Gesinnung in der BRD nicht einmal mehr zu denken wagt. Vor allem lassen sie die absurde Provinzialität der hiesigen Diskussion um die Benachteiligung der Unterschichten und ihre pädagogische Hebung erkennen. Der Monopolkapitalismus wird wahrheitsgemäß als ein System identifiziert, worin selbst die Privilegierten keine Perspektive mehr zu bieten haben.

16 Vgl. Peter Brügges Bericht über die Konsumgewohnheiten der deutschen Eliten im *Spiegel*, Nr. 22/1974, S. 126.

17 Die Beifügung ‚Orientierung' ist das neutralisierende Ferment, welches der Pferdemagen des Pluralismus braucht, um auch noch den Gebrauchswert zu verdauen. Leider spricht selbst Hartmut Neuendorff in seiner Arbeit *Der Begriff des Interesses,* Frankfurt 1973, von Gebrauchswertorientierungen bei der Arbeiterklasse – zum Glück aber nur im Vorwort.

18 Der sozial gesonnene Reformismus, der es auf die Hebung der Unterschichten abgesehen hat und damit die Welt verbessern will, vergißt das Allereinfachste: daß die herrschende Geschichte stets die der Herrschenden war – nicht die der Unterschicht. Er vergißt, daß für die Katastrophen, als deren Sequenz Geschichte sich darstellt, niemals die Sonderschüler verantwortlich waren. In Deutschland aber, wo der gesamte akademisch gebildete Mittelstand zu den Nazis lief und diese an den Universitäten herrschten, längst ehe sie die Macht im Staate hatten; wo jener Oberschüler zu Hause ist, der sich während seiner Tätigkeit als KZ-Wächter in Auschwitz auf das Abitur vorbereitete mit dem Thema ‚Der Humanismus bei Goethe' – in diesem Land also ist es ein frivoles Kunststück, das Allereinfachste zu vergessen. Für dieses Vergessen muß es handfeste Gründe geben: Allein gegenüber der sozialwissenschaftlichen Unterschichtsstereotype kann sich der Mittelstand noch profilieren, nur dieses Zerrbild liefert ihm einen Rest fragwürdiger Identität.

19 Damit ist einerseits der Verzicht auf den Umgang mit authentischer Literatur gemeint, wie ihn die Hessischen Rahmenrichtlinien für den Deutschunterricht zugunsten einer nur mehr funktionellen Betrachtung der Sprache propagieren, wobei die Frage offenbleibt, wie man wohl einen Werbeslogan oder die Bildzeitung im Hinblick auf die darin steckende politische Funktion analysieren soll, wenn man selbst gar keine andere Form der Darstellung kennt. Andererseits ist die scheinheilige Menschenfreundlichkeit gemeint, die in Övermanns Forderung steckt, es „dürfen die Inhalte der Spracherziehung nicht wie bisher weitgehend außerhalb des Erfahrungsmilieus dieser Kinder [der Unterschichtenkinder natürlich] liegen" („Schichtenspezifische Sprachbarrieren", in: *Begabung und Lernen. Gutachten des Deutschen Bildungsrats* Nr. 4, Stuttgart 1969, S. 339-341). Nicht das Erfahrungsmilieu ‚dieser Kinder' ist nachhaltig zu erweitern, sondern der Unterricht auf das beschränkte zu trimmen!

20 Diese Beobachtung darf als Argument nur polemisch gegen die als Sozialisationstheorie firmierende moderne Mittelstandsideologie verwendet werden, niemals aber affirmativ zur folkloristischen Verklärung des Bild-Zeitungs-Analphabeten und damit zwangsläufig zur Beschönigung und Verharmlosung der Verhältnisse, welche die Analphabeten in den Vorortzügen produzieren. So richtig es ist, daß Arbeitern, namentlich in zurückgebliebenen Sektoren wie der Bauindustrie, gelegentlich noch eine witzige und originell formulierte Geschichte einfällt, so beiläufig, so unwesentlich, ja kontingent ist sie auch. Daß das Unwesentliche noch das Beste ist und das Wesentliche schlecht, ist kein Paradoxon, sondern die genaue Bestimmung eines Verhältnisses, das wesentlich, nämlich durch Revolution, geändert werden muß. Im Kapitalismus war das Glück der leibhaftigen Menschen unwesentlich, und jede produktive Spontaneität sprengte so sehr den Rahmen, daß sie nur gleichsam transzendental als Genie zu verstehen war. Seit dem Faschismus grenzt nun schon der bloße Umstand, daß man noch lebt, an ein Wunder. Er ist im wesentlichen gesellschaftlichen Verhältnis so wenig begründet, daß man ihn fast für eine Gnade Gottes halten muß – der moderne Aberglaube hat durchaus eine materielle Basis. Genau dies ist der Fall, und genau dies soll sich gewaltig ändern. Wären die Arbeiter – und inzwischen nicht nur sie – nicht das ‚Menschenunkraut', von dem Marx wörtlich spricht, so gäbe es keinen Grund für ein so strapaziöses und gefährliches Unternehmen wie die Revolution.

Als Argument dafür theoretisch strapaziert, daß die Arbeiter doch die besseren Menschen sind, wird die Mitteilung einer richtigen Beobachtung zu Lüge. Schlimmer: das Unwesentliche ist zu schwach, als daß es die Schläge des Wohlwollend-auf-die-Schulter-Klopfens überleben würde. Eine Landschaft kann gelegentlich noch schön sein, die wechselseitige Bestätigung dieses Befundes durch die Betrachter ist es schon lange nicht mehr. Außerdem: es ist die Aufgabe von Theorie, Verhältnissen auf die Finger, und nicht, Leuten auf die Schulter zu klopfen. Wo sie anders verfährt, ist sie so überheblich wie anbiedernd – ist sie Reklame.

21 Er würde vermutlich die Stirn runzeln und dem Verfasser des *Woyzeck* einen sprachkompensatorischen Kurs verordnen. Mit der Geschwätzigkeit des Staubsaugervertreters, dem heimlichen Ideal der Spracherzieher, welches sie mit dem Terminus ‚elaborated code' schamhaft verschweigen, könnte übrigens kaum ein Vertreter der modernen Literatur mithalten.

22 Dieser Sprachzerfall dürfte der Prozeß sein, den Roland Barthes als Metamorphose von Sinn in Form beschreibt (Roland Barthes, *Mythen des Alltags*, Frankfurt 1964; darin: „Der Mythos als semiologisches System", S. 88 ff.). Näher ist die formelhafte Erstarrung nicht nur der Sprache im Angesicht totalitärer Herrschaft in der Analyse des Idioms in der *Dialektik der Aufklärung* entziffert (Horkheimer/Adorno, *Dialektik der Aufklärung*, Amsterdam 1947, S. 154 ff.).

23 Leider verdient die marxistische Literatur bezüglich des Gebrauchswerts nichts Besseres als einen summarischen Überblick, obwohl ein solcher keinen guten wissenschaftlichen Eindruck macht. Vgl. dazu von Michael Schwarz und mir den Aufsatz „Wegwerfbeziehung – Versuch über die Zerstörung der Gebrauchswerte", in: *Kursbuch* Nr. 35.

Auch die *Kritik der Warenästhetik* von Wolfgang Fritz Haug hilft nicht viel weiter. Was der Gebrauchswert ist, wird hier nie erklärt, sondern immer vorausgesetzt. Am präzisesten ist der Gebrauchswert noch als das Gute im Menschen gefaßt: „Der Standpunkt der Kapitalverwertung ... steht dem, was die Menschen von sich aus sind und wollen, schroff gegenüber" (S. 57). Das kann man glauben oder auch nicht. Ich würde denken, daß nach dem deutschen Faschismus, zu dem schließlich auch viele Arbeiter ihr Scherflein beigetragen haben, die philantropische Gesinnung keine besonders zuverlässige Basis der Gesellschaftstheorie ist. Von zweifelhaftem Wert ist auch die Haugsche Methode, alle möglichen Marxschen Kategorien mit dem Wort Standpunkt zu kombinieren. Der Standpunktpluralismus nimmt die Verbindlichkeit wieder zurück, welche die Kategorien bei Marx gewonnen haben. Nicht sonderlich vertrauenerweckend sind auch gewisse handwerkliche Schludereien, so etwa wenn Haug im ersten Kapitel den Ursprung der Warenästhetik im Tauschverhältnis zu ergründen sucht und schreibt: „Dem einen gilt die Ware als Lebensmittel, dem anderen das Leben als Verwertungsmittel. Zwischen beiden Standpunkten ist ein Unterschied wie zwischen Tag und Nacht" (S. 16). So schlimm ist es nun auch wieder nicht, und schon gar nicht im einfachen Tauschverhältnis, wo das Geld nur verschwindende Vermittlung ist. Und im Kapitalverhältnis – wenn dieses hier gemeint sein sollte – ist nicht das Leben, sondern die lebendige Arbeit Verwertungsmittel, was der Arbeiter namentlich dann zu spüren bekommt, wenn er nur leben, aber nicht arbeiten will. Angesichts dessen muß man zweifeln, ob die versprochene – und übrigens ihrerseits schon problematische – Ableitung „im Systemzusammenhang" (S. 11) glücken kann. Die oberlehrerhafte Aufforderung an den Leser, „besonders aufmerksam auf die Entwicklung der Begriffe zu achten. Sie werden als Werkzeuge angeboten" (S. 12), kann sich ein Autor, der schon mit dem Abc der Kritik der politischen Ökonomie nicht ganz zurechtkommt, eigentlich nicht leisten. Da Haug sich allerhand auf die marxistische Methode zugute hält, sei auch der bescheidene Hinweis erlaubt, daß die Begriffe bei Marx nicht unter den Werkzeugen, sondern unter den objektiven Gegenständen rangieren.

24 Theodor W. Adorno, *Negative Dialektik*, Frankfurt 1966, S. 20.

25 So war es auch dieses Buch, welches dann einige wenige gehaltvolle Arbeiten über Probleme der ökonomischen Formbestimmungen wieder ermöglichte.

26 Es ist von Marxisten wiederholt darauf hingewiesen worden, daß eine ausgeführte Krisentheorie bei Marx nicht vorliegt (z. B. Negt, Nicolaus). Dies ist nur dann richtig, wenn man mit diesem Begriff die Erwartung eines begrifflichen Instrumentariums verbindet, welches es gestatten würde, eine ganz bestimmte empirische Krise deduktiv aus deren allgemeiner Theorie zu prognostizieren – damit aber auch instrumentell zu verhindern: Marxisten ins Wirtschaftsministerium! Die Wunschvorstellung, es möchte ein allgemeines Gesetz existieren, aus dem die empirischen Phänomene schlüssig abzuleiten sind, setzt eine existierende Logik wirklicher Verhältnisse voraus, die gerade dem Kapital nicht – besser: noch nicht – eigen ist. Dahinter steckt einmal der technokratische Traum von wissenschaftlicher Reformpolitik und dann die Omnipotenzphantasie vom meist nicht sonderlich bemittelten marxistischen Theoretiker als schlaustem Wirtschaftsboß, als gerissenstem Spekulanten, der – hätte er nur Geld – alle anderen in die Tasche stecken würde. Marxisten dieses Genres vergessen gerade, worauf es Marx besonders ankam: daß die zweite Natur nur Schein und daher tückischer und unberechenbarer als die erste ist. Marx war niemals um praktikable Wirtschaftstheorie, um positive politische Ökonomie, um die (unmögliche) Rationalisierung des Scheins bemüht, sondern darum, letzteren zu zertrümmern. Die Unkalkulierbarkeit von Krisen, die Unsicherheit ganz allgemein, welche fröhlichen Überraschungen die Menschen nach zwei Weltkriegen und dem Faschismus vom Kapital nun noch zu erwarten haben – an der sich die Wissenschaftler stoßen –, ist ein triftigerer Grund, das Kapitalverhältnis unverzüglich und nachhaltig abzuschaffen, als es die Kalkulierbarkeit und damit auch die instrumentelle Beherrschbarkeit der nächsten Krise – nach der die Wissenschaftler unermüdlich su-

chen — wäre. Wenn Marx daher feststellt, „daß abstrakteste Form der Krise (und daher die formelle Möglichkeit der Krise) die Metamorphose der Ware selbst ist, worin nur als entwickelte Bewegung der in der Einheit der Ware eingeschlossene Widerspruch von Tauschwert und Gebrauchswert, weiter von Ware und Geld enthalten ist" (26.2/510), so *ist* dies die allgemeine Krisentheorie, nach der immer wieder vergeblich gesucht wird, und deren Abstraktheit sich eben theoretisch nicht überwinden läßt. Wo Marx von wirklichen Krisen spricht, treten immer der allgemeinen Theorie kontingente Wechselfälle hinzu: Mißernten, Kriege, Dauerhaftigkeit des capical fixe, etc. Daß diese dem Kapitalverhältnis kontingent sind und unberechenbar wie Naturerscheinungen in es hineinbrechen, ist gerade die Essenz der Krise. Daß die Wissenschaftler sich mit dieser Unberechenbarkeit nicht abfinden wollen, ist verständlich; naiv hingegen, daß sie diese abschaffen wollen, indem sie an der Theorie herumfeilen. Am Ende ist dann nämlich, wie bei der modernen Nationalökonomie, die Theorie selbst so unberechenbar geworden wie die Krise.

27 Besser trifft Adornos Formulierung diese Denkfigur, die wohl zu den Archetypen bürgerlichen Denkens zählen muß. Er nennt sie in einer kleinen Arbeit über Durkheim „begriffsrealistische Gesinnung im Stande des Nominalismus" (Theodor W. Adorno, *Gesammelte Schriften*, Bd. 8, S. 270). Schon Ricardo (wie später Durkheim und noch ausgeprägter die nachfolgenden Positivisten) ist Nominalist, insofern er den Begriff verachtet und nur die Sache selbst will. Weil die Sache aber vermittelt ist, zumal im Kapitalverhältnis, gelangt man nicht zu dieser selbst, wenn man unmittelbar auf sie losgeht, sondern nur zu einem schlechteren Begriff von ihr. Mit diesem operiert Ricardo dann, weil er ihn für die Sache selbst hält, so ausschließlich und unbekümmert um die Wirklichkeit, wie es die Begriffsrealisten taten, die aber immerhin wußten, daß die Begriffe nicht mit der empirischen Realität identisch waren.

28 Man denke nur an den Werturteilsstreit vor dem Ersten Weltkrieg und seine Reprise in den 60er Jahren, als uralte Argumente in jugendlicher Frische wiederauferstanden und die Gemüter erhitzten wie seinerzeit.

29 Bischoff/Ganßmann/Kümmel/Löhlein, „Produktive und unproduktive Arbeit als Kategorie der Klassenanalyse", in: *Sozialistische Politik* (SOPO) Nr. 6/7, 1970, S. 73.

30 Vgl. Th. W. Adorno, *Ges. Schriften*, Bd. 8, Thesen über Bedürfnis.

31 Vgl. II. Kapitel, 10. Absatz.

32 Vgl. II. Kapitel, 10. Absatz.

33 Günther Mensching verdanke ich den Hinweis, daß der Gottesbegriff der scholastischen Philosophie einen Begriff von Produktion impliziert, der sich auf die damals wirklich herrschende kaum stützen konnte und erst im Kapitalverhältnis realisiert wurde.

34 Diese Tradition ist noch in Herman Melvills 1846 erschienenem Roman *Taipi* lebendig.
35 Ideengeschichtlich wird die Unfähigkeit, zwischen Gesellschaft und Natur zu unterscheiden, wohl erstmals bei Durkheim ganz eklatant. Was Gesellschaft im Unterschied zur Natur ist, kann er nur noch apodiktisch behaupten. Dadurch wird sie zur Qualität sui generis mystifiziert und anschließend unter Kategorien der Naturerkenntnis gesetzt.
36 Teils die gleichen, teils noch präzisere Bestimmungen sind im Fragment des Urtextes von *Zur Kritik der politischen Ökonomie* zu finden. Vgl. besonders Ro/934 ff.
37 Das nicht mehr naturwüchsige, sondern Kapital gewordene Grundeigentum „reißt die Kinder der Erde los von der Brust, worauf sie gewachsen, und verwandelt so selbst die Erdarbeit, die ihrer Natur nach als unmittelbare Subsistenzquelle erscheint, in vermittelte Subsistenzquelle, von gesellschaftlichen Beziehungen rein abhängige. (Die wechselseitige Abhängigkeit muß erst rein herausgearbeitet sein, eh an wirkliche soziale Gemeinschaftlichkeit gedacht werden kann. Alle Verhältnisse als von der Gesellschaft gesetzte, nicht von Natur bestimmte.) Dadurch allein die Anwendung der Wissenschaft erst möglich, und die volle Produktivkraft entwickelt" (Ro/187-188). Als von der Gesellschaft gesetzte tritt die Naturnotwendigkeit der Arbeit rein hervor (nicht durch zufällige Gunst der Natur gemildert), wird erkennbar und kann nun Gegenstand bewußter und vernünftiger Regelung durch die assoziierten Produzenten werden. Gerade dort, wo sich die Formbestimmungen am weitesten von den Dingen entfernt zu haben scheinen, bilden sie die Natur schroffer und genauer ab, als diese selbst in Erscheinung treten würde.
38 Präziser: „Der einzige *Gebrauchswert, der einen Gegensatz und Ergänzung zum Geld als Kapital bilden kann, ist die Arbeit* und diese existiert im Arbeitsvermögen, das als Subjekt existiert" (Ro/934).
39 Nur so ist jene Formulierung von Marx zu interpretieren, die das Ausbeutungsverhältnis durch ein biblisches Bild verdeutlicht: „Daß der Arbeiter sich durch diesen Austausch nicht *bereichern* kann, indem er, wie Esau für ein Gericht Linsen seine Erstgeburt, so er für die Arbeitsfähigkeit als eine vorhandene Größe ihre *schöpferische* Kraft hingibt, ist klar" (Ro/214).
40 Vgl. dazu Marxens Kritik an Smith, der nicht sieht, daß gerade die durchs Kapital gesetzte Arbeit auch schon freie Tätigkeit, Vergegenständlichung, Selbstverwirklichung des Subjekts ist. Gerade heute ist daran zu erinnern, daß die abstrakte Negation von Tätigkeit nicht auch schon Freiheit ist, und ebensowenig ist dies der verordnete Unfug, mit dem sich die Menschen heute in der arbeitsfreien Zeit beschäftigen müssen: „Wirklich freie Arbeiten, z. B. Komponieren ist grade zugleich verdammtester Ernst, intensivste Anstrengung" (Ro/505).

41 Die offensiv gemeinte Parole „Objektiver Faktor Subjektivität" (Rudolf zur Lippe in *Kursbuch* Nr. 35) mochte während des Übergangs vom Sklaven zum Lohnarbeiter revolutionär gewesen sein. Seitdem aber haben die Subjekte so viel darunter gelitten, daß nicht sie selbst ein sozusagen objektiver Faktor sind, sondern daß nur ihre Subjektivität – also ein Abstraktum, nämlich die von ihnen abgezogene reine abstrakte Arbeit – ein solcher ist, daß diese Forderung den Arbeitgeberverbänden wohl besser anstünde als den Linken. Je mehr Subjektivität, desto weniger Subjekte.
42 Der Behaviorismus signalisiert den Untergang dieser Differenz.
43 Vgl. Anders, a.a.O., S. 101 ff.
44 Vgl. Ro/504 ff.
45 Vgl. Tim Mason, „Der Primat der Politik – Politik und Wirtschaft im Nationalsozialismus", in: *Das Argument* Nr. 41.
46 Ähnlich ergeht es dem Begriff System in der Soziologie. In dieser Branche gibt es ungefähr so viele Systeme, wie es Substantiva gibt. Aus der Schule wird das Schulsystem, aus der Kultur das kulturelle System etc. Der wissenschaftliche Soziologe nimmt keine profanen, unwissenschaftlichen Begriffe in den Mund. Erst wenn sie durch die Beifügung ‚System' zu akademischen Ehren gekommen sind, sind sie es wert, vom Soziologen benutzt zu werden. Wo es nun nichts mehr gibt, was kein System wäre, wo alles und jedes wenn schon nicht ein System, so doch mindestens ein Subsystem ist, hört aber jede Systematik auf. Übrig bleibt miserabler Stil: dauernde Wiederholung desselben Wortes.
47 Dieser Widerspruch ist die materielle Voraussetzung für das Bestehen der wesenslogischen Differenzen, als deren Nivellierung Krahl die Eindimensionalisierung begreift. Vgl. Krahl, a.a.O., S. 91 f.
48 „Solche Bestimmungen wie Wert, die rein abstrakt erscheinen, zeigen die historische Grundlage, von der sie abstrahiert sind, auf der sie allein daher in dieser Abstraktion erscheinen können" (Ro/662).
49 Vgl. II. Kapitel, 2. Absatz.
50 Das Kapitalverhältnis zeichnet sich gerade dadurch aus, daß es nicht naturnotwendige Dinge als notwendige Dinge setzt: „Je mehr die selbst geschichtlich – durch die Produktion selbst erzeugten Bedürfnisse, die gesellschaftlichen Bedürfnisse – Bedürfnisse, die selbst der offspring der social production und intercourse sind, als *notwendig* gesetzt sind, um so höher ist der wirkliche Reichtum entwickelt. Der Reichtum besteht *stofflich* betrachtet nur in der Mannigfaltigkeit der Bedürfnisse." Der Reichtum ist im Kapitalverhältnis gerade als Emanzipation vom Naturnotwendigen gesetzt: „Die notwendige Arbeitszeit arbeitet für den bloßen Gebrauchswert, für die Subsistenz. Der Surplusarbeitstag ist Arbeit für den Tauschwert, für den Reichtum" (Ro/654).

51 „Gebrauchswert bezieht sich nicht auf die menschliche Tätigkeit als Quelle des Produkts, auf sein Gesetztsein durch menschliche Tätigkeit – sondern auf sein Sein für den Menschen" (Ro/507). „Der Mensch besitzt, sobald er produzieren muß, die Resolution sich direkt eines Teils der vorhandnen Naturgegenstände als Arbeitsmittel zu bedienen und subsumiert sie, wie Hegel das richtig gesagt hat, ohne weitren Vermittlungsprozeß unter seine Tätigkeit" (Ro/621).

52 Wobei die ‚reine Zeitlichkeit' allerdings nicht einmal der naturwissenschaftliche Zeitbegriff wäre, sondern ein unvorstellbares Nichts. Um dies an einem Beispiel zu erläutern: Jugend hat zweifellos etwas mit Lebensalter zu tun, setzt also die Zeitlichkeit menschlichen Lebens, seine Entwicklung und Vergänglichkeit voraus – setzt also das menschliche Leben als in der Zeit stattfindenden Naturprozeß mit einem Anfang und einem Ende, mit Geburt und Tod voraus. Die Existenz eines zeitlichen Kontinuums ist immer die Voraussetzung, einzelne Epochen darin zu unterscheiden und zu benennen – aber eben auch nur die unabdingbare Voraussetzung, nicht auch schon ein hinreichender Grund. Wäre das Leben nur gleichförmige Bewegung in der Zeit zwischen Leben und Tod, ohne qualitative Unterschiede, so könnten Kindheit, Jugend, Alter weder als Gegenstand noch als Begriff existieren, und das einzige, was man über einen Menschen sagen könnte, wäre, wie viele Jahre, Monate, Tage, Stunden, Minuten und Sekunden er schon gelebt hat. Begriffe wie Jugend, Kindheit und Alter hingegen fassen allein schon formal gesehen unendlich viele Punkte auf der abstrakten Zeitskala zu einer Zeitspanne zusammen. Die abstrakte Zeit, der unbarmherzig weiterspringende Sekundenzeiger wird gleichsam aufgehalten. Als durch qualitative Einschnitte und Veränderungen inhaltlich bestimmtes fällt das Leben aus der natürlichen Zeit, der Spanne zwischen Leben und Tod, in der es angesiedelt ist, *auch* heraus und konstituiert durch solchen Gegensatz zur natürlichen Zeit diese überhaupt erst als Begriff, so, wie schon die qualitativen Einschnitte von Geburt und Tod die Voraussetzung dafür waren, das Leben als zeitliches Kontinuum zu begreifen. Daß ein Prozeß sich durch qualitative Einschnitte als ein auf seinen Anfang und sein Ende sinnvoll beziehbarer darstellt, ist eben die Voraussetzung schon dafür, ihn überhaupt als in der Zeit angesiedelten zu begreifen.

53 Ohne die leider metaphysisch gewordene Kategorie des gewußten Zwecks ist es nicht einmal möglich, rein analytisch zu begreifen, wie irgendein ganz trivialer Gebrauchsgegenstand entsteht. Es mögen sich also hartgesottene Empiriker und kritische Rationalisten so lange auf die Hinterbeine stellen, um die Wissenschaft von Spekulation und Metaphysik zu reinigen, wie sie wollen – solange die Menschen sich noch von Ameisen unterscheiden, wird niemand verhindern können, daß die Freiheit vom Naturzwang – und nichts anderes ist hier mit Spekulation und Metaphysik gemeint – ein konstitutiver Bestandteil menschlicher Praxis im Denken wie in der Aktion ist.

54 Der Gebrauchswert setzt daher als wesentliche Leistung des Subjekts das Gedächtnis voraus. Während Mirabeau 1778 an Sophie geschrieben hatte: „Mit dem Gedächtnis verlieren sie (die Menschen) auch die Fähigkeit zu empfinden, denn alles im Menschen ist Gedächtnis" (Mirabeau, *Ausgewählte Schriften*, Bd. I, S. 94, Hamburg o. J.), singen die Bürger 100 Jahre später im Walzertakt: „Glücklich ist, wer vergißt, was doch nicht zu ändern ist" (Trinklied aus der „Fledermaus", 1874). Die beiden Sätze markieren Entstehung und Untergang des Gebrauchswerts im emphatischen Sinn, und übrigens auch im trivialen: Der Mensch, der sein Gedächtnis verloren hat, hat kein Sensorium mehr für ein Universum differenzierter Genüsse. Benjamin hat diesen Verdammten in der Figur des Spielers entziffert (Walter Benjamin, „Über einige Motive bei Baudelaire", Abschnitt IX). Ein Gedanke von Krahl erhellt den Zusammenhang zwischen Gebrauchswertzerstörung, Gedächtnisverlust und kapitalistischer Ausbeutung: „Verinnerlichung ökonomischer Gewalt heißt vor allem: die Internalisierung der Arbeitsnormen ins Zeitbewußtsein, das Bewußtsein der Lohnarbeiter über ihre objektive Stellung im Produktionsprozeß und damit die Erinnerung an Ausbeutung auszulöschen, die Bildung von Klassenbewußtsein zu verhindern. Die Vernichtung des wie auch immer religiös kanalisierten emanzipatorischen Zeitbewußtseins läßt die Lebenszeit zur Arbeitszeit werden. Darauf beruht das zentrale Naturgesetz der kapitalistischen Entwicklung" (Krahl, a.a.O., S. 77).
55 Negativ läßt sich das an den beiden Weltkriegen studieren: sie haben ein vernichtendes Urteil über den Gebrauchswert nicht nur gesprochen, sondern auch vollstreckt. Die ganze aufgehäufte Produktivkraft stellte sich am Ende als Destruktivkraft dar.
56 Jede Revolutionstheorie ist durch die fernere Geschichte stets falsifizierbar. Marx begreift das Kapital notwendig als ein Verhältnis, welches die endgültige Befreiung der Menschheit ermöglicht – nur wenn man diese als den letzten Zweck der Geschichte voraussetzt, kann man Geschichte begreifen. Wenn nun tatsächlich aber statt der Revolution der Atomkrieg eintritt, hat Marx sich geirrt – was freilich nicht ihm vorzuwerfen ist, sondern denen, die die Revolution versäumt haben.
57 Vgl. den Exkurs über Begriff und Sache.
58 Vgl. den Exkurs über Begriff und Sache.
59 „Das Produkt verhält sich zur Ware wie Gebrauchswert zum Tauschwert; so die Ware zum Geld ..." (Ro/531).
60 Max Horkheimer, *Kritische Theorie*, Bd. III, Frankfurt 1968, S. 35 (erste Seite vom „Autoritären Staat"). Von Horkheimer abgesehen, hat nur Krahl versucht, dieses Phänomen nicht bloß zu beschreiben, sondern es auch zu begreifen, indem er dessen Zusammenhang mit der Nivellierung der wesenslogischen Differenzen und mit der Ge-

brauchswertzerstörung betrachtet: „Heute disqualifiziert der Wert die Gebrauchswerte, indem er sie impliziert. Der Wert ist unmittelbar zur blinden Anschauungsform der Gebrauchswerte geworden. Der Tauschwert zersetzt sich. Das hängt zusammen mit der Nivellierung der Zirkulationssphäre durchs Monopolkapital" (Krahl, a.a.O., S. 83).
61 Als zuverlässiger Indikator für Lebensstandard hat sich in sozialwissenschaftlichen Studien die Qualität des Klopapiers erwiesen. So einfach ist das also, während man immer noch von ‚unserer hochentwickelten, komplexen Industriegesellschaft' schwadroniert.
62 Wenn die Arbeitskraft erhalten wird, obwohl man sie nicht braucht, was im Sozialstaat fast schon zur Regel geworden ist, so „geschieht es dann nicht aus dem Arbeitsfonds, sondern aus der Revenue aller Klassen. Es geschieht nicht durch die Arbeit des Arbeitsvermögens selbst – nicht mehr durch die normale Reproduktion als Arbeiter, sondern als Lebendiger wird er aus Gnade von anderen erhalten; wird daher Lump und Pauper" (Ro/503). Im Maße, wie die Arbeiter zu Kleinbürgern aufgestiegen sind, sind sie nämlich auch ins Lumpenproletariat abgesunken. Sie sind pauper auch dann, wenn sie komfortabel leben, weil ihr Leben immer eine Gnade ist.
63 Georg Lukács, *Die Theorie des Romans,* Luchterhand Verlag (ohne Jahr), S. 22.
64 Max Horkheimer, „Zur Kritik der Instrumentellen Vernunft", in: *Kritische Theorie,* Bd. III, a.a.O., S. 148.
65 „Bei allen alten Völkern erscheint das Aufhäufen von Gold und Silber ursprünglich als priesterliches und königliches Privilegium, da der Gott und König der Waren nur den Göttern und Königen zukommt. Nur sie verdienen den Reichtum als solchen zu besitzen. Dies Aufhäufen dann einerseits nur als zur Schaustellung des Überflusses, d. h. des Reichtums als einer extraordinären sonntäglichen Sache; zum Geschenk für Tempel und ihre Götter" (Ro/141).
66 Genauer und plastischer faßt eine Formulierung Adornos diesen eigentlich trivialen Sachverhalt: „Metaphysik ist überhaupt nicht ein Bereich von Invarianz, dessen man habhaft würde, wenn man durch die vergitterten Fenster des Geschichtlichen hinausblickt; sie ist der sei es auch ohnmächtige Schein des Lichts, der ins Gefängnis selber fällt, um so mächtiger, je tiefer ihre Ideen in Geschichte sich einsenken, um so ideologischer, je abstrakter sie ihr gegenübertritt" (Theodor W. Adorno, *Klangfiguren, Musikalische Schriften I,* Frankfurt 1959, S. 43).
Man könnte sagen, daß Metaphysik ein notwendiges Moment jeglicher revolutionären Theorie ist, da diese stets unter Verhältnissen existiert, welche die Revolution noch vor sich haben. Auf die metaphysischen Nabelpunkte im Marxschen Werk wird hingewiesen (lebendige Arbeit, Natur, Naturkraft). Seitdem ist folgende Entwicklung eingetreten: Einerseits haben sich die trivialsten Voraussetzungen von

Vernunft und Logik, z. B. das gewußte Zwecke setzende Subjekt, aus der empirischen Welt verflüchtigt, sind im Wortsinn metaphysisch geworden. Andererseits hat ein Marxismus, der sich nur im Wissenschaftsbetrieb hat halten können, den Vorwurf der Metaphysik fürchten gelernt wie den Teufel selbst und deshalb eine Wendung vollendet, die sich beim späten Engels schon andeutet: die von der Revolutionstheorie zum ‚wissenschaftliche Sozialismus'. Seitdem finden historische Vernunft und Marxismus nirgends mehr zueinander. Seitdem wurden die Revolutionen vor allem von Leuten gemacht, die sich vom wissenschaftlichen Sozialismus nicht aufhalten ließen (Cuba, Portugal).

67 Dieser das kleinbürgerliche Strafbedürfnis stets verletzende Gedanke macht die Größe des Azdak in Brechts *Kaukasischem Kreidekreis* aus.

68 J. G. Fichte, *Über die Bestimmung des Gelehrten. 5 Vorlesungen, 1794*, Stuttgart 1959, S. 64.

69 Die jüngere Geschichte hat bewiesen, daß wahnhaft anmutende religiöse Allmachtsphantasien realistischer sind als die spießig-konkretistische Ideologie vom ‚Machbaren', mit der die Sozialdemokraten auftrumpfen. Weltkrieg II und Wiederaufbau stellen zusammen eine Leistung dar, mit der verglichen die Verwandlung der Welt in ein Paradies ein Kinderspiel wäre.

70 Vgl. Ro/374.

71 Zitiert nach Harry Pross, *Jugend – Eros – Politik*, Wien 1964, S. 7.

72 Vgl. Krahl, a.a.O., S. 56.

73 Martin Heidegger, *Sein und Zeit*, 1928, S. 386. Zitiert nach Krahl, a.a.O., S. 105.

74 Vgl. I. Kapitel, 2. Absatz.

75 Für die historische Darstellung herangezogene Literatur: a) *Weltgeschichte in 10 Bänden*, hrsg. von der Akademie der Wissenschaften der UdSSR, Moskau 1960. VEB Deutscher Verlag der Wissenschaften 1965, Bd. 7; b) *Propyläen-Weltgeschichte*, Bd. 8: *Das 19. Jahrhundert*, Berlin 1960; c) Arnold Hauser, *Sozialgeschichte der Kunst und Literatur*, München 1953; d) Charles Morazé, *Das Gesicht des 19. Jahrhunderts*, Düsseldorf 1959. Vgl. auch Lenin, *Der Imperialismus als höchstes Stadium des Imperialismus*.

76 Die jüngsten Enthüllungen von CIA-Verbrechen blamieren vor allem die Wissenschaft, den wissenschaftlichen Sozialismus wie die Wissenschaft von der Politik, und sie rehabilitieren die Illustriertenkolportage und den Groschenroman.

77 Rosa Luxemburg zählt zu den ganz wenigen Marxisten, die den Mut hatten zu der Erkenntnis, daß die kapitalistische Entwicklung nicht automatisch zu einer höheren Gesellschaftsform führt, sondern daß sie vielmehr „das gesamte Kulturdasein der Menschheit in

Frage stellt". Eben deshalb wollte sie mit der Revolution nicht bis zum St.-Nimmerleins-Tag warten, eben deshalb engagierte sie sich überhaupt für die Revolution. Der Satz „Der Imperialismus führt damit die Katastrophe als Daseinsform aus der Peripherie der kapitalistischen Entwicklung nach ihrem Ausgangspunkt zurück" gehört zu dem wenigen, was von Marxisten gesagt wurde und dennoch wahrhaft prophetischen Rang für sich reklamieren kann. Der Durchhalteparolenoptimismus hingegen hat sich regelmäßig blamiert (Rosa Luxemburg, *Die Akkumulation des Kapitals,* Verlag Neue Kritik, Frankfurt 1966, S. 480).

78 „Sowohl mit der aktiengesellschaftlichen Unternehmensform und dem total kapitalfixierten Maschinenwesen wird die Daseinsweise des Werts seinem Begriff adäquat und tritt doch ins Stadium seiner Auflösung" (Krahl, a.a.O., S. 123). Es dürfte manchen orthodoxen Marxisten verblüffen, daß dieser ihm befremdliche, weil seine heile Welt und sein auf diese heile Welt zugeschnittenes Einmaleins bedrohende Gedanke sich durchaus marxexegetisch halten und sogar belegen läßt: Das capital fixe ist einerseits „die *adäquateste Form des Kapitals überhaupt.* Andrerseits, soweit das capital fixe in seinem Dasein als bestimmter Gebrauchswert festgebannt, entspricht es nicht dem Begriff des Kapitals, das als Wert gleichgültig gegen jede bestimmte Form des Gebrauchswerts und jede derselben als gleichgültige Incarnation annehmen oder abstreifen kann" (Ro/586).